Kevin Leman

Wenn dein Bestes nicht gut genug ist

Für meinen Sohn,
Kevin Anderson Leman

Dein Humor, deine Einfühlsamkeit
und Anteilnahme für andere machen uns stolz,
deine Eltern zu sein.
Mom und ich lieben dich sehr.

Der Autor

Dr. Kevin Leman ist ein international bekannter Psychologe, der im deutschsprachigen Raum vor allem durch sein Buch «Geschwisterkonstellationen» bekannt wurde. Darin weist er nach, dass es sehr wohl eine Rolle spielt, ob man als erstes, zweites, drittes oder viertes Kind auf die Welt gekommen ist. Und ob man das älteste, das mittlere oder das jüngste Kind ist – oder ein Einzelkind. Diese Studien waren bahnbrechend. In der Zwischenzeit sind weitere Leman-Bücher auf Deutsch erschienen. Als Autor zahlreicher Bücher erscheint er immer wieder in Fernsehsendungen und ist auch einer der Gastgeber der Radiosendung «Parent Talk». Er lebt in Tuscon, Arizona, ist verheiratet mit Sande und Vater von fünf Kindern.

Kevin Leman

Wenn dein Bestes nicht gut genug ist

Wie man den Ansprüchen des Alltags dennoch gerecht werden kann

BRUNNEN
VERLAG BASEL · GIESSEN

Bibliografische Information der Deutschen Bibliothek
Die Deutsche Bibliothek verzeichnet diese Publikation in der Deutschen Nationalbibliografie; detaillierte bibliografische Daten sind im Internet über http://dnb.ddb.de abrufbar.

Titel der amerikanischen Originalausgabe: «When Your Best Isn't Good Enough», von Kevin Leman, herausgegeben von Revell, a division of Baker Publishing Group, P.O. Box 6287, Grand Rapids, MI 49516–6287, USA.

Übersetzung aus dem Englischen: Christian Rendel, Witzenhausen

Covergestaltung: Spoon Design, Olaf Johannson, Langgöns
Coverfotos: Shutterstock
Satz: Bertschi & Messmer AG, Basel
Druck: Freiburger Graphische Betriebe
Printed in Germany

ISBN 978-3-7655-1430-2

Kevin Leman

Wenn dein Bestes nicht gut genug ist

Wie man den Ansprüchen des Alltags dennoch gerecht werden kann

BRUNNEN
VERLAG BASEL · GIESSEN

Bibliografische Information der Deutschen Bibliothek
Die Deutsche Bibliothek verzeichnet diese Publikation in der Deutschen Nationalbibliografie; detaillierte bibliografische Daten sind im Internet über http://dnb.ddb.de abrufbar.

Titel der amerikanischen Originalausgabe: «When Your Best Isn't Good Enough», von Kevin Leman, herausgegeben von Revell, a division of Baker Publishing Group, P.O. Box 6287, Grand Rapids, MI 49516–6287, USA.

Übersetzung aus dem Englischen: Christian Rendel, Witzenhausen

Covergestaltung: Spoon Design, Olaf Johannson, Langgöns
Coverfotos: Shutterstock
Satz: Bertschi & Messmer AG, Basel
Druck: Freiburger Graphische Betriebe
Printed in Germany

ISBN 978-3-7655-1430-2

Inhalt

Einleitung

Nachdem ich 1985 das Buch *Geschwisterkonstellationen* geschrieben hatte, bekam ich eine Lawine von Zuschriften zu einem bestimmten Teil dieses viel verkauften Buches. Dort hatte ich von einem Syndrom gesprochen, das ich immer wieder bei Menschen beobachtete: *Perfektionismus.*

Vielleicht kennen Sie solche Leute. Sie fangen eine Menge Projekte an, bringen sie aber nie zu Ende. Ihr Motto ist: «Wenn ich es um einen Tag (oder ein Jahr) oder auch zwei verschieben kann, umso besser.» Wenn Sie sich ihren Schreibtisch am Arbeitsplatz ansehen, erkennen Sie die Zeichen des gescheiterten Perfektionisten – sie leben in Stapeln. Bittet man diese Leute, etwas auf ihrem Chaosschreibtisch ausfindig zu machen, ziehen sie es mit einem Handgriff hervor. Will man sie völlig aus der Fassung bringen, braucht man nur ihre Stapel zu verschieben. Es herrscht nämlich Ordnung in der Unordnung.

Doch diese Persönlichkeitstypen haben eine einzigartige Methode, sich selbst ins Knie zu schießen. Schauen wir uns einen Studenten an, auf den das Profil passt. Dieser junge Mann muss für eine Abschlussprüfung büffeln. Den ganzen Tag über sagt er sich, dass er die Nacht durchlernen wird. Dann kommt der Abend. Er setzt sich hin, um sich in seine Bücher zu vergraben, doch schon nach ein paar Minuten sieht er am anderen Ende des Zimmers ein Hemd und eine Jacke liegen, die aufgehängt werden müssen. Wie hoch ist die Wahrscheinlichkeit, dass er danach weiterlernt? Null? Nada? Zero? Bingo! Sie hätten Psychologe werden sollen. Dieses Syndrom entsteht bei Leuten, die mit mindestens einem Elternteil aufgewachsen sind, der sie kritisch beäugte. Dieser Elternteil erkennt jeden Fehler auf vierzig Schritt Entfernung. Und vor dieser Kritik schützen sich solche Persönlichkeiten, indem sie Aufgaben einfach nicht zu Ende machen und somit nicht die Leistung bringen, die ihren Fähigkeiten entspricht.

Wegen dieser überwältigenden Reaktionen also habe ich das Buch *Wenn dein Bestes nicht gut genug ist* geschrieben. Es soll denen, die unter diesem Syndrom leiden, helfen, die Hochsprunglatte des Lebens aus dem Weg zu schaffen, die jede ihrer Bewegungen zu behindern scheint.

Meine Hoffnung ist, dass es auch Ihnen helfen wird.

Erster Teil

Mit dem falschen Fuß aufgestanden

1. Warum bringe ich es nicht?

Das Gefühl kennen Sie bestimmt. Vielleicht überfällt es Sie nur bei Familientreffen, wenn Sie Ihren jüngeren Bruder Fred wiedersehen. Da ist er: gebräunt, gut aussehend, sportlich – und ein enorm erfolgreicher Geschäftsmann. Meistens sind Sie eigentlich ziemlich selbstbewusst. Sie kommen in der Welt gut zurecht, und Ihre Freunde scheinen Sie zu mögen und zu respektieren.

Aber dann kommt *er* – und plötzlich kommen Sie sich vor, als wären Sie wieder sechs Jahre alt, mit zerrissenen Hosen und schmutzigem Gesicht. Plötzlich wird Ihnen klar, was immer Sie mit Ihrem Leben angefangen haben, war nicht genug. Egal, wie viel Sie wissen, es ist nicht so viel, wie er weiß.

Nein. Mit diesem großartigen Bruder konnten Sie es schon als Kind nicht aufnehmen – und heute stehen Sie immer noch in seinem Schatten. Sie fühlen sich so ... so ... unzulänglich. Bestimmt kommt er gleich auf Sie zu und sagt Ihnen, dass Sie Spinat zwischen den Zähnen haben oder dass Ihnen der Hosenstall offen steht. Am besten bleiben Sie gleich hier in der Ecke.

Wenn es nicht Ihr Bruder ist, der diese Gefühle in Ihnen auslöst, ist es vielleicht jemand wie *sie* ... Mary Johnson, die nach all diesen Jahren immer noch so toll aussieht.

Sie mussten sechs Wochen lang praktisch hungern, um für das Klassentreffen wenigstens auf Größe 44 herunterzukommen. Und dann taucht sie auf und trägt Größe 36! Und schauen Sie sich bloß diese Figur an!

Wenn solche Situationen die einzigen Gelegenheiten sind, bei denen Sie sich ein bisschen wie ein Versager fühlen, dann, bitte, schätzen Sie sich glücklich. Sie haben ein recht gesundes Selbstbild entwickelt.

Viele Leute – was sie auch sagen oder wie sie sich auch benehmen mögen – haben keine besonders gute Meinung von sich. Sie fühlen sich meistens unzulänglich, wie Versager oder Ausgestoßene. Dabei sind sie das gar nicht. Sie sind ganz normale, produktive Bürger, die einfach nie das Gefühl haben konnten, «es zu bringen». Sie geben sich so viel Mühe, aber irgendwie reicht es nie ganz. Selbst wenn sie Erfolg haben, kommt es ihnen so vor, als hätten sie einfach nur Glück gehabt oder als hätten sie trotzdem versagt.

Sie entsprechen nicht den Erwartungen ihrer Eltern, nicht den Erwartungen ihrer Lehrer oder nicht einmal ihren eigenen Erwartungen. Immer fühlen sie sich, als ob sie jemanden enttäuscht hätten, und in vielen Fällen sind sie inzwischen schon so niedergeschlagen und zermürbt, dass sie tatsächlich so leben, wie es ihrer Meinung über sich selbst entspricht. Das sind die gescheiterten Perfektionisten. Gescheitert sind sie, weil sie nie über «die Hochsprunglatte des Lebens», wie ich es nenne, hinwegkommen.

Und falls sie es doch je schaffen, darüber hinwegzuspringen, hängen sie die Latte ganz schnell eine oder zwei Kerben höher, damit sie es ja nicht ein zweites Mal schaffen.

In meinen über dreißig Jahren Privatpraxis als Psychologe habe ich mit Tausenden solcher Leute gesprochen, und dabei habe ich durchgängige Denk- und Handlungsmuster bemerkt – Muster, die dieses «Ich-bringe-es-einfach-nicht»-Syndrom verstärken.

Mir ist egal, wer Sie sind oder was bis heute in Ihrem Leben vor sich gegangen ist. Sie sind kein Versager, und Sie müssen auch nicht leben wie einer.

Dieses Buch wurde geschrieben, um jedem zu helfen, der je mit Selbstzweifeln und Unzulänglichkeitsgefühlen zu kämpfen hatte, egal, wie stark und beständig oder schwach und sporadisch diese Gefühle sein mögen. Ich möchte Ihnen helfen, aus dem Zyklus aus Scheitern und Ablehnung auszubrechen. Ich möchte Eltern zeigen, wie sie ihren Kindern ein positives Selbstbild vermitteln können. Und ich möchte Ihnen helfen zu verstehen, wie Sie überhaupt in diesen Teufelskreis hineingeraten sind. Der gescheiterte Perfektionist kann von seiner Entmutigung und seinen Versagensgefühlen befreit werden, und ich werde Ihnen zeigen, wie.

Ich habe Ihnen ja bereits gesagt, dass ich Psychologe bin und in den letzten dreißig Jahren Tausende von Leuten beraten habe. Deswegen sollten Sie aber keinesfalls denken, dass ich das Thema mit dem kalten und teilnahmslosen Blick eines Klinikers angehe. Ich werde nicht von einem hohen Elfenbeinturm aus schreiben und auch nicht nur Wörter benutzen, die Sie im «Reader's Digest» unter «Bereichern Sie Ihren Wortschatz» finden.

Ich war nicht immer Psychologe, und ich bin auch nicht mit einem Doktortitel auf die Welt gekommen. Wenn ich über das Gefühl schreibe, «es nicht zu bringen», glauben Sie mir, dann weiß ich, wovon ich rede.

Wenn Sie zum Beispiel das Wort *durchschnittlich* auf meine Schullaufbahn anwenden, dann ist das schon fast eine Übertreibung. Ich habe mit einem blauen Auge gerade noch so als Letzter in meiner Klasse den Abschluss geschafft. In der Grundschule war ich in einer Lesegruppe, in der ein Kind Klebstoff aß und zwei andere ohne erkennbaren Grund dauernd lächelten. Das College habe ich abgebrochen und eine Weile als Reinigungskraft in einem Krankenhaus gearbeitet. Die Oberschwester dort nahm meine damals noch zukünftige Frau Sande zur Seite und riet ihr davon ab, mit mir auszugehen, da doch offensichtlich sei, dass aus mir nie etwas werden würde und dass sie mit mir nur ihre Zeit vergeudete. (Ich erzähle Ihnen später mehr darüber.)

Und ich muss zugeben, damals sah es so aus, als wäre das ein sehr guter Rat. (Aber ich bin ungemein froh, dass Sande ihn nicht befolgt hat!)

Glauben Sie einem, der Bescheid weiß

Was ich damit sagen will? Nur, dass ich nicht nur im professionellen Sinne weiß, wovon ich rede, sondern auch im persönlichen. Wenn Sie eine Ferienreise antreten, ist es eine Sache, sich all die bunten Prospekte anzuschauen und zu glauben, was darin steht. Aber es ist etwas anderes, den Rat von jemandem zu befolgen, der weiß, wo Sie am besten buchen sollten, weil er selbst schon dort gewesen ist. Nun ... ich bin dort gewesen!

Mehr darüber später, aber bevor wir weitermachen, möchte ich Ihnen noch etwas versichern: Leute, die von sich selbst meinen, dass sie es nicht bringen, sind oft die intelligentesten, attraktivsten und produktivsten von allen. Wenn Sie zu denen gehören, die mit Unzulänglichkeitsgefühlen kämpfen, dann sind Sie in ziemlich guter Gesellschaft.

Ich erinnere mich zum Beispiel an Joanne, warmherzig, intelligent und von umwerfender Schönheit, mit sanft goldenem Haar, strahlend blauen Augen und einem perfekten Lächeln. Es war schwer, auch nur den kleinsten Makel in diesem Gesicht zu entdecken, und der Rest von ihr war auch nicht übel!

Sie war die Sorte Frau, die nicht in einen Raum voller Menschen treten kann, ohne dass sich mehrere männliche Köpfe in ihre Richtung umdrehen. Ihr Aussehen machte sie, zusammen mit ihrer funkelnden Persönlichkeit, zu einer höchst anziehenden und begehrten jungen Frau.

Doch von all dem nahm sie selbst nichts wahr, und ihre charmante Persönlichkeit war nur eine Fassade. Unter der Oberfläche war sie unglücklich, traurig und einsam; sie betrachtete sich als eine schreckliche Versagerin.

Sie wünschte sich sehnlichst, einen Mann zu finden, der sie liebte – oder zumindest glaubte sie das. Doch obwohl sie viele «Beziehungen» hatte, endeten diese immer mit einer Katastrophe.

Die Wahrheit ist, dass Joanne, wie auch viele andere, die ich beraten habe, in dem endlosen Zyklus gefangen war, «es nicht bringen zu können».

Unbewusst sabotierte sie jede ihrer Beziehungen, weil sie sich so sehr daran gewöhnt hatte, in einer Welt aus zerbrochenen Träumen zu leben.

Möglicherweise war es in Ihrem Leben genauso. Aus irgendeinem Grund haben Sie angefangen, sich selbst als jemanden zu sehen, der auch bei größter Anstrengung scheitern wird. Irgendwie schaffen Sie es einfach nicht, Ihr Leben in die Spur zu bringen.

Sie sind einer von denen, der zwei Tage vor dem Schwarzen Freitag seine Lebensersparnisse in Aktien anlegt. Sie kaufen sich ein Haus, und prompt steigen die Zinsen um zwei Prozentpunkte. Sie wollen ein Haus verkaufen, und auf der anderen Straßenseite wird ein Baugebiet mit dreitausend Grundstücken erschlossen.

Manchmal wissen Sie nicht, ob Sie lachen oder weinen sollen, und oft ist Ihnen nach beidem zugleich zumute. Es spielt keine Rolle, wie stark Sie sind. Manchmal braucht es nur einen oder zwei Rückschläge, um die Dinge in die falsche Richtung ins Rollen zu bringen. Schon fangen wir an, uns selbst als «Loser» zu sehen – oder zumindest fangen wir an zu glauben, irgendwelche mystischen Kräfte hätten sich gegen uns verschworen, so dass wir uns am besten gleich mit einem Leben voller Niederlagen und voller Sinnlosigkeit abfinden.

Das ist es, kurz gesagt, was mit Joanne passiert war. Und sie musste erst einmal zu der Erkenntnis kommen, dass ihrem dauerhaften Glück eigentlich überhaupt keine echten Hindernisse im Weg standen – sondern nur ihre eigenen Entscheidungen aufgrund der Wahrnehmung, die sie unbewusst von sich selbst hatte.

Ich erinnere mich an Jim, einen gut aussehenden, sportlichen Mann von Mitte dreißig. Er war intelligent und erfolgreich im Geschäftsleben.

Jim war bereits verheiratet gewesen, doch die Ehe hatte nicht einmal fünf Jahre gedauert, und seither hatte er eine Serie gescheiterter Beziehungen erlebt. Dabei war er eigentlich kein Playboy. Er wünschte sich sehnlich, eine Frau zu finden, mit der er sein Leben teilen könnte. Er liebte Kinder und wollte eine Familie gründen, und es machte ihm Angst, mit siebenunddreißig Jahren immer noch allein und «ohne Aussichten» zu sein.

Er war genau wie Joanne. Alle anderen sahen ihn als erfolgreich und selbstsicher, doch er war schon früh zu der Überzeugung gekommen, dass er es einfach nicht brachte. Also bestrafte er sich selbst, indem er jeden zurückwies, der wirklich etwas für ihn zu empfinden begann. Bindung war ein Wort, das in Jims Wortschatz nicht vorkam. Er hatte mehrere Frauen tief verletzt, doch was diese nicht verstanden, war, dass er die Beziehungen nicht deshalb abbrach, weil er sie ablehnte, sondern weil er sich selbst ablehnte. Er konnte nie ihren Erwartungen entsprechen.

Auch bei ihm war das keine bewusste Entscheidung. Er fand immer einen Grund, um eine Beziehung zu beenden – meistens einen völlig banalen. Zum Beispiel stellte er plötzlich fest, dass er es nicht mochte, wie Judi lachte oder wie Donna ihre Suppe schlürfte, und damit war die Beziehung erledigt.

Die Wahrheit jedoch war, dass er nie derjenige war, der die Sache «offiziell» beendete. Er fing nur an, an allem etwas auszusetzen, zu nörgeln und zu kritisieren, bis seine Freundinnen die Botschaft verstanden und beschlossen, Schluss zu machen. Auf diese Weise war er immer der Verstoßene statt der Verstoßende.

Jims Problem war nicht nur, dass er glaubte, es nicht zu bringen, sondern auch, dass er als kleines Kind zu der Überzeugung gekommen war, er könne die Aufmerksamkeit, nach der er sich sehnte, nur bekommen, indem er Ablehnung erfuhr. Es war keine leichte Aufgabe, ihn zu der Einsicht zu bringen, dass er ein wertvoller Mensch war, dass er in einer Beziehung viel zu geben hatte und dass er selbst es war, der seine eigene Ablehnung herbeiführte.

Joanne und Jim verhielten sich aus unterschiedlichen Gründen ähnlich, und von diesen Gründen wird später noch mehr die Rede sein. Doch die beiden sind mir besonders vor Augen als zwei dramatische Beispiele von Leuten, die im wichtigsten Bereich des Lebens – der Suche nach Liebe und Gemeinschaft – scheiterten, nicht weil sie unattraktiv oder unwürdig gewesen wären, sondern weil sie beide glaubten, dem unmöglichen Standard, an dem sie ihren eigenen Wert maßen, nicht zu entsprechen, nicht entsprechen zu können und niemals entsprechen zu werden.

Vielleicht sind Sie weder eine umwerfende Schönheit wie Joanne noch ein eins neunzig großer Prachtkerl wie Jim. Und ich erwähne die beiden auf keinen Fall, damit Sie sich mit ihnen vergleichen. Meine Absicht ist vielmehr zu zeigen, dass Gefühle der Wertlosigkeit und der Ablehnung selten eine reale Grundlage haben.

Sie irren sich über sich selbst

Betrachten Sie sich selbst als Versager?

Nun, Sie irren sich, und ich hoffe, bis Sie dieses Buch zu Ende gelesen haben, werden Sie erkannt haben, wie Sie in die «Ich-bringe-es-einfach-nicht»-Falle geraten sind, und vor allem, was Sie tun können, um wieder herauszukommen. Denn Sie können von dem Zyklus aus Ablehnung und Scheitern frei werden.

Und es wird Zeit, dass Sie voller Freude die Wahrheit über sich selbst entdecken – dass Sie alles haben, um als Sieger aus diesem Spiel des Lebens hervorzugehen!

Sind Sie ein gescheiterter Perfektionist?

Hier ist ein kurzes Quiz, mit dem Sie das herausfinden können.

1. Wenn Ihr Chef Sie bittet, einen besonderen Bericht für ihn zu schreiben, würden Sie dann wahrscheinlich …
   A. sofort Angst haben, dass Sie es nie bis zum Termin schaffen?
   B. sich Sorgen machen, ob er mit Ihrer Arbeit zufrieden sein wird?
   C. stolz sein, dass Ihr Chef Sie dafür ausgewählt hat?

2. Wenn Sie Ihren besten Freund anrufen und er Sie bittet, später wieder anzurufen, weil er zu einem Termin spät dran sei, würden Sie …
   A. denken, Sie hätten ihn beleidigt und er wolle einfach nicht mit Ihnen reden?
   B. das für typisch halten, dass ihm wieder einmal alles andere wichtiger ist als Sie?
   C. gerne zustimmen, dass Sie später anrufen, und sich nichts weiter dabei denken?

3. Wenn Sie verschlafen hätten und fünfzehn Minuten zu spät zur Arbeit kämen, würden Sie …
   A. meinen, Ihr Ruf sei ruiniert, weil jeder gesehen hat, dass Sie zu spät gekommen sind?
   B. sich beim Chef melden und versprechen, dreißig Minuten von Ihrer Mittagspause durchzuarbeiten, um es wieder wettzumachen?
   C. sich klarmachen, dass jeder mal verschläft, und sich vornehmen, es möglichst nicht wieder zu tun?

Bei all diesen Fragen sind die Antworten A und B die normale Routine für gescheiterte Perfektionisten. Nur die Antwort C spricht jeweils für ein gesundes Selbstwertgefühl.

Fact Nr. 1: Gescheiterte Perfektionisten sind hervorragend darin, sich Katastrophen und Versagen auszumalen.

Fact Nr. 2: Sie können auch wunderbar überall Ablehnung und Kritik wahrnehmen.

Fact Nr. 3: Eine weitere Lieblingsbeschäftigung des gescheiterten Perfektionisten ist es, seine Fehler und Mängel aufzubauschen.[1]

2. Was ist das eigentlich: *Lebensstil?*

Dass Betty und Rhonda Schwestern sind, sieht man auf den ersten Blick. Sie *müssen* es sein, weil sie sich so ähnlich sehen. Und wenn man die Augen schließt und sie reden hört, weiß man nicht, wer von beiden was sagt. Sogar ihre Stimmen klingen gleich. Schwestern, keine Frage!

Doch wenn man sie dann kennenlernt, merkt man, dass man sich wohl geirrt haben muss. Sie mögen ähnlich aussehen und sich anhören, aber ihr Verhalten ist sich ganz und gar nicht ähnlich – und man kann sich unmöglich vorstellen, dass die beiden aus derselben Familie stammen!

Betty zum Beispiel ist in ihrem Leben ungemein erfolgreich, und das merkt man sofort, wenn man sie nur ansieht. Sie kleidet sich mit untrüglichem Geschmack, sieht aus, als wäre sie geradewegs vom Cover der «Vanity Fair» gesprungen, und hält sich hoch und aufrecht. Nicht, dass sie arrogant wirkt, aber sie hat etwas Stolzes an sich; etwas, das sagt, dass sie an sich selbst glaubt. Sie arbeitet seit fünfzehn Jahren bei derselben Firma und wurde kürzlich sogar zur Vizepräsidentin ernannt.

Eine erfolgreiche Ehe führt sie auch, da es ihr gelungen ist, eine gute Balance für die doppelte Laufbahn einer Geschäftsfrau sowie Ehefrau und Mutter zu finden. Seit dreizehn Jahren ist sie mit demselben Mann verheiratet, und sie und ihr Mann sind stolze Eltern von drei wohlerzogenen Kindern.

Kein Zweifel – Betty hat's geschafft.

Und was ist aus Rhonda geworden?

Während Betty sich gerade und aufrecht hält, geht Rhonda gebückt und verkrümmt wie ein Akkordeon. Ihre Haltung drückt aus, dass sie nicht viel Achtung vor sich selbst hat, und ihre Garderobe – schlecht sitzende, nicht zueinander passende Kleidungsstücke – bestätigt diesen Eindruck. Rhonda ist genauso intelligent wie Betty, aber aus irgendeinem Grund hat sie es nie geschafft, etwas aus ihrem Leben zu machen. Sie wanderte immer von einem Job zum anderen, hielt es aber nie länger als ein oder zwei Jahre in einer Stellung aus, und sie hat zwei Scheidungen hinter sich. Sie würde gern einen Mann als Gefährten fürs Leben finden, aber sie hat sich so ziemlich damit abgefunden, dass es dazu nie kommen wird.

Nein, Betty und Rhonda mögen sich ähnlich sehen, aber sie können unmöglich Schwestern sein.

Aber sie sind es! Die beiden Frauen, die in derselben Familie groß wurden und vom Alter her nur zwei Jahre auseinanderliegen, gingen auf dieselben Schulen, besuchten dieselbe Synagoge, genossen dieselben Chancen im Leben. Was also ist passiert?

Warum hat Betty etwas aus ihrem Leben gemacht, während Rhonda ständig in finanzielle Schwierigkeiten gerät und sich an ihre Schwester wenden muss, damit sie ihr aus der Patsche hilft?

Die Antwort auf diese Frage ist, dass jede dieser Schwestern nach ihrem eigenen besonderen *Lebensstil* lebt. Das bedeutet nicht, dass Betty sich irgendwann hingesetzt und einen Plan für ihr Leben entworfen hätte, in dem geschäftlicher Erfolg und eine glückliche Ehe vorgesehen waren. Ebenso wenig bedeutet es, dass Rhonda es sich ausgesucht hätte, nicht so erfolgreich zu sein.

Dennoch bedeutet es, dass beide Frauen konkreten Plänen für ihr Leben folgen; Plänen, die sich schon früh in ihrer Kindheit entwickelten. Die Dinge, die sie tun, die Entscheidungen, die sie treffen, werden bestimmt von den Lebensstilen, denen sie folgen – wenn auch unbewusst.

Was genau ist ein *Lebensstil?* Der Begriff wurde von dem Psychologie-Pionier Alfred Adler entwickelt. Adler war der Meinung, um das Verhalten einer Person begreifen zu können, sei es wesentlich, ihre Ziele zu verstehen. Er glaubte, dass wir alle individuellen «Lebenslinien» oder Wegen zu bestimmten Zielen folgen. Alles, was wir tun, ist auf irgendein Ziel ausgerichtet, ob wir nun verstehen, welches Ziel das ist, oder nicht.[1]

Wenn wir darüber nachdenken, warum jemand es nie zu bringen scheint, ist es wichtig, uns die Faktoren anzusehen, die seinen Lebensstil ausmachen. Viele Menschen folgen aus verschiedenen Gründen Lebensstilen, die sich in einem Kreislauf der Ablehnung und des Scheiterns bewegen. Und auf einige dieser Gründe werden wir im Folgenden noch eingehen.[2]

Die Ablehnung an der Wurzel packen

Für jeden, der das Gefühl hat, es nicht zu bringen, ist es wichtig, das Problem an der Wurzel anzugehen – also seinen Lebensstil unter die Lupe zu nehmen und herauszufinden, wie und warum dieser endlose Kreislauf der «Unwürdigkeit» ins Rollen kam. Sobald man sich das klargemacht hat, ist der nächste Schritt, zu begreifen, dass Lebensmuster veränderbar sind und dass es möglich ist, neue, konstruktive Einstellungen und Handlungsweisen an die Stelle der alten zu setzen.

Zweifellos kennen Sie den alten Spruch: «Was Hänschen nicht lernt, lernt Hans nimmermehr.» Nun, das stimmt zwar nicht ganz, aber es ist schwieriger, den Lebensstil neu zu definieren und zu prägen, wenn ein Mensch erst einmal das Jugendalter erreicht hat. Bis zum Alter von etwa sieben Jahren ist die Persönlichkeit wie weicher Zement, danach härtet sie allmählich aus. Wenn Sie erst einmal, sagen wir, vierzehn sind, ist Ihr Lebensstil so tief in Ihre Persönlichkeit eingeprägt, dass er hart genug ist, um darauf Rollschuh zu fahren. Doch selbst dann gibt es noch Schritte, die Sie tun können, um Ihren Lebensstil zu verändern.

Zum größten Teil ist Ihr Lebensstil ein Produkt Ihrer Umgebung. Er besteht aus der Art und Weise, wie Sie sich selbst in Beziehung zu den wichtigen Menschen um Sie her wahrnehmen.

Alle Männer und Frauen folgen bestimmten Lebensstilen, und diese können positiv oder negativ sein. Da gibt es Leute, die alles kontrollieren, es gibt diejenigen, die allen alles recht machen wollen, es gibt die Aufmerksamkeitssucher, die Opfer, die Perfektionisten, die Gewinner und so weiter. Sie alle folgen Mustern, die sich schon früh in ihrem Leben eingeprägt haben.

Gut, ich höre, was Sie jetzt sagen: «Wenn der Lebensstil, dem ich folge, ein Ergebnis der Umgebung meiner frühen Kindheit ist, was in aller Welt ist dann mit Betty und Rhonda passiert? Sie sind doch Schwestern, also müssen sie doch das Produkt derselben Umgebung sein, oder etwa nicht?»

Nein, ganz und gar nicht.

Jedes Kind in einer Familie ist als in einer anderen Umgebung lebend zu sehen, so dass bei jedem der Lebensstil von anderen Faktoren bestimmt wird. Die Familienumgebung verändert sich nämlich mit der Geburt jedes Kindes.

Betty zum Beispiel war das älteste Kind, der Goldschatz ihrer Eltern, der immer gut in der Schule war und nie etwas tat, weswegen Mama und Papa sich für sie hätten schämen müssen.

Rhonda dagegen war die ewige kleine Schwester, die immer in Bettys Schatten stand und nie – so schien es zumindest – etwas so gut konnte wie ihre große Schwester. Wenn Rhonda aus der Schule die gute Nachricht mit nach Hause brachte, dass sie eine Zwei in Mathe geschrieben hatte, wurde sie daran erinnert, dass Betty nie etwas Schlechteres schrieb als eine Eins. Wenn sie ein paar Zeilen Text in einer Schulaufführung sprechen durfte, wurde sie daran erinnert, dass ihre Schwester sich die Hauptrolle gesichert hatte. Und so ging es ständig.

Bettys Umgebung war geprägt von ihrer Rolle als das «goldene Kind» der Familie, während Rhonda eine frustrierte ewige Zweite war, die sich bald mit der Tatsache abfand, dass sie ihrer Schwester nie würde das Wasser reichen können. Und ganz ihren Erwartungen an sich selbst entsprechend hat sie das auch nie geschafft. Die beiden Mädchen wuchsen also in völlig verschiedenen Umgebungen auf, die für immer die Art und Weise geprägt haben, wie sie sich sehen und wie sie ihr Leben führen – es sei denn, Rhonda begreift, dass sie nicht in ihrem Lebensstil des Scheiterns gefangen bleiben muss, und beschließt, etwas dagegen zu tun.

Bei Rhonda jedoch wurde die Situation zusätzlich dadurch erschwert, dass sie nur dann Aufmerksamkeit auf sich ziehen konnte, wenn sie scheiterte. Die meiste Zeit über hatte sie das Gefühl, als hätten ihre Eltern völlig vergessen, dass es sie gab. Doch hin und wieder, wenn sie – vergeblich – versucht hatte, irgendetwas genauso gut zu machen wie ihre Schwester, nahm ihre Mutter sie in die Arme und tröstete sie.

Es dauerte nicht lange, bis sie merkte, dass das Scheitern auch sein Gutes hat, und sie sich nicht mehr so anstrengte, mit ihrer Schwester gleichzuziehen, da sie erkannte, dass ihre Unzulänglichkeiten ihr immerhin ein wenig Aufmerksamkeit verschafften. Nicht, dass sie es geradezu darauf angelegt hätte, zu scheitern – zumindest nicht bewusst –, aber ihr Unterbewusstsein machte Überstunden, um ihr ein bisschen Aufmerksamkeit zu verschaffen, egal wie! Nachdem sie einmal gelernt hatte, dass Scheitern immerhin eine gute Möglichkeit war, um wenigstens für einen Moment im Rampenlicht zu stehen, fing sie an, immer häufiger zu scheitern. Zu scheitern und nie den Erwartungen anderer zu entsprechen war ein tief eingeprägter Teil ihrer Persönlichkeit.

Verstehen Sie mich nicht falsch; es war nicht so, dass Rhonda hätte scheitern *wollen*. Sie hatte keine Freude daran, gefeuert zu werden oder ihre Ehen den Bach runtergehen zu sehen. Aber ihr Lebensstil hatte sie in ein Muster des Scheiterns geführt, aus dem es keinen Ausweg zu geben schien.

Je länger ich als Psychologe arbeite, desto überzeugter bin ich von der Wahrheit des alten Sprichworts: «Wie der Schössling gebogen ist, so neigt sich der Baum.»

Die Dinge, die uns ganz am Anfang unseres Lebens passieren, wirken sich darauf aus, wie wir den Rest unserer Jahre verbringen. Auch wenn wir 120 werden, folgen die meisten von uns dem Lebensstil, der uns eingebläut wurde, bis wir vier oder fünf Jahre alt wurden.

Wie der Schössling gebogen ist ...

Wenn ich anfange, den Lebensstil eines Patienten zu analysieren, ist eine der ersten Fragen, die ich stelle, diese: «Was ist Ihre früheste Kindheitserinnerung?»

Es ist erstaunlich, wie häufig diese erste Erinnerung Aufschluss über den Lebensstil eines Menschen insgesamt geben kann. Jene erste Erinnerung, ausgewählt aus Hunderten anderer früher Ereignisse, ist ein hervorragender Hinweis darauf, wie wir damals das Leben sahen. Tausende von Dingen passieren uns in unseren ersten Lebensjahren, aber wir erinnern uns am deutlichsten an diejenigen, die damit übereinstimmen, wie wir uns in Beziehung zu anderen sehen.

Was ist *Ihre* früheste Erinnerung? Erinnern Sie sich daran, wie Sie verlegen oder beschämt waren, weil Sie etwas falsch gemacht hatten? Vielleicht hatten Sie sich vor all den anderen Kindern in die Hose gemacht und wurden deswegen ausgelacht? Oder erinnern Sie sich daran, dass Ihr Vater Sie auf den Schoß nahm und Ihnen sagte, das Bild, das Sie gerade gemalt hatten, sei ein wunderbares Kunstwerk?

Es geht kein Mensch über die Erde, der nicht hin und wieder schon etwas Peinliches gemacht hat und dafür ausgelacht wurde. Und es gibt auch nicht allzu viele, die nicht wenigstens ein paar Siege errungen haben. Doch wenn Sie um die Peinlichkeiten und Fehler kreisen, folgen Sie vielleicht einem Lebensstil, der zu immer mehr Ablehnung und Demütigung führt. Wenn Sie dagegen jemand sind, der dazu neigt, die Peinlichkeiten ganz zu vergessen, und immer die Gelegenheiten vor Augen haben, wo Sie etwas gut gemacht hatten und andere stolz auf Sie waren, wird Ihr Lebensstil von gesunder Selbstachtung bestimmt sein. Und Selbstachtung ist ein wichtiger Schlüssel für Erfolg im Leben.

Dies bedeutet nun nicht, dass jedes Kind unter denselben Voraussetzungen denselben Lebensstil entwickelt. Es kommt auch darauf an, was ein Kind aus diesen Umständen macht, wie es seine Rolle als Individuum wahrnimmt.

Stellen Sie sich zwei Familien mit behinderten Kindern vor. Sowohl Sheila als auch Sherri sitzen im Rollstuhl, und die Ärzte sagen, dass keine von ihnen je in der Lage sein wird zu laufen.

Sheilas Familienangehörige reagieren auf ihr Handicap so, dass sie alles Erdenkliche für sie tun. Sie beschützen und verhätscheln sie und sind wegen ihrer Behinderung immer sehr nachsichtig mit ihr. Im Grunde lehnen sie sie auf diese Weise ab, indem sie ihr zu verstehen geben, sie sei als Mensch minderwertig, weil sie nicht laufen kann. In ihrem Bestreben, ihr zu helfen, fügen sie ihr stattdessen Schaden zu und sorgen dafür, dass sie einen Lebensstil der Abhängigkeit von anderen und des Nie-gut-genug-Seins entwickelt.

Sherris Eltern reagieren gerade umgekehrt. Sie erkennen, dass es manche Dinge gibt, die ihre Tochter nicht selbst tun kann, und helfen ihr so viel, wie unbedingt nötig ist. Doch zugleich geben sie sich Mühe, darauf zu achten, dass sie bei den meisten Dingen genauso behandelt wird wie ihre Geschwister. Die Haltung der Eltern ist: «Ja, du hast ein Handicap, aber davon solltest du dich nicht bremsen lassen.» Stets fordern sie sie im Rahmen des irgend Möglichen dazu heraus, Dinge selbst zu machen, und sie wird nicht bemitleidet oder verzärtelt.

Obwohl Sherri durch ihr Handicap körperlich ebenso eingeschränkt ist wie Sheila, wird sie einen «Das-schaffe-ich!»-Lebensstil entwickeln. Sie wird sich selbst und ihre Fähigkeiten achten und wohl kaum ihr ganzes Leben von ihrer körperlichen Behinderung bestimmen lassen.

Sie sehen also, dass bei der Entwicklung eines Lebensstils viele Kräfte mitwirken. Wenn jemand den Lebensstil eines «gescheiterten Perfektionisten» entwickelt hat und das Gefühl hat, es nie bringen zu können, dann sind daran nicht nur die Eltern oder Geschwister oder die finanziellen Umstände der Familie schuld. All dies sind Faktoren, die bei der Entwicklung einer Persönlichkeit eine Rolle spielen, und es ist nicht immer leicht, die Gründe für die Entwicklung eines solchen Lebensstils ans Licht zu bringen.

Wichtig ist jedoch, zu erkennen, dass wir alle einem ganz konkreten Lebensstilmuster folgen und dass ein Lebensstil sich mit Geduld, harter Arbeit und Verständnis verändern lässt.

Doch wenn nicht eingegriffen wird, bleibt unser Lebensstil, den wir als ganz kleine Kinder entwickeln, eben ein Leben lang erhalten.

Wenn Johnny mit fünf ein Perfektionist ist, wird er wahrscheinlich mit vierzig immer noch einer sein.

Wenn Mary mit fünf eine Angeberin ist, wird sie wahrscheinlich auch mit fünfunddreißig noch immer im Rampenlicht stehen wollen.

Wenn Joey ein schüchternes Kind ist, das glaubt, nichts richtig machen zu können, ist es sehr wahrscheinlich, dass er auch mit fünfzig noch sein Bestes tun wird, um im Hintergrund zu bleiben und nicht mit anderen verglichen zu werden.

Haben Sie schon einmal jemanden kennengelernt, der ein chronischer Meckerer war? Ich schon. Wissen Sie, wenn jemand uns fragt: «Hallo, wie geht's?», dann sagen wir doch meistens ohne nachzudenken: «Gut, danke, und selbst?»

Die meisten von uns könnten mit einem Dutzend Pfeilen im Rücken die Straße entlanggehen und würden immer noch sagen: «Gut, danke, und selbst?»

Ich meine, wie würden Sie es finden, wenn Sie zu jemandem sagen: «Wie geht's denn so?», und er würde antworten: «Um ehrlich zu sein, meine Hämorrhoiden bringen mich um.»

So jemanden würden Sie doch für verrückt halten. Offen gesagt, so genau wollten Sie es gar nicht wissen.

Nicht so Martha Märtyrer. Sie war eine Frau, die die Frage, wie es ihr ginge, jederzeit ohne Zögern beantwortete – und «gut» ging es ihr nie. Sie schilderte einem in allen Einzelheiten alles, was ihr fehlte, ohne irgendetwas auszulassen, und ihr fehlte immer so viel, dass ich beinahe damit rechnete, sie würde jeden Moment zu einem Häufchen Sägespäne zusammenfallen.

Die ersten paar Male, wenn ich mich mit ihr unterhielt, machte ich immer denselben Fehler:

«Wie geht es Ihnen heute?»

«Also, ich kann Ihnen sagen, Dr. Leman ...», und ab ging die Post. Manchmal hatte ich den Verdacht, dass sie sich im Fernsehen Arztserien anschaute, nur um neue Krankheiten zu finden, die sie entwickeln könnte.

Schließlich lernte ich meine Lektion. «Hallo» reichte völlig. «Schön, Sie zu sehen» war großartig. Doch ich lernte, jene magischen Worte zu meiden: «Wie geht es Ihnen heute?» Natürlich half das letzten Endes auch nichts, denn sie war wild entschlossen, es mir zu sagen – ob ich nun fragte oder nicht. Martha war keine Klientin von mir, und sie hatte auch kein Interesse daran, ihr Verhalten zu ändern.

Ich erwähne sie nur, um darauf hinzuweisen, wie der Lebensstil einer Person sich auf ihr Leben auswirken kann. Martha hatte zweifellos schon als ganz kleines Mädchen gelernt, dass sie nur dann Aufmerksamkeit bekam, wenn sie verletzt war. Wenn sie hinfiel und sich das Knie abschürfte, nahm ihre Mutter sie in die Arme, küsste sie und sagte ihr, es würde alles wieder gut. Krank oder verletzt zu sein war der einzige Weg, wie sie Leute dazu bringen konnte, sie zu bemerken. Jetzt ist sie in ihren Sechzigern und verschafft sich ihre Aufmerksamkeit immer noch auf dieselbe alte Weise.

Nicht, dass Martha Spaß daran hätte, krank zu sein. Überhaupt nicht. Es stimmt auch nicht, dass alle ihre Probleme nur in ihrem Kopf existieren. Weil sie immer dann, wenn sie körperliche Probleme hat, die ersehnte Aufmerksamkeit bekommt, hat ihr Körper vielleicht eine Prädisposition für Krankheiten. Sie würde selbst nie glauben, dass ihr Lebensstil von ihr verlangt, krank zu sein, oder dass sie ständig Entscheidungen trifft, die ihr Wohlergehen beeinträchtigen. Doch es trifft zu, dass ihr Verlangen nach Aufmerksamkeit weitaus stärker ist als ihr Bedürfnis, gesund zu sein.

Dies ist ein weiteres Beispiel dafür, wie der Lebensstil einer Person ihr Leben beeinflussen kann. Der Lebensstil ist ein beständiger Bezugsrahmen, in dem eine Person operiert, selbst wenn Sie es vielleicht – sogar wahrscheinlich – selbst nicht merkt.

Mit den Worten von Dr. Rudolf Dreikurs:

> Das Individuum mag davon überzeugt sein, die Dinge, die es herbeiführt, nicht zu wollen, doch es ist ihm lediglich nicht bewusst, welche Ziele es sich setzt. Es ist schwieriger, seine Grundziele zu erkennen, die die Grundlage für seinen Lebensstil sind. Sie stellen eine Handlungsschablone dar, durch die das Individuum seinen Platz in der Gesellschaft zu finden hofft. Eine Sammlung von Überzeugungen über sich selbst und über das Leben, die hinter seinen sozialen Bewegungen steht.[3]

Hier ist wieder Vorsicht angebracht. Will ich damit sagen, dass alle Menschen, die chronisch krank sind, Opfer ihres Lebensstils sind? Nein, keineswegs, und ein so pauschales Urteil würde ich auch nie fällen. Doch man muss sich klarmachen, dass ein negativer Lebensstil ein Faktor sein kann, der zu allen möglichen Problemen beiträgt – körperlichen, seelischen und spirituellen.

Als Student hörte ich vom Lebensstil als einer Theorie, die der österreichische Psychologe Alfred Adler formuliert hatte. Damals stellte ich fest, dass dies eine faszinierende und höchst plausible Theorie ist, um eine Vielzahl menschlicher Verhaltensweisen zu erklären. Seither habe ich mit eigenen Augen und Ohren das Konzept des Lebensstils in Hunderten, ja Tausenden von Fällen bestätigt gefunden.

Zum Beispiel erinnere ich mich an Leigh-Ann, eine hübsche junge Frau, die nicht verstand, warum sie sich immer wieder in verheiratete Männer verliebte.

Sie tue das nicht absichtlich, versicherte sie mir. Es passierte einfach so. Konnte sie denn etwas dafür, dass die besten Männer alle schon vergeben waren? Oder war es ihre Schuld, wenn verheiratete Männer sie unwiderstehlich fanden, während unverheiratete sie überhaupt nicht zu bemerken schienen?

Leigh-Ann nahm ihre Affären mit verheirateten Männern nicht leichtfertig. Sie wurde sogar besonders schwer mit der Schuld fertig, weil sie eine überzeugte Christin war und klar erkannte, dass die Situationen, in die sie immer wieder geriet, moralisch nicht richtig waren, auch wenn sie buchstäblich Dutzende von Ausreden für ihr Verhalten hatte.

Ich wäre ihr vielleicht nie begegnet, wenn es ihr nur ein Mal passiert wäre. Aber dann passierte es noch einmal. Und dann ein drittes Mal. Nachdem sie innerhalb von drei Jahren Beziehungen mit vier verheirateten Männern begonnen und wieder beendet hatte, beschloss sie, sich um eine Therapie zu bemühen – «nicht, weil mit mir etwas nicht stimmt, sondern einfach, weil ich dachte, Sie könnten mir helfen zu erkennen, warum ich mich immer wieder von diesen Kerlen einwickeln lasse».

Als ich mich mit Leigh-Anns Hintergrund zu beschäftigen begann, stieß ich auf eine altvertraute Geschichte. Ihr Vater hatte als Handelsvertreter gearbeitet und war nur selten zu Hause gewesen. Seine Liebe versuchte er auszudrücken, indem er sie mit «Sachen» überschüttete, doch in Worte konnte er seine Liebe zu ihr im Allgemeinen nicht fassen, und sie konnte sich an kein einziges Mal erinnern, wo er sie in die Arme oder auf den Schoß genommen hätte.

Ihr war es gar nicht recht, dass ich so in ihrer Beziehung zu ihrem Vater herumbohrte. Sie liebte ihn, und er liebte sie, und jeder Gedanke, dass ihre Beziehung nicht genauso war, wie sie sein sollte, war lachhaft!

Ich wusste, dass Leigh-Ann ihren Vater wirklich liebte. Und ich glaubte ihr auch, wenn sie mir sagte, dass er sie liebte. Schließlich bekam sie immer noch all die schönen Geschenke von ihm, die das bewiesen.

Wenn ich ihre hübsche neue Halskette erwähnte oder die teuer wirkende Jacke oder was auch immer, sagte sie jedes Mal: «Oh, gefällt sie Ihnen? Die hat mein Vater mir geschenkt.»

Obwohl sie kein kleines Mädchen mehr war, sondern eine Frau von Anfang dreißig, versuchte ihr Vater ihr immer noch seine Liebe zu zeigen, indem er ihr Sachen gab, statt sich einfach hinzusetzen und Zeit mit ihr zu verbringen oder sie abends anzurufen und ihr zu sagen, dass er sie liebte. Und auch wenn sie es niemandem je eingestanden hätte, nicht einmal sich selbst, konnte ich sehen, dass sie genau das ihr Leben lang vermisst hatte.

In Wahrheit hatte die Beziehung zu ihrem Vater ihr im Lauf der Jahre einen Lebensstil eingeprägt, der besagte, sie wäre einer wahren, dauerhaften Liebe nicht würdig.

Sie wollte Liebe. Sie lechzte geradezu danach. Doch zugleich fürchtete sie sich davor, und deshalb suchte sie sie nur in «ungefährlichen» Beziehungen zu Männern, die schon verheiratet waren und von ihr unmöglich mehr erwarten konnten als ein Rendezvous in einem Motel oder ein heimliches Treffen in einem abgelegenen Restaurant.

Und dann verliebte sie sich erneut.

Erraten.

Der Mann war verheiratet. Aber diesmal war es anders. Er liebte sie mehr, als irgendjemand sonst sie je geliebt hatte. Es zog sie zueinander wie die Motten zum Licht. Es war Schicksal. Denken Sie an jedes romantische Klischee, das Sie je gehört haben, rühren Sie sie alle zusammen, und Sie haben die Worte, mit denen Leigh-Ann ihre Beziehung zu jenem ätherischen Wesen beschrieb, das auf den merkwürdig erdverbundenen Namen Richard hörte.

Doch dann passierte eines Tages das Undenkbare. Richard verließ seine Frau und reichte die Scheidung ein. Er sagte Leigh-Ann, er und seine Frau seien sowieso nicht glücklich miteinander gewesen. Normalerweise ist das ein ziemlich abgedroschener Spruch eines verheirateten Mannes auf der Balz, doch diesmal traf es tatsächlich zu.

Leigh-Ann war natürlich außer sich vor Freude, da ja nun all ihre Träume Wirklichkeit werden sollten. Doch dann passierte auf dem Weg zum Happy End etwas Merkwürdiges.

Richard ließ sich tatsächlich scheiden. Und sobald er ein freier Mann war, bat er Leigh-Ann, ihn zu heiraten. Doch aus irgendeinem Grund war sie sich plötzlich nicht mehr so sicher. (Ich wette, das haben Sie schon vor drei Sätzen kommen sehen.) Einst hatte sie Richard als ihren «Ritter in glänzender Rüstung» beschrieben (sie war eine intelligente Frau, aber nicht besonders originell), aber jetzt hatte der Junge doch den einen oder anderen Rostfleck auf seinem Metallanzug.

Sie wusste nicht, was sie auf seinen Heiratsantrag antworten sollte, und ich konnte nur vermuten, dass Richard über ihr Zögern, seinen Antrag anzunehmen, am Boden zerstört sein musste. Ich wusste aus meinen Gesprächen mit Leigh-Ann, dass die beiden schon verschiedentlich über eine Ehe gesprochen hatten. Ich war sicher, dass Richard nie daran gezweifelt hatte, dass er Leigh-Ann heiraten würde. Was ihn betraf, so waren all die romantischen Klischees, mit denen sie ihre Beziehung beschrieben hatte, zutreffend, und sie würden für den Rest ihres Lebens in nie endendem Eheglück dahinschweben.

Aber das konnte Leigh-Anns Lebensstil, der sie dazu führte, Bindungen zu meiden, einfach weil sie ihrer unwürdig war, nicht zulassen.

Sie ließ Richard mehrere Monate lang zappeln, bis er schließlich begriff, dass sie nie einwilligen würde, ihn zu heiraten, und sich aus der Beziehung löste. Das Alleinsein war er freilich nicht gewohnt; es gefiel ihm auch nicht, und so brauchte er nicht lange, bis er jemand anderen gefunden hatte. Binnen zwei oder drei Monaten nach seiner Trennung von Leigh-Ann war er verlobt.

Kann mir jemand sagen, was als Nächstes passierte?

Erraten.

Kaum war Richard mit einer anderen Frau verlobt, entdeckte Leigh-Ann plötzlich wieder, was für ein wunderbarer Mann er war und was für einen furchtbaren Fehler sie begangen hatte, als sie ihn gehen ließ. Doch ihr Sinneswandel kam zu spät, und Richard blieb bei seinen Plänen. Den letzten Berichten zufolge war er mit der anderen Frau glücklich verheiratet.

Er war klug genug zu erkennen, dass Leigh-Ann immer nur das wollte, was sie nicht bekommen konnte. Sobald etwas in Reichweite kam, erschien es ihr plötzlich nicht mehr begehrenswert. Auch hier wieder schrieb ihr Lebensstil ihr vor, dass echtes Glück immer nur fast zum Greifen nahe sein durfte.

Auf lange Sicht jedoch tat es Leigh-Ann gut, Richard zu verlieren, denn es brachte sie zu der Erkenntnis, dass sie ihre Haltung ändern musste. Zum ersten Mal war sie nun wirklich bereit, in Betracht zu ziehen, dass ich in Bezug auf ihre selbstzerstörerischen Tendenzen recht haben könnte. Nicht das Leben war unfair zu ihr, sondern sie war unfair zu sich selbst und suchte immer nach Wegen, um sich das Glück vorzuenthalten.

Als Leigh-Ann erkannte, dass sie sich selbst geschadet hatte, machte sie den ersten wichtigen Schritt zu einer Veränderung der Situation. Nicht etwa, dass dann über Nacht eine dramatische Verbesserung eingetreten wäre. Schließlich hatte sich ihr Lebensstil tief in ihre Persönlichkeit eingeprägt. Sie hatte immer noch die alte Tendenz, niemanden zu wollen, der sie wollte.

Es war wie in dem alten, abgedroschenen Witz:

«Willkommen im Club. Wir sind stolz, Sie als Mitglied begrüßen zu dürfen!»

«Machen Sie Witze? Ich halte zu viel auf mich, als dass ich einem Club beitreten würde, der auch nur daran denkt, Leute wie mich aufzunehmen!»

Schließlich jedoch gelang es Leigh-Ann, sich von dieser schlechten Meinung von sich selbst zu befreien. Aber es war wirklich schwer. Manchmal fällt sie immer noch in ihre früheren Denkmuster zurück. Doch sie hat ihren Wert als menschliches Wesen erkannt und es geschafft, wahrscheinlich zum ersten Mal in ihrem Leben, eine starke, ausgewogene romantische Beziehung mit einem heiratsfähigen Junggesellen einzugehen.

Heute ist sie mit einem guten Mann zusammen und tut, weil sie ihn liebt, alles in ihrer Macht Stehende, um diese Beziehung zu stärken und aufzubauen. Sie ist immer noch unverheiratet, aber es würde mich nicht überraschen, wenn die Hochzeitsglocken schon bald läuten würden.

Vergessen Sie nicht, dass Leigh-Anns Lebensstil tief unter der Oberfläche verborgen war. Wären Sie ihr erstmals begegnet und ich hätte Ihnen gesagt, sie habe eine sehr schlechte Meinung von sich selbst und finde sich einer dauerhaften Liebesbeziehung unwürdig, so hätten Sie sich vermutlich gefragt, ob ich nicht ein bisschen zu oft ohne Helm American Football gespielt habe. Sie wirkte selbstsicher, kultiviert und intelligent; von Hinweisen auf einen Minderwertigkeitskomplex keine Spur.

Doch gleich unter der Oberfläche ihrer strahlenden Persönlichkeit nach außen hin lauerte ihr wahrer Lebensstil, der ihr genau das vorenthielt, wovon sie glaubte, dass sie es sich im Leben am meisten wünschte – nämlich eine dauerhafte Beziehung mit einem guten Mann.

Nicht immer ist der Lebensstil so verborgen. Manchmal ist er ziemlich offensichtlich.

Patricia zum Beispiel ist eine fünfundzwanzigjährige Studentin, die ebenfalls Schwierigkeiten im Bereich ihrer Männerbeziehungen hat. Ihr Problem ist genau dasselbe wie das von Leigh-Ann, nämlich dass sie nur mit verheirateten Männern etwas anfängt. Doch bei ihr liegt der Grund für dieses Verhalten dichter an der Oberfläche.

Auch hier wieder hat es mit ihrer Beziehung zu ihrem Vater zu tun. In diesem Fall ist der Vater extrem kritisch gegenüber seiner Tochter. Sie hat große Mühe, irgendetwas zu tun, was ihm gefällt, und im Grunde hat sie das Gefühl, ihr wäre das noch nie gelungen. Zugleich ist sie vollkommen abhängig von ihm. Er bezahlt ihre Studiengebühren, kauft ihr ihre Bücher und gibt ihr Geld für die Miete und für Lebensmittel.

Sie nimmt das Geld *und* die Kritik

Mit dem Geld war Papa schon immer großzügig, doch die Sache hat einen Haken. Dafür muss sich Patricia sein Gemecker und seine Kritik anhören. Sie ist, vielleicht unklugerweise, zu dem Schluss gekommen, dies sei ein fairer Handel.

Doch ihre angespannte Beziehung zu ihrem Vater hat ihre Sicht von Männern im Allgemeinen gefärbt. Wie jede andere Frau (oder jeder Mann) braucht sie Liebe, aber wenn es darauf ankommt, hat sie Angst vor Männern.

Patricia hatte nie das Gefühl, ihr Vater würde sie lieben, «egal was passiert». Also verlangt ihr Lebensstil, dass sie sich nur mit Männern abgibt, die nie die Chance haben, von ihr enttäuscht zu sein. In jeder längerfristigen Bindung hat sie das Gefühl, als würde sie letzten Endes unweigerlich versagen. Es ist nur eine Frage der Zeit, bis sie irgendeinen furchtbaren Fehler macht und ihr Liebhaber herausfindet, dass sie seiner Zuneigung eigentlich gar nicht würdig ist.

Und damit das nicht passiert, beschränkt sie sich auf kurzfristige Beziehungen zu verheirateten Männern – One-Night-Stands, die unmöglich weitere Folgen nach sich ziehen.

Ganz so wird es Patricia selbst vermutlich nicht sehen. Sie denkt vielleicht, dass sie für eine dauerhafte Beziehung einfach noch nicht bereit ist. Erstmal den Masterabschluss schaffen, dann sehen wir mal ... Aber wenn sie nicht begreift, was sie tut, wird als Nächstes ihre Doktorarbeit an die Reihe kommen. Und dann ihre Karriere. Und so weiter.

Die Wahrheit ist, dass sie nicht etwa zu beschäftigt für eine dauerhafte Beziehung ist. Sie hat einfach zu viel Angst davor, um danach zu suchen.

Der Unterschied zwischen Leigh-Ann und Patricia ist, dass Leigh-Ann die Natur ihres Lebensstils und der versteckten Ziele, die er in ihr Leben eingeschmuggelt hat, inzwischen erkannt hat. Patricia sieht ihr Verhalten bisher immer noch nicht als das, was es wirklich ist. Und solange sie diesen

Durchbruch noch nicht geschafft hat, wird sie sein wie ein Alkoholiker, der nicht daran glaubt, dass das Trinken ihm gefährlich werden kann.

«Ich trinke nur, weil es mir Spaß macht», sagt er, «und ich kann jederzeit damit aufhören, wenn ich will!» Nur wird er dummerweise, solange er sich seinem Problem nicht stellt, nie aufhören wollen und sein Leben lang weiter sich selbst und die Menschen, die ihn lieben, zerstören.

Wie schon gesagt, gibt es viele verschiedene Lebensstile, und nur um sicherzugehen, dass meine Beispiele von Leigh-Ann und Patricia keinen falschen Eindruck hinterlassen, füge ich hinzu, dass der Lebensstil sich nicht immer nur darin zeigt, wie eine Person sich in «romantischen» Dingen verhält.

Robert zum Beispiel war ein erfolgreicher Geschäftsmann, der sich ganz und gar in seine Arbeit stürzte. Er verbrachte viele Stunden mit seiner Arbeit, sieben Tage die Woche, und wie viele Männer behauptete er, das nur zum Wohl seiner Frau und seiner Kinder zu tun.

Wann immer seine Frau sich beklagte oder ihm sagte, sie wünschte, er würde mehr Zeit für die Kinder haben, hatte er nur eine Antwort: «Aber ich tue das doch nur für dich und die Kinder.»

An dieser Aussage war gerade genug Wahres dran, damit sie sich wegen ihrer «Selbstsucht» schuldig fühlte. Er versorgte seine Familie gut, und sie wollte nicht an ihm herumnörgeln, weil er so viele Stunden mit seiner Arbeit zubrachte.

Doch als die Jahre vergingen und sich der Luxus anzuhäufen begann, machte Robert nicht die geringsten Anstalten, es langsamer angehen zu lassen. Die Frau in seinem Leben hatte materiell alles, was sie sich nur wünschen konnte – und noch mehr –, doch all diese Dinge reichten nicht aus, um die Leere und Einsamkeit in ihrem Leben wettzumachen. Sie brauchte einen Mann, der seine Liebe zu ihr zeigte, indem er Zeit mit ihr verbrachte, und schließlich hatte sie die Nase gestrichen voll.

Sie sagte ihrem Mann, wenn er nicht einen energischen Versuch machte, sein Verhalten ganz konkret zu ändern, wolle sie die Ehe beenden.

Daraufhin kam er zu mir.

Es war nicht schwierig herauszufinden, woher Robert seinen Workaholic-Lebensstil hatte. Als ich ihn bat, mir von seinem Vater zu erzählen, war seine Antwort: «Oh, er war ein guter Mann. Er hat hart gearbeitet.» Sein Lieblingsonkel? «Oh, der Mann hat sich wirklich abgerackert.»

Seine Mutter arbeitete hart, und seine Brüder und Schwestern ebenso. Es gab keine wichtige Person in seinem Leben, die nicht als unermüdlicher Arbeiter beschrieben wurde. Er erzählte zwar auch mal von den sportlichen Leistungen oder dem köstlichen Humor seines Bruders, doch früher oder später fielen immer jene Zauberworte: «Er arbeitet hart.»

In Roberts Unterbewusstsein war der Gedanke eingebläut worden, dass der Wert eines Menschen sich danach richtete, wie hart er arbeitete, und er tat alles in seiner Macht Stehende, um zu beweisen, dass er ein wertvoller Mensch war. Er war so versessen darauf, seinen eigenen Wert zu beweisen, dass ihn das fast seine Familie kostete.

Es dauerte eine Weile, aber schließlich konnte er einsehen, dass er seine vielen Überstunden überhaupt nicht für seine Frau und seine Kinder geleistet hatte, sondern für sich selbst. Es fiel Robert nicht leicht, seine Lebensweise zu ändern, aber er schaffte es.

Anfangs fühlte er sich geradezu schuldig, wenn er den Samstag mit seinen Kindern beim Ballspiel verbrachte oder einen Sonntagnachmittag für ein Picknick im Park nutzte. Bei mehreren Gelegenheiten wurden die Schuldgefühle fast zu viel für ihn, weil er einfach «spürte», dass er im Büro sein und sich ums Geschäft kümmern sollte.

Doch ich muss ihm lassen, dass er sich von seinen Gefühlen nicht steuern ließ. Er kämpfte sich erfolgreich von seiner Arbeitssucht frei und baute eine neue Beziehung zu seiner Frau und seinen Kindern auf. Zu seiner Überraschung entdeckte er nun auch, dass sein Geschäft nicht den geringsten Schaden dadurch nahm, dass er sich die Wochenenden freinahm und während der Woche vernünftigere Arbeitszeiten einhielt.

Nicht, dass mich jemand missversteht; denken Sie bitte nicht, ich hätte etwas gegen harte Arbeit. Ich weiß auch, dass es Zeiten gibt, wo Ehemänner und Ehefrauen mehr Zeit für ihre Arbeit aufbringen müssen, als es ihnen eigentlich lieb wäre. Das gilt besonders dann, wenn jemand sich selbstständig gemacht hat und nun Fuß zu fassen versucht oder wenn der Chef einem seiner Mitarbeiter einen Eilauftrag oder ein besonderes Projekt zuteilt. Doch wenn man Woche für Woche, Monat für Monat, Jahr für Jahr erlebt, wie die meiste Zeit von der Arbeit verschlungen wird, muss man einen Schritt zurücktreten und sich über seine Motive klar werden.

Ich könnte mich noch stundenlang über die Entwicklung des Lebensstils auslassen, doch das Entscheidende ist, dass Sie verstehen, dass Ihr Lebensstil ein wesentlicher Grund für alles ist, was Sie tun und was Ihnen einfach so zu «passieren» scheint.

Der Lebensstil an sich ist weder negativ oder positiv. Er ist einfach da.

Doch wenn Ihr Leben ein ständiger Kreislauf von Frust und Ablehnung ist, dann ist Ihr Lebensstil reparaturbedürftig. Und er kann repariert werden.

Auf der andern Seite: Wenn Sie kleine Kinder haben, müssen Sie wissen, wie Sie ihnen helfen können, einen gesunden Lebensstil zu entwickeln.

Zu viele Menschen leben in einem Albtraum, wo das Leben doch eigentlich ein Traum sein sollte!

3. Das Muster schleift sich ein: Die ersten Jahre

Was fällt Ihnen ein, wenn Sie an Ihre Kindheit denken? Glückliche Stunden, Spiele mit Ihren Freunden, ein Haus voller Wärme und Lachen? Oder fallen Ihnen Bilder von Misserfolgen ein – wie Sie nie etwas richtig machen konnten, wie Ihre Eltern und Lehrer immer böse auf Sie waren, weil Sie sie enttäuscht hatten?

Und wenn Sie dann einen Blick in die Zukunft werfen, was sehen Sie dort? An was für eine Kindheit werden sich Ihre eigenen Kinder erinnern? Werden sie gern an eine Ansammlung glücklicher Erinnerungen zurückdenken, oder werden sie nichts als Gründe sehen, froh zu sein, dass diese Zeit endlich vorüber ist?

Wenn Ihnen im Rückblick jene unseligen Vorfälle vor Augen stehen, bei denen Sie sich unwürdig und abgelehnt fühlten, liegt das hauptsächlich daran, dass jemand in Ihrem Leben Ihre Misserfolge besonders hervorhob, sie überbetonte und ihre Bedeutung Ihnen gegenüber aufbauschte. Was ein Mensch in den ersten sieben Jahren seines Lebens erlebt – und besonders in den ersten vier Jahren – wird ihn für den Rest seines Lebens prägen.

Eine meiner Klientinnen zum Beispiel hatte große Mühe damit, ein gesundes Sexleben mit ihrem Mann aufzubauen. Sie liebte ihn sehr, sagte sie mir, und sie wünschte sich, die Intimität mit ihm zu genießen, aber sie konnte einfach nicht den Gedanken abschütteln, sexueller Verkehr sei abstoßend und schmutzig.

Warum? Weil sie, als sie drei Jahre alt war, von ihrer Mutter beim «Doktorspielen» mit dem vierjährigen Nachbarssohn erwischt wurde. Im Grunde hatten sie nichts weiter getan, als ihrer natürlichen Neugier über die Unterschiede zwischen den Geschlechtern nachzugehen. Doch Marys Mutter hatte reagiert, als hätte sie gerade entdeckt, dass ihre Tochter persönlich für den Ausbruch des Zweiten Weltkrieges verantwortlich war. Die arme kleine Mary hatte sich eine fürchterliche Standpauke anhören müssen, der Nachbarsjunge war mit Schimpf und Schande aus dem Haus gejagt worden, und ehe sie sich versah, fand sich Mary in der Badewanne wieder und musste ein heißes Bad nehmen, als ob sie etwas getan hätte, wovon sie schmutzig geworden wäre.

Noch mit fast vierzig Jahren erinnerte sich Mary daran, wie wütend und beschämt ihre Mutter gewesen war.

«Ich werde nie ihr Gesicht vergessen», sagte sie mir, «und wie sie mir immer wieder sagte, dass sie sich für mich schämte.»

Marys Mutter hätte natürlich viel klüger daran getan, wenn sie sich in aller Ruhe mit Mary unterhalten hätte und ihr erklärt hätte, ja, es gebe Unterschiede zwischen kleinen Jungen und kleinen Mädchen, weil Gott uns so gemacht habe. Doch das tat sie zu Marys Pech nicht, und Mary wuchs im Widerstreit mit ihrer eigenen sexuellen Natur auf und lernte, Sex als etwas Böses statt als etwas Gutes zu betrachten.

Ich erwähne Mary nicht, um davon zu sprechen, wie Eltern mit ihren Kindern über Sex reden sollten, sondern um darauf hinzuweisen, dass das Verhalten der Eltern eine enorme Wirkung auf die Kinder haben kann ... eine viel größere Wirkung, als die meisten von uns sich klarmachen.

Eine Freundin von mir namens Veronica erfuhr vor vier Jahren von ihrem Arzt, dass sie Multiple Sklerose hat. Diese Nachricht war natürlich schwer zu verkraften. Sie war am Boden zerstört und fragte sich, wie das ausgerechnet ihr passieren konnte, einer jungen Mutter von zwei Kindern, die noch nicht einmal fünf Jahre alt waren.

Schließlich jedoch beschloss sie, sich dieser Krankheit genauso zu stellen, wie sie sich bisher allen Schwierigkeiten in ihrem Leben gestellt hatte. Die Krankheit war ein Hindernis, das es zu überwinden galt. Sie würde sich nicht geschlagen geben, und sie beschloss, eine so gute Ehefrau und Mutter zu sein, wie sie es nur konnte, Multiple Sklerose hin oder her.

Heute ist sie optimistisch, wirkt immer gut gelaunt, und wenn sie nicht gerade einen ihrer wirklich schlechten Tage hat, würde man nie ahnen, dass sie an der Krankheit leidet. Möglicherweise wird es nicht so bleiben. Veronika macht sich keine Illusionen über die Auswirkungen der Multiplen Sklerose, und sie weiß, dass ihre Zukunft nicht aus lauter Sonnenschein und blauem Himmel besteht. Aber sie ist entschlossen, jeden Moment voll auszuleben und dafür zu kämpfen, so lange wie irgend möglich ein normales Leben zu führen.

Ich bewundere sie für ihre Haltung. Ich bewundere auch ihre Familie und besonders ihre Eltern, da ich weiß, was für Leute sie sind. Sie halfen ihrer Tochter, zu einer starken, lebenstüchtigen Frau heranzuwachsen, die sich weder von Multipler Sklerose noch von sonst etwas kleinkriegen lässt. Die Art und Weise, wie Veronica dieser schrecklichen Krankheit entgegentrat, ist typisch für ihre Haltung – eine Haltung, die während ihrer ersten Lebensjahre in ihre Persönlichkeit eingepflanzt wurde. Ihr Lebensstil hat dazu beigetragen, sie mit dem Charakter und der inneren Stärke auszustatten, die sie jetzt braucht.

Vielleicht kennen Sie auch jemanden wie Veronica. Vielleicht *sind* Sie sogar jemand wie Veronica. Doch wahrscheinlich kennen Sie auch jemanden, dessen Lebensstil dazu führte, dass er auf eine ähnlich schlechte Nachricht völlig anders reagierte. Diese Person gab vielleicht, sobald der Arzt ihr sagte, dass etwas nicht stimmte, sofort alle Hoffnung auf, kroch ins Bett und blieb dort liegen. Wer auf diese Weise reagiert, dessen Lebensstil baut auf der Prämisse auf, er könne es nie bringen, er sei nicht gut genug, und am besten gewöhne er sich gleich an Ablehnung und ans Scheitern, denn das sei alles, was ihm im Leben blühe.

Was für ein Jammer, dass manche Menschen solche Angst vor

dem Leben haben und so unfähig sind, eine Tragödie, die sie befällt, zu überwinden.

Nun sind Eltern nicht alleine für die Entwicklung des Lebensstils eines Kindes verantwortlich. Es gibt noch viele andere Menschen, die auf das Leben dieses Kindes einwirken und ihre Spuren hinterlassen: Brüder und Schwestern, Tanten und Onkel, Lehrer, Geistliche, Sonntagsschullehrer, Trainer, Pfadfinderführer und so weiter. Doch die Eltern können und sollten die leitende Rolle übernehmen, um dafür zu sorgen, dass ihre Kinder eine gesunde Selbstachtung und einen positiven Lebensstil entwickeln. Niemand sonst wird mehr Einfluss auf Ihr Kind haben als Sie, und Sie sollten dafür sorgen, dass Ihr Einfluss von positiver, konstruktiver Art ist. Wenn Sie ein Leben voller Mutlosigkeit und Ablehnung führen, ist die Wahrscheinlichkeit hoch, dass Ihre Eltern eine Menge damit zu tun hatten. Und deshalb müssen Sie Ihr Bestes tun, um dafür zu sorgen, dass dieser Kreislauf sich nicht bei Ihren Kindern fortsetzt, wie es meist geschieht.

Was ist nötig, um bei Ihren Kindern einen positiven, lebenstüchtigen Lebensstil zu fördern? Geduld, Ermutigung, Zeit und Kraft sind nötig, und etwas, das ich Realitätsdisziplin nenne. Schauen wir uns diese Eigenschaften eine nach der anderen an.

Zuerst die Geduld.

Was tun Sie, wenn der dreijährige Tommy seine Milch verschüttet? Eine Mutter reagiert vielleicht ungefähr so:

«Nicht schon wieder! Ich fasse es nicht! Wir können nicht ein einziges Mal zusammen essen, ohne dass du deine Milch über den ganzen Tisch kippst! Als ob ich nichts Besseres zu tun hätte, als den ganzen Tag hinter dir herzuputzen! Jetzt schau doch, sogar der Teppich ist ganz voller Milch.»

Wenn Mama besonders wütend ist, sagt sie vielleicht sogar etwas wie: «Du rücksichtsloses kleines Ferkel! Ich habe noch nie einen so ungeschickten Jungen gesehen wie dich!»

Nachdem sie etwas Dampf abgelassen hat, fühlt sich Mama vielleicht ein wenig besser, aber ihrem Sohn hat ihr Ausbruch wohl kaum gutgetan. Das Schlimme ist, dass er glaubt, was seine Mutter sagt. Wenn sie sagt, er sei der ungeschickteste Junge, den sie je gesehen habe, dann muss das ja wohl stimmen. Er weiß, dass er die Milch nicht mit Absicht verschüttet hat, aber irgendetwas stimmt wohl mit ihm nicht. Er kann einfach nichts dagegen machen.

Noch schlimmer wird es für den kleinen Tommy, wenn er ein älteres Geschwisterkind hat, das nie seine Milch verschüttet.

«Ich begreife das nicht», sagt Mama, «warum kannst du es nicht so machen wie der kleine Harry hier? Der macht nie so einen Dreck!»

Und Harry sitzt da und feixt – ein Feixen, das so viel besagt wie: «Ich bin besser als du. Du bist ein kleiner Trottel, der seine Milch verschüttet, aber ich kann sauber essen, und das macht mich zu einem besseren Menschen.» Und außerdem sagt es Tommy, dass seine Mutter seinen großen Bruder lieber hat als ihn.

Wie hätte eine richtige Reaktion von Mama ausgesehen, als ihr Sohn seine Milch verschüttete?

«Huch, die schöne Milch. Schatz, holst du bitte einen Lappen und hilfst mir, sie aufzuwischen?»

Na schön, das hört sich vielleicht ein bisschen zu sehr nach Supermama an. Und wenn Tommy ein volles Glas Milch auf ihren brandneuen Teppich schüttet, während sie gerade versucht, fünf Dinge gleichzeitig zu tun, wird ihre erste Reaktion wohl kaum so freundlich ausfallen. Was also soll eine geplagte Mutter oder ein geplagter Vater tun?

Haben Sie je den alten Ratschlag gehört, man solle erst einmal bis zehn zählen, bevor man reagiert? Hört sich vielleicht banal an, aber es funktioniert.

Ich habe es auch schon so formuliert gehört: «Erst das Gehirn einschalten, dann den Mund.»

Diesen Spruch kennen Sie wahrscheinlich, und vielleicht lächeln Sie, wenn Sie ihn lesen. Er hört sich irgendwie ulkig an, aber er trifft den Nagel auf den Kopf, besonders wenn Sie es mit kleinen Kindern zu tun haben.

Alle Kinder erfordern Geduld, Geduld und noch einmal Geduld.

Mit der Szene von Tommy und seiner verschütteten Milch habe ich noch einen anderen Fehler berührt, den Eltern oft machen, meist ohne es überhaupt zu merken.

«Sieh mal, Schatz», sagt Papa, als Tommy einen Purzelbaum auf dem Fußboden macht. «Weißt du noch, wie Louise das zum ersten Mal gemacht hat?»

«Das weiß ich noch genau», erwidert seine Frau.

Was sagt das dem kleinen Tommy? Nun, vor allem sagt es ihm, dass er nichts Einzigartiges vollbracht hat. Da hat das arme Kind zwei Wochen lang Purzelbäume geübt und ist so stolz, dass er es jetzt endlich richtig kann. Doch als er seinen Eltern stolz vorführt, was er gelernt hat, lassen sie sofort die Luft aus seinem Ego, indem sie ihm sagen, dass sie das alles schon einmal gesehen haben.

Mama und Papa merken gar nicht, dass sie etwas Falsches gesagt haben. Es fiel ihnen einfach unwillkürlich ein, dass ihre Tochter dasselbe getan hatte.

Doch Eltern müssen sich klarmachen, dass es nie gesund ist, Kinder miteinander zu vergleichen. Vergleiche mit anderen geben dem Kind immer zu verstehen, dass es kein einzigartiges Individuum ist und dass es im Schatten eines anderen steht. Meine Frau Sande und ich haben fünf Kinder. Sie können mir also glauben, dass ich weiß, was Sie meinen, wenn Sie mir sagen, dass es nicht immer leicht ist, das Vergleichen zu meiden. Doch was Eltern verstehen müssen – und hier spreche ich wieder aus persönlicher Erfahrung –, ist die Tatsache, dass keine zwei Kinder gleich sind. Sie sind individuelle Menschen mit individuellen Stärken und Schwächen, die auch entsprechend behandelt sein wollen.

Die Sache mit Marvin, dem Frosch

Angenommen, Sie haben vier Kinder, von denen die ersten drei aus der Fernsehserie «Vater ist der Beste» entsprungen zu sein scheinen. Das heißt, sie sind gut in der Schule, betragen sich vorbildlich und geben Ihnen nie einen Grund, sich den Blutdruck messen zu lassen. Und dann ist da noch der kleine Marvin.

Zu sagen, Marvin sei anders als die anderen drei, hört sich etwa so an, als sagte man, die Musik von Mötley Crüe sei ein bisschen anders als die von Hansi Hinterseer.

Am ersten Schultag schickt ihn die Lehrerin nach Hause mit der Mitteilung, er mache seltsame Geräusche während des Unterrichts.

Sie fragen ihn: «Marvin, Schatz, was für seltsame Geräusche hast du denn heute im Unterricht gemacht?»

Er schaut Sie mit einem schelmischen Grinsen an und sagt: «Ich habe so getan, als wäre ich ein Frosch.»

Na? Wie reagiert man auf so etwas?

«Hör mal, Marvin», sagen Sie ihm, «ich verstehe nicht, warum du dachtest, es wäre nötig, einen Frosch zu spielen und die Klasse zu stören. Deine großen Schwestern Marie und Margaret haben im Unterricht nie Froschlaute von sich gegeben. Dein Bruder Mark auch nicht. Die haben uns nie solche Schwierigkeiten gemacht. Also, warum machst du so etwas?»

Nun ist es ja richtig, dass Marvins Mutter und sein Vater mit ihm über sein Verhalten in der Klasse reden und dafür sorgen müssen, dass sich dergleichen nicht wiederholt. Aber sie sollten versuchen, das zu tun, ohne ihn mit seinen Schwestern und seinem Bruder zu vergleichen. Die Tatsache, dass diese sich im Unterricht nie wie Frösche benommen haben, hat eigentlich überhaupt nichts mit der Tatsache zu tun, dass er es getan hat, und deshalb sollten sie auch nicht in diese Situation hineingezogen werden.

Was passiert mit Marvin, wenn er mit einer Vier im Rechnen aus der Schule kommt und damit der Erste in der Familie ist, der je eine schlechtere Note als eine Drei bekommen hat? Papa sagt: «Marvin, ich weiß einfach nicht, was mit dir nicht stimmt. Das haben wir noch nie erlebt, dass uns einer eine Vier mit nach Hause gebracht hat!»

Sehen Sie, was für eine Botschaft Marvin da empfängt? Er sei anders, er sei nicht so gut wie seine Geschwister, und seine Eltern seien schwer enttäuscht von ihm.

Ich höre schon, wie jemand fragt: «Nun, wenn Marvin sich in der Schule danebenbenimmt und kurz davor ist, wegen Rechnen sitzen zu bleiben, dann müssen seine Eltern doch etwas unternehmen, oder etwa nicht?» Natürlich, aber das ist nicht der Punkt! Der Punkt ist, dass Marvin eben nicht Marie, Margaret oder Mark ist. Es sollte nicht von ihm erwartet werden, dass er sich genauso verhält wie sie, und er sollte nicht mit ihnen verglichen werden.

Damit mich niemand missversteht, sollte ich erwähnen, dass Vergleiche zu meiden nicht bedeutet, dass Sie die individuellen Stärken Ihrer Kinder ignorieren sollten. Ich glaube, dass jeder Mensch mit bestimmten Fähigkeiten geboren wird – mit bestimmten Gaben, wenn Ihnen das lieber ist –, die es zu entwickeln und zu fördern gilt. Aber um ein Kind in seiner besonderen Fähigkeit zu fördern, braucht man es nicht mit anderen zu vergleichen.

Im Fall von Marvin, dem Frosch, ist seine Lehrerin in der Schule sehr gut in der Lage, mit Marvin und allen anderen kleinen Quakern fertig zu werden, die auf ein bisschen Extra-Aufmerksamkeit aus sind. Die Lehrerin kann klarstellen, dass sie es nicht dulden wird, wenn er die Klasse stört, und dass er, wenn er es dennoch weiterhin tut, mit einer Bestrafung rechnen muss. Mehr zu sagen als das, hieße mehr zu sagen als nötig.

Ich weiß, es ist schwer – besonders wenn doch das makellose Vorbild nur eine Armeslänge von Ihnen entfernt sitzt –, aber machen Sie keinen Gebrauch davon. Es erfordert Geduld, Ihre Kinder als Individuen zu behandeln und auf Vergleiche zwischen ihnen zu verzichten, aber auf lange Sicht lohnt sich die Mühe.

Seien Sie also geduldig mit Ihren Kindern, zählen Sie bis zehn, bevor Sie etwas sagen, was Ihnen hinterher leidtun könnte, und üben Sie liebevolle Disziplin. Wenn Sie das tun, werden Sie nicht nur manche ihrer Niederlagen in Siege verwandeln, sondern Sie werden ihnen Lektionen beibringen, die ihnen ihr Leben lang von Nutzen sein werden.

Neben Ihrer Geduld brauchen Ihre Kinder auch Ermutigung. Im Grunde gehen Ermutigung und Geduld Hand in Hand. Bevor ich Ihnen jedoch sage, was Ermutigung ist, lassen Sie mich etwas dazu sagen, was sie nicht ist.

Vor allem hat sie nichts damit zu tun, Ihre Kinder über deren Stressbelastbarkeit hinaus anzutreiben, damit sie möglichst bis zum fünften Lebensjahr die höhere Mathematik beherrschen. Auch nichts damit, kleine Jungen in Sportvereine zu jagen, wo von ihnen erwartet wird, dass sie sich wie bewährte Profis benehmen. Ermutigung besteht nicht darin, dass Sie Ihre Liebe und Annahme von der Leistung Ihres Kindes abhängig machen. Ich fürchte, unsere Gesellschaft ist heute schon übers Ziel hinausgeschossen in unserem Wunsch danach, dass unsere Kinder sich auszeichnen. Nicht, dass es falsch wäre, sich das Beste für seine Kinder zu wünschen, aber nach allem, was ich beobachtet habe, bin ich überzeugt davon, dass viel zu viele Eltern ihre Kinder benutzen, um vor ihresgleichen mit ihnen anzugeben.

«Mein Johnny lernt schon Algebra, dabei ist er erst sieben.»

«Ach, na ja, unser Julchen spricht schon drei Sprachen fließend und ist erst sechs.»

«Das ist wunderbar. Natürlich wissen Sie ja, dass mein Calvin gerade in die erste Mannschaft der New England Patriots aufgerückt ist und schon seine Vorzulassung für die Harvard-Universität in der Tasche hat.»

Na gut, ich übertreibe. Aber nicht sehr.

Es gibt Eltern, die ihren Kindern Mobiles mit komplizierten mathematischen Formeln in die Wiegen hängen und ihren Zweijährigen Plato und Cervantes vorlesen. Es ist lächerlich, und vor allem habe ich noch nie auch nur den Hauch eines glaubwürdigen Anhaltspunktes gesehen, dass so etwas tatsächlich funktioniert.

Was hat diese Antreiberei unserer Gesellschaft eingebracht? Gestresste Kinder, denen ihre Kindheit geraubt wurde, das hat sie uns eingebracht. Die Selbstmordrate unter Jugendlichen ist so hoch wie nie, und das ist kein Wunder.

Dr. R. Dean Coddington hat Tabellen veröffentlicht, die zeigen, wie viele «Stresspunkte» bestimmte Ereignisse im Leben von Jugendlichen und Kindern haben.[1] Wir haben alle schon die Tabellen gesehen, die zeigen, wie der Stress sich im Leben von Erwachsenen anhäuft, aber wir machen oft den Fehler zu denken, in der Kindheit ginge es völlig sorglos und unbeschwert zu. Das stimmt nicht. Dr. Coddingtons Tabellen zeigen die Resultate bestimmter Ereignisse im Leben unserer Kinder:

Lebensereignistabelle für Jugendliche

Ereignis	***Stresspunkte***
Tod eines Elternteils	*108*
Tod eines Geschwisterkindes	*88*
Scheidung der Eltern	*70*
Trennung der Eltern	*62*
Tod eines Großelternteils	*52*
Krankenhausaufenthalt eines Elternteils	*52*
Wiederheirat eines Elternteils	*51*
Geburt eines Geschwisterkindes	*50*
Krankenhausaufenthalt eines Geschwisterkindes	*49*
Arbeitsplatzverlust des Vaters oder der Mutter	*46*
Erhebliche Einkommenssteigerung der Eltern	*41*
Erheblicher Einkommensrückgang der Eltern	*43*
Beginn eines neuen Problems zwischen den Eltern	*41*
Ende eines Problems zwischen den Eltern	*30*
Mutter beginnt außer Haus zu arbeiten	*28*
Erste Verabredung	*42*
Trennung von Freund/Freundin	*39*

Beginn des ersten Highschool-Jahres	*19*
Umzug in einen neuen Schulbezirk	*41*
Mangelhafte Note in der Schule	*47*
Führerschein bestanden	*32*
Auszeichnung für einen persönlichen Erfolg	*39*
Zulassung zum College	*39*
Einen Sommerjob bekommen	*35*
Etwas, das man wollte, nicht erreichen	*32*
Entscheidung, von zu Hause auszuziehen	*41*

Lebensereignistabelle für Kinder

Ereignis	***Stresspunkte***
Tod eines Elternteils	*109*
Tod eines Geschwisterkindes	*86*
Scheidung der Eltern	*73*
Trennung der Eltern	*66*
Tod eines Großelternteils	*56*
Krankenhausaufenthalt eines Elternteils	*52*
Wiederheirat eines Elternteils	*53*
Geburt eines Geschwisterkindes	*50*
Krankenhausaufenthalt eines Geschwisterkindes	*47*
Arbeitsplatzverlust des Vaters oder der Mutter	*37*
Erhebliche Einkommenssteigerung der Eltern	*28*
Erheblicher Einkommensrückgang der Eltern	*29*
Beginn eines neuen Problems zwischen den Eltern	*44*
Ende eines Problems zwischen den Eltern	*27*
Mutter beginnt außer Haus zu arbeiten	*40*
Erster Schultag	*20*
Umzug in einen neuen Schulbezirk	*35*
Mangelhafte Note in der Schule	*45*
Tod eines Haustiers	*40*
Krankenhausaufenthalt wegen Krankheit oder Verletzung	*53*
Einen Erwachsenen finden, der einen wirklich respektiert	*20*
Einen Preis für eine besondere Leistung bekommen	*34*

Ich erinnere mich, wie in meiner Zeit als Studentenberater an der Universität von Arizona einer der Studenten sich das Leben nahm. John war ein junger Mann, der in vier Jahren auf dem College nie eine andere Note als eine Eins bekommen hatte und nun kurz davor stand, sein Studium *summa cum laude* abzuschließen. Doch in dem Abschiedsbrief, den er hinterließ, stand: «Ich habe es einfach nicht geschafft, den Maßstäben dieser Welt gerecht zu werden. Vielleicht gelingt es mir in der nächsten Welt besser.»

Wie traurig, dass ein so intelligenter und fähiger junger Mann, der sein ganzes Leben vor sich hatte, das Gefühl hatte, er bringe es nicht. Doch das ist es, was unsere Gesellschaft ihn gelehrt hatte, und das ist der Grund, warum wir so viele andere erleben, die (wie John damals) gescheiterte Perfektionisten sind.

Wenn Eltern ihre Kinder nicht im akademischen Bereich zu Höchstleistungen antreiben, tun sie es in anderen Bereichen, etwa im Sport.

Verstehen Sie mich bitte nicht falsch, was den Sport angeht. Ich liebe Sport. Ich trainiere zurzeit eine Mädchen-Basketballmannschaft für die Junior-Jahrgänge einer Highschool, und die meiste Zeit meines Lebens bin ich in der einen oder anderen Sportart aktiv gewesen. Ich kann zu meinem Stolz sagen, dass zwei junge Männer, die ich im Baseball gecoacht habe, inzwischen in den großen Ligen mitspielen. Sport kann wunderbar zum Aufbau des Charakters beitragen, denn durch ihn lernt man Teamwork, Durchhaltevermögen und wie man mit Anstand gewinnt – und verliert.

Doch in viel zu vielen Sportaktivitäten geht es nur ums Gewinnen um jeden Preis, und über vieles, was ich beobachte, bin ich entsetzt. Eltern und Trainer treiben kleine Jungen und Mädchen über ihre Fähigkeiten hinaus an. Diejenigen, die natürliches Talent besitzen, werden ausgesondert und in «Stars» verwandelt, während diejenigen, die nicht ganz so begabt sind, auf der Bank sitzen bleiben.

Wenn Johnny einen Home Run schlägt oder einen Touchdown erzielt, dann ist er Papas kleiner Held. Doch wenn ihm der Ball aus der Hand fällt oder er ins Aus schießt, sieht die Sache ganz anders aus. Dabei ist es doch einfach so, dass man Johnny, wenn er sein Bestes gibt, zu seinen Anstrengungen gratulieren sollte, egal, wie das Ergebnis dieser Anstrengungen aussieht.

Ermutigen Sie ihn, wenn er seine Sache besonders gut macht, aber machen Sie ihm keine Vorwürfe, wenn das nicht der Fall ist. Und lassen Sie ihn unbedingt wissen, dass Sie ihn beständig lieben und annehmen, ganz egal, wie er auf dem Sportplatz abschneidet.

Kurz, haben Sie die Geduld, Ihre Kinder sein zu lassen, wer sie sind. Versuchen Sie nicht, sie zu zwingen, so zu sein, wie Sie es sich immer gewünscht haben, und seien Sie nicht böse auf sie, wenn sie hin und wieder scheitern.

Ich werde nie einen Vorfall vergessen, der mir passierte, als ich zwölf Jahre alt war und im nördlichen Staat New York Baseball in der Little League spielte. Am Ende der Saison war ich stolz und begeistert, als ich zum dritten Baseman im All-Star-Team meiner Liga ernannt wurde. Jede Little League in den USA stellt ein All-Star-Team zusammen, und es wird ein weltweites Einzelausscheidungsturnier durchgeführt, um dessen Meistertitel schließlich bei der Little League World Series in Williamsport, Pennsylvania, gekämpft wird. Jeder Little-League-Spieler träumt davon, es nach Williamsport zu schaffen.

Nun, unsere Mannschaft gewann ihre zwei ersten Spiele im All-Star-Wettkampf, aber im dritten hatten wir es wirklich schwer. Gegen Ende des sechsten (und letzten) Innings stand es unentschieden zwei zu zwei. Unser Manager hatte, um in einem früheren Inning einen Run zu erzielen, die Mannschaftsaufstellung verändert, so dass ich First Base spielte – eine ungewohnte Position.

Die gegnerische Mannschaft eröffnete das Inning mit einem Single. Darauf folgten zwei schnelle Auswürfe, durch die der Läufer bis zum dritten Base vorrücken konnte.

Wir standen unter Druck, doch wir brauchten nur noch einen Auswurf, und es würde in die Verlängerung gehen.

Der Wurf kam, der Batter schwang den Schläger, und der Ball landete weich und flach in der Mitte des Feldes. Der Shortstop sammelte den Ball mühelos auf und feuerte einen perfekten Wurf in meine Richtung.

Ich reckte mich, um den Wurf abzufangen ... der Ball landete in meinem Handschuh ... und hüpfte dann wieder heraus. Ich versuchte, ihn erneut zu fassen zu bekommen, aber es gelang mir nicht. Es war zu spät. Ich hatte den Ball fallen lassen, der Sieger-Run war gezählt, das Spiel und die Saison waren vorüber.

Ich konnte nicht fassen, was ich da angerichtet hatte. Es gab nicht einmal eine Ausrede. Die Sonne hatte mich nicht geblendet. Es war kein unfairer Wurf gewesen. Der Läufer hatte mich nicht angerempelt. Ich hatte schlicht und einfach den Ball fallen lassen.

Wenn ich sage, dass ich bestürzt und enttäuscht war, reicht das nicht annähernd aus, um meine Empfindungen zu beschreiben. Wenn ich gekonnt hätte, wäre ich am liebsten im ersten Base versunken. Meine Augen waren voller Tränen, und ich war am Boden zerstört. Wie konnte ich jetzt zurück zur Trainerbank und mich zu meinen Mannschaftskameraden gesellen, nachdem ich sie so im Stich gelassen hatte? Mein Fehler hatte sie um ihre Träume gebracht.

Zu meinem Glück war unser Manager ein weiser Mann, der genau wusste, wie ich mich fühlte.

Er kam mir von der Trainerbank entgegen, als ich mich zurück über das Spielfeld schleppte. Ehe ich etwas sagen konnte, hatte er schon den Arm um mich gelegt.

«Hör mal, Kevin», sagte er, «ohne dich hätten wir es nie so weit geschafft, das darfst du nicht vergessen. Du hast deine Sache das ganze Jahr über großartig gemacht, also Kopf hoch.»

Wie dankbar war und bin ich ihm dafür, dass er so verständnisvoll war. Seine ermutigenden Worte halfen mir sehr, mit der Situation fertig zu werden. Nicht, dass ich sofort hätte vergessen oder abschütteln können, was ich getan hatte. Doch heute, etliche Jahre später, habe ich meine Zeit in der Little League als eine glückliche Zeit mit viel Spaß in Erinnerung.

Was wäre wohl geschehen, wenn der Manager nicht so ermutigend gewesen wäre, wenn er mich beschimpft und mir unmissverständlich zu verstehen gegeben hätte, ich hätte die ganze Mannschaft im Stich gelassen?

Wissen Sie, mir brauchte niemand zu sagen, dass ich einen Fehler gemacht hatte. Das wusste ich bereits. Hätte er oder sonst jemand darauf herumgehackt, so hätte mich das völlig fertiggemacht.

Wenn das Thema Little League zur Sprache käme, würde ich heute vielleicht sagen: «Fangen Sie bloß nicht mit der Little League an. Ich werde nie vergessen, wie ich einmal in einem sehr wichtigen Spiel einen Wurf fallen ließ und meine Mannschaft um den Sieg brachte!» Doch ich bin dankbar, dass ich für einen Mann spielte, der von mir als Person nicht geringer dachte, nur weil ich einen leichten Wurf hatte fallen lassen. Er trennte meine Leistung von meinem Wert als menschliches Wesen, und das ist etwas, worum sich alle Eltern bemühen müssen.

In der christlichen Kirche ist davon die Rede, dass man die Sünde vom Sünder trennen oder die Sünde hassen, den Sünder aber lieben soll. Ich halte das für einen sehr guten Rat, besonders für Eltern, die nicht wollen, dass ihre Kinder zu gescheiterten Perfektionisten heranwachsen.

Was meine ich damit, die Sünde vom Sünder zu trennen?

Nun, angenommen, Sie kommen am Abend eines anstrengenden Tages ins Zimmer Ihrer Tochter und sehen, dass sie auf dem Boden gelegen und mit Fingerfarben gemalt hat, mit der Folge, dass der Teppich an mehreren Stellen mit Farbe bekleckert ist. Erschwert wird die Sache dadurch, dass bei Ihnen eigentlich die strenge Regel gilt, dass Fingerfarben nur auf dem Esszimmertisch benutzt werden dürfen.

Eine typische Reaktion wäre vielleicht diese: «Joanne! Was fällt dir eigentlich ein? Habe ich dir nicht schon tausendmal gesagt, in deinem Zimmer wird nicht gemalt? Aber nein, du hörst mir ja nie zu. Du bist so verantwortungslos, und du machst mich so wütend … ich weiß einfach nicht, was ich mit dir machen soll! Ich weiß nicht, ob du mir nicht zuhörst, wenn ich dir etwas sage, oder ob du einfach dumm bist!»

Wie reagiert die kleine Joanne darauf? Indem sie denkt: *Mama hat recht. Ich höre ihr nie zu und mache nie etwas richtig. Ich bin ein böses Mädchen. Ich bin dumm, und jetzt hasst sie mich!*

Wäre es dagegen Mama gelungen, die Sünde vom Sünder oder die Tat vom Täter zu trennen, so hätte sie einfach über das Problem gesprochen.

«Joanne, du weißt doch, dass du in deinem Zimmer nicht malen sollst. Sieh mal, da ist Farbe auf dem Teppich. Das ist genau der Grund, warum ich nicht will, dass du hier drinnen malst. Weil du mir nicht gehorcht hast, nehme ich jetzt deine Farben an mich, und du darfst sie eine Woche lang nicht benutzen.»

Mit dieser Reaktion ist Joanne nicht aus dem Schneider. Sie weiß immer noch, dass sie etwas falsch gemacht hat und dass sie die Konsequenzen ihres Handelns wird tragen müssen. Doch ihr Selbstwertgefühl nimmt keinen Schaden, und sie bekommt nicht das Gefühl, ihre Mutter lehne sie ab. Sicher wird sie darüber jammern, dass ihr die Farben weggenommen werden, oder vielleicht auch ihre Mutter bitten, ihr noch eine Chance zu geben, doch tief im Innern weiß sie, dass sie etwas falsch gemacht hat, und respektiert Mamas Entscheidung, ihr die Farben für einige Zeit wegzunehmen.

Mama liebt mich – wenn ich brav bin!

Es gibt noch eine andere Seite dieser Münze, die Tat und den Täter auseinanderzuhalten, nämlich den Fehler, den viele Eltern begehen, indem sie ihren Kindern vermitteln, dass sie sie nur lieben, wenn sie brav sind. Das nennt man bedingte Liebe, und Eltern, die sie praktizieren, erzeugen in ihren Kindern den Glauben: «Ich werde nur geliebt, wenn ich mich benehme oder wenn ich gute Noten kriege», oder an welche Bedingung auch immer Mama und Papa ihre Liebe und Anerkennung knüpfen.

Ein Beispiel für bedingte Liebe wäre es etwa, wenn Papa draußen im Garten ist und das Laub zusammenrecht. Die fünfjährige Jessica möchte gern mithelfen, holt sich einen zweiten Rechen aus der Garage und legt los.

Bewundernd und dankbar lächelt ihr Papa und sagt: «Danke, mein Schatz, ich hab dich lieb, weil du mir hilfst!»

Auf den ersten Blick ist schwer zu erkennen, was Papa hier falsch gemacht hat. Schließlich wollte er seiner kleinen Tochter doch nur sagen, er sei für ihre Hilfe dankbar und habe sie lieb. Doch das Problem entsteht dadurch, dass er seine Liebe zu ihr an die Tatsache knüpft, dass sie ihm hilft.

Und Jessica denkt sich glücklich: *Papa hat mich lieb, weil ich ihm helfe*. Natürlich ist mir klar, dass jetzt jemand fragen wird: «Meinen Sie, ein kleiner Vorfall wie dieser wird dem Selbstwertgefühl eines Kindes schaden?»

Die Antwort ist nein, wahrscheinlich nicht. Probleme entstehen erst, wenn diese Art von Reaktion sich wiederholt:

«Ich hab dich lieb, Bobby, weil du dein Zimmer immer so schön in Ordnung hältst!» – «Du hast drei Einsen geschrieben! Meine Güte, bist du ein Prachtmädchen! Ich hab dich lieb!» – «Danke fürs Tischdecken, Donna. Ich hab dich lieb, wenn du mir so hilfst.»

Wenn unsere Kinder sich danebenbenehmen, müssen sie diszipliniert werden, und umgekehrt, wenn sie sich besondere Mühe geben, um Ihnen etwas Gutes zu tun, müssen Sie ihnen danken und ihnen sagen, dass Sie ihre Bemühungen schätzen. Doch ob sie nun diszipliniert werden oder ihnen gedankt wird, sie müssen wissen, dass Mama und Papa sie lieben und dass diese Liebe nichts mit irgendeiner «Leistung» ihrerseits zu tun hat. Ein Kind, das in dem Glauben heranwächst, es müsse sich ständig bemühen, sich die Liebe seiner Eltern zu «verdienen», wird kein gutes Gefühl für seinen angeborenen Wert entwickeln.

Ermutigung heißt also nicht, Ihre Kinder über deren Grenzen hinaus anzutreiben, und sie heißt nicht, dass Sie Ihre positive Zuwendung von deren Leistung abhängig machen. Und noch etwas ist Ermutigung nicht, nämlich überschwängliche Lobhudelei. Wenn Sie das tun, hört es sich hohl an, und es fördert nicht das Selbstwertgefühl und Selbstbewusstsein Ihrer Kinder.

Ermutigung geschieht, wenn Sie das Augenmerk auf die Bemühungen Ihres Kindes richten und ihm sagen, dass es seine Sache gut gemacht hat, dass es sich verbessert hat oder dass Sie sich über seine Fortschritte freuen. Loben unterscheidet sich davon insofern, als es wieder einmal das Augenmerk auf den Wert des Kindes richtet.

Wenn Bobby Sie damit überrascht, dass er sein Zimmer gründlich in Ordnung gebracht hat, dann wäre eine ermutigende Reaktion: «Dein Zimmer sieht wirklich prima aus. Gut gemacht! Danke schön!»

Eine übertrieben lobende Reaktion wäre: «Du hast dein Zimmer aufgeräumt. Hier sind fünf Euro. Was für ein guter Junge du doch bist!»

Der Unterschied zwischen den beiden Reaktionen ist geringfügig, aber die empfangenen Botschaften unterscheiden sich enorm. Übersteigertes Lob deutet an, dass Ihr Beifall für Ihr Kind von seiner Leistung abhängig ist. Aus diesem Grund rate ich Eltern, es zu vermeiden, Dinge zu sagen wie: «Ich bin so stolz auf dich! Dein Trompetensolo war wunderschön.» Sagen Sie Ihrem Kind ruhig, dass es schön gespielt hat, aber lassen Sie lieber weg, dass Sie deswegen stolz auf es sind.

In meinem Buch *Parenthood Without Hassles – Well Almost* («Elternsein ohne Schwierigkeiten – nun, beinahe») habe ich die zehn Gebote des Kindes formuliert. Das sechste Gebot lautet: «Um zu wachsen, brauche ich deine Ermutigung, aber nicht dein Lob. Bitte sei behutsam mit deiner Kritik: Bedenke, du kannst kritisieren, *was ich tue*, ohne *mich* zu kritisieren.»

Zugegeben, manche Psychologen würden Einwände gegen diese Unterscheidung zwischen Lob und Ermutigung erheben oder sagen, das seien semantische Spitzfindigkeiten. Aber meine jahrelange Erfahrung als Berater hat mich etwas anderes gelehrt. Ermutigung zielt darauf, Wachstum in Ihren Kindern anzuregen, während zu starkes Lob das Wachstum Ihrer Kinder geradezu dämpfen und es zu einem gescheiterten Perfektionisten machen kann, der glaubt, er habe keine Liebe und keinen Respekt verdient, solange er nicht alles außerordentlich gut macht.

Ein Weg, wie Sie Ihr Kind sehr ermutigen können, ist, sich zurückzuhalten und es Dinge allein tun zu lassen. Viel zu viele Eltern meinen, sie müssten ihren Kindern alles abnehmen. Auch das ist eine Form der Ablehnung, auch wenn es vielen Eltern schwerfallen dürfte, das zu glauben.

Angenommen, Sie sind äußerst pingelig, was das Bettenmachen angeht. Wenn es nicht genau richtig gemacht ist, die Kissen genau in der richtigen Weise aufgeschlagen, die Ecken der Bettdecke genau übereinander liegend, dann sieht das ganze Zimmer für Sie aus wie ein Schlachtfeld.

Und dann ruft Sie eines Morgens die kleine Melinda in ihr Zimmer.

«Schau mal, Mami», sagt sie stolz und deutet auf ihr Bett, das für Sie so aussieht, als hätte darauf gerade ein Ringkampf stattgefunden. «Ich habe mein Bett gemacht.»

Am liebsten würden Sie schreien oder in Ohnmacht fallen, aber Sie unterdrücken Ihren ersten Impuls und sagen: «Schätzchen, das ist prima!»

Später, sobald Melinda draußen vor der Tür ist, schleichen Sie in ihr Zimmer und machen ihr Bett neu, genauso, wie Sie es gerne haben.

Es wird kein weiteres Wort mehr darüber verloren, und so denken Sie, Melinda wüsste nicht, was Sie getan haben. Aber natürlich weiß sie es. Und sie weiß auch, dass ihre Anstrengung nicht gut genug war. Sie fühlt sich abgelehnt.

Was hätten Sie tun sollen? Sie hätten gegen Ihren verständlichen Impuls, das Bett so in Ordnung zu bringen, wie Sie es haben wollten, ankämpfen und es so lassen sollen, wie Melinda es gemacht hatte.

Es gibt auch eine Zeit fürs Training, wo Sie Melinda zur Seite nehmen und ihr zeigen können, wie sie ihr Bett richtig machen kann, aber das können Sie ein anderes Mal tun, damit es nicht ihr Gefühl schmälert, etwas vollbracht zu haben. Sie müssen ihr nichts vorlügen und ihr sagen, das sei das schönste frisch gemachte Bett, das Sie je gesehen hätten, aber Sie können ihr dafür danken, dass sie es gemacht hat, ihr sagen, dass Sie es zu schätzen wissen, und es dabei belassen.

Indem Sie das Bett neu machen, lehnen Sie sie nicht nur ab, sondern Sie senden ihr eine Botschaft, die besagt: «Es ist eigentlich egal, was ich tue, weil Mami es sowieso noch einmal macht.» Wenn Sie also dazu neigen, hinter Ihren Kindern herzulaufen und noch einmal zu machen, was sie bereits getan haben, dann schaden Sie damit sowohl ihnen als auch sich selbst. Sie sollten nicht Ihr ganzes Leben als Polizist vom Dienst in Ihrer Familie zubringen müssen, der allen hinterherläuft und ihre Fehler korrigiert.

Und lieber Papa, falls Sie nicht verstehen, wieso ich mich so lange übers Bettenmachen auslasse, kann ich es Ihnen vielleicht so deutlich machen: Angenommen, nach dem Bettenmachen hilft Melinda Ihnen beim Autowaschen. Sie platzt vor Stolz darüber, ihrem Papa helfen zu können, aber dann sieht sie, wie Sie eine Stelle, die sie schon gewaschen hat, noch einmal bearbeiten.

«Papa», sagt sie, «da habe ich schon gewaschen.»

Was sollten Sie tun? Wenn sie ein paar Flecken übersehen hat, lassen Sie sie eben schmutzig bleiben. Das Erfolgs- und Selbstwertgefühl Ihres Kindes ist auf jeden Fall viel mehr wert als ein sauberes Auto oder ein makellos gemachtes Bett.

Will ich damit sagen, dass Melinda auch mit elf Jahren noch mit einem schlampig gemachten Bett davonkommen sollte? Natürlich nicht. Bis dahin sollte sie wissen, wie sie ihr Bett richtig machen kann.

Motivation ist hier der Schlüssel, genau wie überall. Wenn Ihr Sohn gerade zum ersten Mal den Rasen gemäht und dabei die eine oder andere Stelle nicht erwischt hat, schreiben Sie es seiner Unerfahrenheit zu und rechnen Sie damit, dass er es mit jedem Mal besser machen wird. Wenn er aber schon sechzehn ist und die Sache halbherzig gemacht hat, weil er es eilig hatte, sich mit seinen Freunden verkrümeln zu können, dann sollten Sie ihn zur Rechenschaft ziehen. Darauf komme ich später im Zusammenhang mit der Realitätsdisziplin ausführlicher zu sprechen. Fürs Erste geht es mir darum, dass Ihre Kinder nicht ermutigt, sondern entmutigt werden, wenn Sie ihnen durch Ihre Worte oder Taten zeigen, dass ihre Bemühungen nicht gut genug für Sie waren.

Noch ein guter Rat, falls Sie Ihre Kinder ermutigen und ihnen helfen wollen, den Kreislauf der Selbstanklage und Ablehnung zu vermeiden: Richten Sie das Augenmerk auf das Positive statt auf das Negative.

Was ich damit meine? Sagen wir, Melinda ist inzwischen ein bisschen älter geworden und kommt, um Ihnen zu sagen, dass sie ihr Zimmer aufgeräumt hat und es Ihnen zeigen möchte. Sie gehen hinein und sehen, dass sie tatsächlich gut Ordnung geschaffen hat.

Bis auf ein kleines Detail. Aus irgendeinem Grund scheint sie ihre Jacke übersehen zu haben, die quer über ihrer Kommode liegt, statt im Schrank zu hängen, wo sie hingehört.

Was sagen Sie?

Wahrscheinlich ungefähr Folgendes:

«Das hast du prima gemacht, Schätzchen – aber du hast vergessen, deine Jacke aufzuhängen.»

Melindas stolzes Lächeln verfliegt sofort.

«Ich wusste ja, dass es dir nicht gefällt», jammert sie.

«Doch, es gefällt mir, Schätzchen. Ich finde es sogar toll. Es ist eben nur so, dass du vergessen hast, deine Jacke aufzuhängen.»

An diesem Punkt können Sie kaum noch etwas tun, um die Situation zu retten. Melinda fühlt sich verletzt und abgelehnt, und all Ihre Rückzieher werden nicht dazu führen, dass sie sich besser fühlt.

Was nützt es schon, sich Mühe zu geben, denkt sie. *Mama und Papa kann ich ja doch nichts recht machen.*

Soll das heißen, dass es Melinda erlaubt sein sollte, ihre Jacke herumliegen zu lassen, wo sie will? Keineswegs. Aber es soll heißen, dass es Momente gibt, in denen man über das Negative hinwegsehen und den Blick auf das Positive richten sollte.

Ob Sie es glauben oder nicht, alle Kinder möchten es ihren Eltern gern recht machen – sie wünschen sich, dass Mama und Papa stolz auf sie sind. Und nichts verletzt ein Kind so sehr, als etwas zu tun, worauf es sehr stolz ist, und dann zu erleben, dass seine Eltern etwas daran auszusetzen haben. Wenn Sie Ihr Kind in einen gescheiterten Perfektionisten verwandeln wollen, ist das genau der richtige Ansatz. «Accentuate the positive» – legen Sie den Akzent auf das Positive, hieß es vor einigen Jahren in einem beliebten Song, und ich würde sagen, das ist immer noch ein guter Rat, besonders im Umgang mit Kindern.

Überbehütung ist Ablehnung

Der Gedanke, Kinder Dinge allein tun zu lassen, bezieht sich überdies auf noch mehr als nur das Aufräumen des Zimmers und das Bettenmachen.

Ich hatte viele Männer und Frauen in der Beratung, die durch überbehütende Eltern im Leben ausgebremst wurden. Ein besonderes Problem ist das für Männer, deren Müttern es schwerfiel, sie loszulassen.

Überbehütung ist in Wirklichkeit nicht liebevoll und alles andere als hilfreich. Vielmehr ist sie eine Form der Ablehnung. Ein Kind, dessen Eltern alles für es erledigen, gewinnt dadurch die Überzeugung, es sei unfähig, irgendetwas für sich selbst zu tun. Seine Eltern handeln zweifellos aus völlig hehren Motiven, aber die empfangene Botschaft lautet: «Sie müssen das alles für mich tun, weil sie wissen, dass ich zu dumm bin, um es selbst zu machen.»

Dann ist man irgendwann erwachsen und auf sich allein gestellt und hat niemanden mehr, der einen versorgt. Man ist voller Groll, weil man eigentlich keine Ahnung hat, wie man sich selbst versorgt. Bisher hat man ja immer jemanden gehabt, der einem alles Lästige abnahm. Man weiß einfach, dass man unfähig ist, das Leben erfolgreich zu meistern, und so erfüllt man seine eigene Prophezeiung des Scheiterns.

Falls man je heiratet, dann wahrscheinlich jemanden, der sich mehr wie ein Elternteil verhält als wie ein ebenbürtiger Ehepartner. Das wird keine gesunde Beziehung sein.

Wenn Sie als Mutter Ihr Kind wirklich lieben, dann lassen Sie es ab und zu auf die Nase fallen. Die eine oder andere Schramme oder Beule auf dem Weg ist besser als ein ganzes Leben voller Scheitern und Ablehnung.

Ihrem Kind die Chance zum Scheitern zu geben, ist ein anderer Weg, um es zu ermutigen.

Und es sind die klugen Eltern, die sich der subtilen Wege bewusst sind, wie Kinder Ablehnung erfahren, und die dagegen korrigierend einschreiten.

Ich erinnere mich an eine Situation mit einem Ehepaar, das Zwillingsjungen hatte, Ricky und Robby. Der einzige Unterschied in ihrem Aussehen war, dass Robby braune Haare hatte und sein Bruder einen flammend roten Haarschopf, der ihn aus jeder Menschenmenge hervorstechen ließ. Wann immer jemand den Jungen zum ersten Mal begegnete, können Sie sich denken, was er sagte:

«Oh, was für herrliche rote Haare!»

«Wo in aller Welt hast du denn diese Haare her?»

Der kleine Rotschopf wurde mit der ganzen Aufmerksamkeit überschüttet, während sein Bruder still dabeistand und am liebsten geschrien hätte: «He, ich bin auch noch da!»

In diesem Fall waren es nicht die Eltern, die unvorteilhafte Vergleiche anstellten, sondern wohlmeinende Freunde und Fremde. Niemand wollte Robbys Gefühle absichtlich verletzen. Sie merkten nur einfach nicht, dass ihr ständiges Aufheben um Ricky darauf hinauslief, Robby zu sagen, *er* sei etwas öde und langweilig.

Anfangs merkten die Eltern nicht, welche Wirkung das auf Robby hatte. Doch als der Junge sich danebenzubenehmen und gegen ihre Autorität aufzulehnen begann, waren sie so scharfsinnig zu erkennen, dass er sich verzweifelt um ihre Aufmerksamkeit bemühte.

Also dachten sie darüber nach, wie sie ihn besonders ermutigen und ihm zu verstehen geben konnten, dass er genauso wichtig war wie sein Bruder. Und wenn wildfremde Menschen sie in Restaurants oder beim Einkaufen ansprachen und von Rickys herrlichen Haaren zu schwärmen anfingen, achteten sie darauf, Robby vorzustellen und dafür zu sorgen, dass er bei dem Gespräch nicht außen vor blieb.

Als Robby dann merkte, dass er nicht zu einem Leben im Schatten seines Bruders verdammt sein würde, verbesserte sich sein Verhalten ungemein. Nach einer Weile war er nicht einmal mehr neidisch auf die Haare seines Bruders.

Mittlerweile ist es leider wahr, dass unsere Gesellschaft viel zu viel Wert auf das Aussehen legt. Das gilt für die Gesellschaft als Ganzes, die Männer und Frauen mit perfekten Gesichtern und Körpern verehrt, und es gilt ebenso für Eltern. Eltern neigen dazu, ihre besser aussehenden Kinder vorzuziehen.

Ein Freund vertraute mir einmal an, es sei für ihn die Hölle gewesen, als einer der Newman-Brüder durchs Leben zu gehen.

«Was meinst du mit den Newman-Brüdern?», fragte ich. «Dein Nachname ist doch Snodgrass.»

«Ich sehe uns als die Newman-Brüder», erwiderte er, «weil mein Bruder aussieht wie Paul, und ich wie Alfred E.»

Immerhin konnte er Witze darüber machen. Aber ich wusste, dass er es in Wirklichkeit nicht lustig fand. Der Mann sah Alfred

E. Neumann (aus dem Magazin «Mad») nicht im Geringsten ähnlich. Aber weil sein älterer Bruder immer so viel besser und so ähnlich wie der berühmte Schauspieler ausgesehen hatte, als sie jung waren, und ihn ständig wegen seines Aussehens aufgezogen hatte, hatte er gelernt, sich selbst als äußerst unattraktiv wahrzunehmen.

Durch seine Verlegenheit über sein Aussehen ließ er sich in mehrfacher Hinsicht ausbremsen. Er war nie viel mit Mädchen ausgegangen und hatte sich nicht um Spitzenjobs bemüht, alles nur, weil er glaubte, die Leute fänden ihn unattraktiv. Welche Frau würde schon mit ihm ausgehen wollen? Welche Firma würde sich durch ihn repräsentieren lassen wollen? Und so weiter.

Es spielte keine Rolle, was er sah, wenn er in den Spiegel schaute oder Fotos von sich selbst sah. Er war überzeugt, er sei hässlich, und man konnte sagen, was man wollte, das ließ er sich nicht ausreden. Ohne die Intervention durch professionelle Hilfe war er zu einem Leben in Entmutigung und Niederlage verdammt.

Nun, gestehen wir uns ruhig die Wahrheit ein: Die amerikanische Unabhängigkeitserklärung irrt, wenn sie sagt, jeder sei gleich geschaffen. Das stimmt einfach nicht. Besonders was das Aussehen angeht.

Kinder, die nicht besonders attraktiv sind, brauchen besonders viel Ermutigung und Liebe. Das Letzte, was sie gebrauchen können, ist, wegen ihres Aussehens gehänselt zu werden. Wenn Patsy schielt und abstehende Ohren hat, hat sie es nicht nötig, dass man ihr sagt, dass sie keine Angelina Jolie ist. Das weiß sie bereits.

Sicher, mag sein, dass sie lacht und so tut, als fände sie es lustig, wenn ihr Bruder sie aufzieht, aber innerlich stirbt sie dabei.

Ich weiß von einem Fall, wo ein Mann wütend war, als seine Frau schwanger wurde. Das Paar war schon Ende dreißig; sie hatten bereits drei Kinder, und er war nicht scharf darauf, noch ein weiteres zu haben.

Wahrscheinlich hätte er seine Frau zu einer Abtreibung gedrängt, aber weil er ein Christ war, beschloss er, die Sache «geistlich» anzugehen und seine Frau und sein ungeborenes Kind einfach wie Dreck zu behandeln. (Als ob das alles *ihre* Schuld gewesen wäre.)

Um das Missgeschick dieses armen Kindes noch größer zu machen – nun, lassen Sie es mich so ausdrücken: Als das Baby im Krankenhaus auf der Neugeborenenstation lag, klopfte nie jemand ans Fenster und sagte: «Oh, schaut euch mal den süßen kleinen Jungen da drüben an.»

Nein, die Johnsons hatten drei gut aussehende Kinder, aber der Neuzugang in der Familie spielte, was das Aussehen anging, einfach nicht in derselben Liga.

Sie kennen ja den Ausdruck: «Ein Gesicht, wie es nur eine Mutter lieben kann.» So war es offenbar hier der Fall, denn Mama war entzückt von ihrem winzigen kleinen Jungen, doch Papa warf nur einen Blick auf ihn, und sein Herz wurde noch härter.

Die Zeit verging, und es änderte sich nichts. Die andern Kinder waren die Sterne am Himmel ihres Vaters, doch für den jüngsten Sohn hatte er kaum ein Wort übrig. Weil Mama sich darüber ärgerte, wie ihr Baby behandelt wurde, begann sie ihn vorzuziehen, ihn zu verhätscheln und überzubehüten. Das bedeutete, dass der arme Junge gleich auf zweierlei Weise Ablehnung erfuhr. Außerdem bedeutete es, dass die anderen Kinder auf ihren kleinen Bruder sauer waren – und so entwickelte sich das Familienleben alles andere als idyllisch.

Es war Mama, die als Erste zu dem Schluss kam, sie müsse sich um professionelle Hilfe bemühen. (Tut mir leid, Männer, aber Frauen haben meist ein viel besseres Gespür dafür, wo Probleme liegen, und sind eher bereit, sich helfen zu lassen.)

Sie kam zu der Erkenntnis, dass sie ihren kleinen Sohn, der inzwischen drei war, ermutigen musste, statt ihn mit ihrer Liebe zu ersticken. Außerdem erkannte sie, dass es nicht die Schuld ihrer älteren Kinder war, dass sie besser aussahen als das Baby oder dass ihr Vater sie besser behandelte. Auch sie brauchten ihre liebevolle Ermutigung und durften nicht das Gefühl haben, Mama hätte sie wegen ihres Lieblingskindes aus ihrem Leben ausgeschlossen.

Schließlich gelang es ihr, ihren Mut zusammenzuraffen und ihrem Mann zu sagen, sie habe seine Engstirnigkeit satt, werde sich das nicht mehr bieten lassen und erwarte von ihm, dass er sich änderte.

Zuerst war er sauer und eingeschnappt und verzog sich in seinen Schmollwinkel.

Doch nach einer Weile setzte seine Frau sich mit ihrer Beharrlichkeit durch. Er gab zu, er habe sich in manchen Bereichen «vielleicht falsch verhalten», und erklärte sich bereit, nun auch mit in die Beratung zu kommen.

Zugegeben, Mama riskierte einiges, als sie ihrem Mann ein Ultimatum stellte und ihm sagte, sie werde sich sein kindisches Verhalten nicht mehr bieten lassen. Er hätte ja «Ist mir auch recht» sagen und geradewegs zur Tür hinausgehen können, aber das tat er nicht. In diesem Fall zahlte sich Mamas Vorgehen aus. Aber selbst wenn es nicht so gekommen wäre, hätte Mama um der ganzen Familie willen das Risiko eingehen müssen.

Es ist bedauerlich, dass unsere Gesellschaft so viel Wert auf das Aussehen legt, aber weil es nun einmal so ist, müssen Kinder, die nicht wie kleine Models aussehen, vermittelt bekommen, dass sie besondere Menschen und genauso viel wert sind wie jeder andere. Wenn nicht, wird ihnen später vielleicht das schwere Leben eines gescheiterten Perfektionisten blühen.

Dasselbe gilt für behinderte Jugendliche, ob ihr Handicap nun körperlicher oder geistiger Art ist.

Wenn Sie sich schon einmal mit Kindergruppen beschäftigt haben, wissen Sie, dass sie schrecklich grausam sein können und dass auf jedem, der auch nur ein kleines bisschen anders ist, unweigerlich herumgehackt wird.

Das Mädchen mit der dicken Brille wird «Vierauge» genannt, der Junge mit der Lernbehinderung «Depp» oder «Trottel».

Und dann gibt es ja auch noch die tölpelhaften Erwachsenen, die die Eltern solcher Kinder in der Öffentlichkeit ansprechen und Fragen stellen wie: «Ach du meine Güte, was stimmt denn mit ihren Augen nicht?» oder «Wie kommt es denn, dass er im Rollstuhl sitzt?»

Stets richten sie diese «Geht-Sie-gar-nichts-an»-Fragen an die Eltern, geradewegs über die Köpfe der Kinder hinweg, als wären sie gar nicht da. Das ist eine doppelte Form der Ablehnung, weil es erstens das Augenmerk auf das Handicap des Kindes richtet und zweitens das Kind dabei behandelt wird, als wäre es weniger als eine Person und nicht in der Lage, eine Frage selbst zu verstehen und zu beantworten.

Wenn Sie die Eltern eines behinderten Kindes sind, haben Sie es besonders schwer, weil es schwierig ist, zu erkennen, wann Sie zu viel für Ihr Kind tun. Sie wissen, in manchen Bereichen braucht es besondere Hilfe, aber Sie müssen aufpassen, dass Sie es damit nicht übertreiben.

Ihr Ziel sollte es immer sein, dafür zu sorgen, dass Ihr Kind trotz seines Handicaps so viel wie irgend möglich selbst macht. Gleichzeitig müssen Sie versuchen, es vor unnötiger Ablehnung zu schützen. Für uns als Eltern ist es immer ein Drahtseilakt zwischen a) nicht genug tun und b) zu viel tun – aber für Eltern von Kindern mit Behinderung ist dieses Drahtseil noch dünner und schwieriger zu überschreiten.

Werden Sie ruhig grob

Angenommen, Sie sind mit der kleinen Patsy unterwegs, die an den Rollstuhl gefesselt ist, und jemand kommt auf Sie zu und fragt: «Was ist denn mit ihr los?»

Ich verrate Ihnen, was ich sagen würde: «Warum fragen Sie sie nicht selbst? Sie kann es Ihnen sagen – wenn sie Lust dazu hat.»

Das ist vielleicht ein bisschen grob, aber auch nicht gröber als die ursprüngliche Frage des Tollpatsches. Außerdem zeigen Sie dadurch Ihren Respekt vor Patsy und bestätigen ihren Wert als Person.

Nachdem ich nun so viel davon geredet habe, dass Sie Ihre Kinder Dinge selbst tun lassen und ruhig zulassen sollten, dass sie sich hin und wieder eine Schramme holen, haben Sie vielleicht den Eindruck gewonnen, ich wäre dagegen, Ihren Kindern wieder auf die Beine zu helfen und sie zu trösten, wenn sie hinfallen.

Das ist nicht der Fall. Ihre Kinder brauchen es, in die Arme genommen und getröstet zu werden, aber das können Sie auch tun, ohne sie mit übertriebener Nachsicht zu behandeln oder ihnen zu sagen, sie wären im Recht gewesen, wenn es gar nicht so war.

Nehmen wir zum Beispiel an, Ihre Julie, die in der Schule immer nur Einsen und Zweien bekommt, bringt eine Drei minus in Englisch mit nach Hause. Das ist ein großes Problem für sie, und als sie Ihnen davon erzählt, fängt sie an zu weinen. «Daran ist nur Mrs. Cranston schuld», heult sie. «Die kann mich überhaupt nicht leiden und will mir einfach keine gute Note geben, egal, was ich mache.»

Doch Sie wissen zufälligerweise, dass Mrs. Cranston eine gute Lehrerin ist, die von ihren Schülern erwartet, dass sie sich in ihrem Unterricht ein bisschen Mühe geben. Und Sie wissen auch, dass Julie sich in letzter Zeit nicht sehr um ihre Hausaufgaben gekümmert hat.

Es gibt nun mehrere Möglichkeiten, wie Sie reagieren könnten. Sie könnten sagen: «Nun, das tut mir leid, Schatz. Es ist schon hart, wenn ein Lehrer einen nicht leiden kann, aber tu du einfach nur dein Bestes.» Oder Sie könnten sagen: «Jetzt komm nicht wegen einer Drei minus heulend zu mir. Du solltest dich schämen.»

Keine dieser Antworten ist besonders hilfreich. Mit der ersten stimmen Sie Ihrer Tochter zu, dass es eigentlich nicht ihre Schuld ist, und sprechen sie von jedem Vorwurf frei. Mit der zweiten ignorieren Sie völlig die Gefühle des Mädchens und übersehen die Tatsache, dass sie sich wegen ihrer Note sowieso schon schlecht genug fühlt. In diesem Fall setzen Sie auf eine Ablehnung noch eine zweite oben drauf.

Eine angemessene Antwort würde etwa so aussehen: «Schätzchen, es tut mir leid, dass du die Note so schwernimmst, aber ich bin sicher, es liegt nicht daran, dass Mrs. Cranston dich nicht leiden kann. Du wirst dich einfach dahinterklemmen und dir in den nächsten neun Wochen etwas Mühe geben müssen, um ihr zu beweisen, dass du in ihrem Unterricht eine Eins bekommen kannst.»

Sie können ihr auch sagen, wie sehr Sie sich freuen, dass sie gerne gut in der Schule sein möchte, aber dass eine Drei minus nicht das Ende der Welt ist.

(Ja, ich kenne auch Eltern, die ihren Kindern Stubenarrest verpassen, wenn sie eine Drei, oder in einem Fall auch nur eine Zwei, nach Hause bringen. Das sind Eltern, die ihre Kinder in die Ränge der gescheiterten Perfektionisten einreihen – der Leute, die nie mit sich zufrieden sein werden, weil jener Zustand der «Vollkommenheit», den ihre Eltern von ihnen erwarten, für sie immer unerreichbar bleibt.)

In meinem Buch *Making Children Mind Without Losing Yours* habe ich mehrere Schritte beschrieben, die dazugehören, Kinder zu trösten.[2] Es lohnt sich, diese hier zu wiederholen, denn wie Sie mit den Verletzungen und Misserfolgen Ihres Kindes umgehen, hat große Auswirkungen darauf, ob daraus ein entmutigter und gescheiterter Erwachsener wird oder nicht.

Diese Schritte sind:

1. **Zuhören**, was das Kind sagt. Oder wichtiger noch, hören auf das, was es fühlt.

2. **Auf die Gefühle des Kindes reagieren.** Geben Sie ihm zu verstehen, dass Sie zugehört haben und nachvollziehen können, warum es sich so fühlt. «Ich verstehe, wie schlimm das für dich ist, dass du den Ball verloren hast.» Wenn Ihnen selbst schon

einmal etwas Ähnliches passiert ist, erzählen Sie ihm davon und lassen Sie es wissen, dass es Ihnen damals genauso ging. Dadurch wird es sich zwar nicht sofort besser fühlen, aber zumindest weiß es dann, dass es nicht der erste Mensch ist, dem es jemals so gegangen ist.

3. Berühren. Scheuen Sie sich nie, die Arme auszustrecken und Ihr Kind zu berühren, ob Sie es nun auf den Schoß nehmen, wenn es noch klein ist, es umarmen oder es einfach nur an der Schulter berühren. Berührung ist eine wichtige Art und Weise, ihm Ihre Liebe und Fürsorge mitzuteilen.

Dr. Ross Campbell führt aus: «Vergessen Sie nicht, dass körperlicher Kontakt, besonders von der zärtlicheren Art (Halten, Umarmen, Küssen usw.) sehr wichtig für Jungen in ihren ersten Lebensjahren ist. Je kleiner der Junge, desto wichtiger ist zärtlicher Kontakt für ihn. Im Gegensatz dazu nimmt bei einem Mädchen die Bedeutung des Körperkontakts (besonders von der zärtlicheren Art) zu, wenn es älter wird, und erreicht erst mit etwa elf Jahren den Höhepunkt. Nichts geht mir mehr zu Herzen als ein elfjähriges Mädchen, das nicht genügend emotionale Zuwendung erhält. Was für ein entscheidendes Alter!»[3] Eine sanfte Berührung kann so viel Liebe und Fürsorge ausdrücken, und das dürfen wir nie vergessen.

4. Suchen Sie immer nach Alternativen. Angenommen, die Familie hat vor, einen Ausflug zu einem Baseballspiel zu machen, um die lokale Mannschaft in Aktion zu sehen. Doch als der große Tag kommt, regnet es in Strömen, und das Spiel wird abgesagt. Wenn Sie Ihrem Sohn jetzt sagen: «Ja, solche Dinge passieren nun einmal. Sie gehören zum Leben dazu; am besten gewöhnst du dich schnell daran», dann hilft das überhaupt nicht. Auch böse auf ihn zu werden, weil er mit seiner Enttäuschung nicht hinter dem Berg halten kann, nützt gar nichts. Fragen Sie ihn lieber, ob es irgendetwas anderes gibt, was er stattdessen gerne tun würde. Falls nicht, machen Sie selber ein paar Vorschläge. Vielleicht kann die ganze Familie zusammen ins Kino gehen – oder zum Abendessen in die Lieblingspizzeria Ihres Sohnes. Vielleicht springt er nicht gleich auf einen Ihrer Vorschläge an, weil er so enttäuscht darüber ist, dass es nicht zum Baseball geht. Aber wenn er ein paar Augenblicke Zeit gehabt hat, darüber nachzudenken, wird er einlenken, und die Familie kann doch noch einen schönen Tag zusammen verbringen.

5. Geben Sie dem Kind die Wahl. Nachdem Sie alle Alternativen durchgegangen sind, lassen Sie das Kind entscheiden, was es tun möchte. Wenn Sie ihm alle Entscheidungen abnehmen, enthalten Sie ihm Respekt vor und sagen im Grunde: «Du bist nicht in der Lage, eine wohlüberlegte Entscheidung zu treffen, also muss ich das für dich machen.»

6. Akzeptieren Sie niemals Ausreden. Wenn Sie das tun, ermutigen Sie Ihr Kind dazu, die Schuld jemand anderem in die Schuhe zu schieben. Julie behauptete, ihre Drei minus in Englisch käme daher, dass ihre Lehrerin sie nicht mochte. Mit dieser Aussage verlagerte sie die Schuld von sich selbst auf Mrs. Cranston, und wenn Mama und Papa ihr darin zustimmen, wird Julie niemals lernen, sich ihren eigenen Verantwortlichkeiten zu stellen.

7. Sehen Sie die Fehler Ihres Kindes nicht als Niederlagen oder Misserfolge, sondern als Bausteine. Ihr Kind wird aus seinen Fehlern lernen, und das können Sie auch. Es ist immer wichtig, Rückschläge als positive Lektionen zu nehmen, als Schritte zur Verbesserung und zum Lernen, damit Sie es beim nächsten Mal besser machen können.

8. Ermutigen Sie zur Verbindlichkeit. Nehmen Sie nicht die Probleme Ihres Kindes auf Ihre Schultern, um sie an seiner Stelle zu lösen. Arbeiten Sie mit ihm zusammen daran, ja, aber ermutigen Sie es zur Beharrlichkeit und dazu, wenn es kann, das Problem durch seine eigenen Bemühungen zu lösen.

9. Seien Sie bereit, das Problem zu begutachten. Mit anderen Worten, seien Sie stets bereit, Unterstützung und Ermutigung zu geben. Lassen Sie das Kind nicht wild und hilflos herumpfuschen. Wenn die Problemlösung, für die es sich entschieden hat, nicht funktioniert, seien Sie bereit einzugreifen und über eine andere Herangehensweise zu sprechen. Wenn Sie sehen, dass Ihr Kind ein Problem auf eine Art zu lösen versucht, die alles nur noch schlimmer machen wird, schauen Sie nicht weg und denken, *nun, ich schätze, das wird eine wertvolle Lektion für es sein.* Kinder treffen manchmal falsche Entscheidungen, und wenn sie das tun, sind sie auf elterliche Wegweisung und Beratung angewiesen.

Soll das heißen, dass Sie als Elternteil im letzten Moment in die Situation eingreifen sollten wie ein maskierter Rächer, um alles in Ordnung zu bringen? Nein, das meine ich damit nicht. Sie sollten immer noch Ihr Kind das Problem bewältigen lassen, doch Ihre Aufgabe ist es, alternative Herangehensweisen und Pläne vorzuschlagen. Und noch etwas ist sehr wichtig: Werden Sie nicht zum Montagmorgen-Mittelstürmer. Wissen Sie, was ein Montagmorgen-Mittelstürmer ist? Das ist jemand, der hinterher alles besser weiß. Er kann Ihnen immer genau sagen, was Sie falsch gemacht haben, aber immer erst, wenn es zu spät ist.

Was ich damit ausdrücken will, ist, dass Ihre Kinder niemanden brauchen, der daherkommt, nachdem sie etwas vermasselt haben, und ihnen dann auf kritische Weise sagt, was sie hätten tun *sollen* – schon gar nicht, wenn das für sie sowieso schon offensichtlich ist.

Ich sage meinen Klienten immer, dass sie bei sich selbst und ihren Kindern niemals «hätte sollen» sagen sollten, also auf Geschehenes zurückblicken und sich zu sagen, was sie hätten tun *sollen*. Solche Montagmorgen-Mittelstürmerei bringt nichts Positives ein. Sie verstärkt nur den Gedanken: «Ich mache nie etwas richtig. Warum versuche ich es überhaupt erst?»

Angenommen, Sie bringen eine neue Sorte Dünger auf Ihren Rasen auf. Sie waren sich bei der Dosierung nicht ganz sicher und haben versehentlich zu viel davon genommen, wodurch ein großes Stück von Ihrem Rasen einen nicht besonders ansehnlichen Braunton angenommen hat.

Zwei Tage später stehen Sie im Garten und begutachten den Schaden, als Heinrich Hilfsbereit daherkommt, Ihr besserwisserischer Nachbar. «Junge, Junge», sagt er, «sieht aus, als hättest du zu viel Dünger genommen.»

«Ach, wirklich?», geben Sie in einem Tonfall zurück, der sarkastisch klingen soll, aber davon merkt er nichts.

«Ja, du hättest besser abmessen sollen.»

Nun frage ich Sie: Ist der gute alte Heinrich wirklich eine Hilfe?

Natürlich nicht. Dass Sie zu viel Dünger genommen haben, wissen Sie bereits, und ebenso, dass Sie sorgfältiger hätten abmessen sollen. Alles, was die Bemerkungen Ihres Nachbarn bewirken werden, ist, Sie noch wütender zu machen.

Wenn diese Art von «Hilfe» auf Sie so wirkt, werden Sie damit bei Ihrem Kind dieselbe Wirkung erzielen.

Stellen Sie sich vor, Ihr heranwachsender Sohn kommt von einem Besuch in seinem Lieblings-Hamburger-Restaurant zurück. Sie sitzen da und plaudern, und plötzlich breitet sich eine panische Miene auf seinem Gesicht aus.

«Oh nein!», sagt er, während er in seiner Gesäßtasche nach seinem Portemonnaie tastet.

«Stimmt etwas nicht?»

Er macht sein Portemonnaie auf, schaut hinein und schüttelt dann den Kopf, als wären seine schlimmsten Befürchtungen wahr geworden.

«Eben fiel es mir ein. Ich habe dem Mädchen an der Kasse einen Zwanziger gegeben, aber sie hat mir nur auf einen Zehner herausgegeben.»

Was sagen Sie?

«Junge, du musst besser aufpassen. Du darfst nie vergessen,

dein Wechselgeld nachzuzählen!» Oder: «Nun, wusstest du denn nicht mehr, dass du ihr einen Zwanziger gegeben hattest?»

Auf die letzte Frage wird er vielleicht ungefähr Folgendes sagen: «Klar wusste ich noch, dass ich ihr einen Zwanziger gegeben hatte, aber ich liebe es nun mal, übers Ohr gehauen zu werden.»

Das wäre natürlich ziemlich sarkastisch und respektlos, aber wer wollte ihm das verdenken. Er weiß, dass er einen Fehler gemacht hat. Ebenso weiß er auch, dass die Chancen, seinen Verlust wieder wettzumachen, gering sind, selbst wenn er sofort zurück zu dem Hamburger-Restaurant rennt. Ihr Sohn hat durch den Verlust seines Geldes eine eindrückliche Lektion gelernt. Er braucht keine Verstärkung dieser Lektion durch einen Elternteil, der ihm mit «hätte sollen» kommt und ihn anmeckert und ihm insgesamt das Gefühl gibt, ein Versager zu sein.

Ihre Kinder anzumeckern ist eigentlich niemals gut, weder für die Kinder noch für Sie selbst. Es ärgert sie nur, und außerdem macht es sie überzeugt davon, dass Sie sie als verantwortungslos und Ihres Vertrauens nicht würdig betrachten. Irgendwann werden sie Ihnen dann darin zustimmen – und sich selbst auch so sehen. Meckern ermutigt nicht, es entmutigt.

Was tun Sie also? Ich höre schon das Klagelied aller Mütter: «Wenn ich nicht meckere, macht er nie etwas.»

Wenn ich hundert zufällig ausgewählte Mütter fragen würde, wie oft sie an einem durchschnittlichen Tag ihren Teenager daran erinnern müssen, sein Bett zu machen, würde ich wetten, dass die Antworten im Schnitt bei drei bis vier Mal liegen würden.

Wie oft müssen Sie Ihre Kinder zum Essen rufen? Nach meiner Erfahrung dürfte die durchschnittliche Antwort drei Mal lauten.

Warum? Es liegt daran, dass Eltern zu der Überzeugung gelangt sind, sie müssten ihre Kinder anmeckern, und die Kinder ihrerseits schon damit rechnen, angemeckert zu werden. Solange Mamas (oder Papas) Stimme sich nicht eine bis zwei Oktaven höher anhört und einen härteren Beiklang bekommt, lohnt es sich noch nicht, richtig hinzuhören.

Eine Mutter beklagte sich bei mir, sie kriege ihre Tochter einfach nicht dazu, irgendetwas zu tun, was sie tun sollte. Trotz allem Gemecker, aller Drohungen und Strafen sah ihr Zimmer aus, als hätte eine Bombe darin eingeschlagen. Mama sagte: «Laura, ich möchte, dass du deine Kleider vom Boden aufhebst, bevor du hinaus zum Spielen gehst.»

«Ist gut, Mama.»

Zehn Minuten später hörte Mama die Haustür ins Schloss fallen, das Signal, dass Laura hinausgerannt war, um mit ihren Freunden zu spielen. Aber was fand Mama da in Lauras Zimmer? Erraten. Die Kleider, die sie aufzuheben versprochen hatte, lagen immer noch überall auf dem Fußboden verstreut.

Nicht, dass Laura sich offen aufgelehnt hätte. Nein, immer wenn Mama sie um etwas bat, sagte sie fröhlich Ja. Aber sie setzte es nie um.

Ihre Entschuldigung war immer dieselbe:

«Tut mir leid, Mama. Ich habe es einfach vergessen.»

«Wie konntest du das vergessen? Ich habe dich doch vor nicht einmal zehn Minuten darum gebeten, diese Kleider aufzuheben! Kannst du dir denn gar nichts merken, worum ich dich bitte?»

So ging das Tag für Tag, Woche für Woche, und die ständigen Scharmützel zwischen Laura und ihrer Mutter drohten zu einem offenen Krieg zu eskalieren. Immer wieder versprach Laura, es beim nächsten Mal besser zu machen, und flehte ihre Mutter an, sie nicht zu bestrafen. Wenn Mama nicht nachgab, zog sich Laura in ihr Zimmer zurück, schloss die Tür ab und schmollte. Beide waren sauer, und Laura war auf dem besten Weg, sich einen Eintrag im *Guinness-Buch der Rekorde* zu sichern, unter der Rubrik «Größte Häufigkeit von Stubenarresten in einem Jahr».

Lauras Mutter sah, dass sie keinen Schritt weiterkam, und stimmte schließlich zu, dass man das Problem anders angehen musste.

Es wurde vorgeschlagen, dass sie und Laura einen Vertrag aushandelten. Laura war sogar diejenige, die ihn zu Papier bringen sollte, mit Mamas Zustimmung. Nachdem sie sich auf die Vertragsbedingungen geeinigt und den Vertrag unterschrieben hatten, würde er an die Kühlschranktür gehängt werden, wo beide jederzeit nachschauen konnten.

Der Vertrag legte fest, welche täglichen und wöchentlichen Pflichten Laura zu übernehmen hatte und welche Strafen ihr drohten, wenn sie ihre Seite der Vereinbarung nicht einhielt.

Lauras Pflichten, die in dem Vertrag aufgeführt waren, umfassten das Erledigen ihrer Hausaufgaben, die Fütterung der Katze jeden Morgen, das Tischdecken am Abend und so weiter. Darüber hinaus einigten sie sich darauf, dass Laura jeden Samstagnachmittag ihr Zimmer aufräumen würde und dass Mama es dann inspizieren und sich vergewissern durfte, dass es zu ihrer Zufriedenheit aufgeräumt war. Mama ihrerseits verpflichtete sich, keine Klage darüber zu äußern, wie das Zimmer während der restlichen Woche aussah.

Außerdem sah der Vertrag ausdrücklich vor, dass es nicht Mamas Aufgabe war, Laura an irgendetwas von dem, was sie zu tun hatte, zu erinnern. Und wenn Laura etwas vergaß, durfte Mama die Vertragsregelungen im Blick auf die Strafe nicht abändern. Dies war ein fester, bindender Vertrag, an den beide Seiten sich zu halten hatten. Laura wurde sogar ermutigt, mitzuentscheiden, was ihre Strafe sein sollte, wenn sie irgendeine ihrer Pflichten nicht erfüllte.

Zum Beispiel bestand die Strafe dafür, wenn sie ihr Zimmer nicht aufräumte, in einer einwöchigen Fernsehsperre. Wenn der Samstag kam und ging und das Zimmer nicht aufgeräumt war, hatte es sich mit dem Fernsehen. Auch wenn es ihr am Samstagabend oder am Sonntagnachmittag wieder einfiel und sie ihr Zimmer so gut aufräumte, dass sie bei den Olympischen Spielen eine Goldmedaille im Zimmeraufräumen bekommen hätte – Pech gehabt, im Vertrag stand nun einmal Samstagnachmittag.

Die Besserung bei Laura begann sofort nach dem Aufhängen des Vertrages, der fast so gut zu funktionieren schien wie ein Jerry-Lucas-Gedächtnistraining. Es war erstaunlich, wie rasch Laura ein besseres Gedächtnis entwickelte. Und Mama war jetzt viel entspannter und fröhlicher, weil das ewige Gemecker hinter ihr lag. Schließlich hat keine Frau Spaß am Meckern.

Sicher, es kam immer einmal vor, dass Laura die Vertragsbedingungen nicht erfüllte und ihre Mutter anflehte, ein Auge zuzudrücken.

Aber dann sagte Mama: «Du weißt doch, dass ich daran nichts ändern kann», und zeigte Laura, wo sie sich mit eigener Handschrift damit einverstanden erklärt hatte, welche Konsequenzen es haben würde, wenn sie den erwarteten Anforderungen nicht genügte.

Nachdem Laura erst einmal begriffen hatte, dass Mama sie gar nicht aus purer Gemeinheit bestrafte, verbesserte sich auch ihre Beziehung zu ihrer Mutter wieder.

Und noch etwas passierte: Laura merkte, dass sie sich Sachen merken konnte, wenn sie sich Mühe gab. Sie lernte, ein verantwortliches Mitglied ihrer Familie zu sein. Wenn sie vor dem Vertrag etwas nicht getan hatte, was sie sollte, sagte sie Dinge wie: «Was hast du denn erwartet? Du weißt doch, dass ich doof bin.» Oder: «Ich kann doch nichts dafür, dass ich alles vergesse. Ich war noch nie sehr schlau.» Solche Bemerkungen hatten sich dann selbst erfüllt, weil Laura anfing, tatsächlich zu glauben, sie wäre nicht intelligent. Infolgedessen kam sie auch in der Schule nicht gut mit. Sie traute sich einfach nicht zu, neuen Stoff in Mathe und Englisch zu kapieren.

Doch inzwischen ist es schon mehrere Monate her, seit Laura zum letzten Mal ihr Zimmer nicht termingerecht aufgeräumt hat. Und obwohl es hier und da einen Ausrutscher bei den kleineren Dingen gab, war ihre Leistung insgesamt geradezu spektakulär.

Es hat sie ungemein ermutigt, zu entdecken, dass sie doch einen scharfen Verstand hat, dass sie sich Dinge merken kann und dass sie eigentlich niemanden braucht, der ihr ständig im Nacken sitzt. Kurz, sie hat angefangen, sich selbst als verantwortlich für ihr eigenes Handeln zu sehen, und diese Haltung hat sich auch auf andere Bereiche ihres Lebens übertragen, zum Beispiel auf ihre Arbeit für die Schule. Und vor allem hat sich die Beziehung zwischen Mama und ihrer Tochter so stark verbessert, dass sie jetzt so gut ist wie seit Jahren nicht mehr.

Und das Wichtigste, es herrscht eine harmonische, ermutigende Einstellung in der Familie, und Lauras Selbstwertgefühl hat enorm zugenommen, seit sie verstanden hat, dass sie Fähigkeiten besitzt und verantwortlich sein kann.

Und jedes Kind, das in einer ermutigenden Atmosphäre aufwächst, hat beste Chancen, zu einem positiven, produktiven Erwachsenen heranzuwachsen.

Fallen Sie nicht auf die große Lüge herein

Bisher haben wir gesehen, dass es Geduld und Ermutigung braucht, um in Ihren Kindern eine gesunde Lebenseinstellung aufzubauen. Außerdem ist dazu Ihre Bereitschaft nötig, Ihre Zeit und Kraft einzusetzen.

Viele Leute heutzutage sind auf eine große Lüge hereingefallen, wenn es darum geht, Zeit mit ihren Kindern zu verbringen. Das heißt, sie sind nicht so sehr darauf hereingefallen, als dass sie sich vielmehr hineingestürzt haben, denn sie verschafft ihnen eine Ausrede, um ihrer Verantwortung nicht gerecht werden zu müssen.

Wie lautet diese große Lüge? Ungefähr so: «Es kommt nicht auf die Quantität der Zeit an, die ich mit meinen Kindern verbringe, sondern auf die Qualität.»

Es gibt nur eine passende Beschreibung für so eine Argumentation: «Das ist erstklassiger, hundertprozentiger Bockmist.»

Jeder, der meint, er könne seine Zeit mit seinem Kind auf ein paar Minuten am Tag beschränken oder es tagelang vernachlässigen, um das dann mit einem Samstagsausflug in den Park wieder wettzumachen, lügt sich selbst in die Tasche.

Ihre Kinder brauchen Ihre Liebe und Aufmerksamkeit ständig. Qualität ist wichtig, ja, aber es kommt auch auf die Menge der Zeit an, die Sie Ihren Kindern widmen. Indem Sie sich die Zeit nehmen, bei ihnen zu sein – sei es, dass Sie nur zusammensitzen und sich unterhalten, ein Spiel spielen oder gemeinsam in einen Park gehen –, geben Sie ihnen zu verstehen, dass sie Ihnen wirklich etwas wert sind. Und Ihre Kinder müssen wissen, dass sie Ihnen wichtig sind.

Bevor mir jetzt jemand an die Kehle geht und mir sagt, ich würde unmögliche Anforderungen an Eltern stellen, lassen Sie mich erklären, dass ich durchaus verstehe, wie schwer es sein kann, Zeit für die Kinder zu finden. Ja, mir ist klar, dass viele Mütter arbeiten müssen, damit die Familie über die Runden kommt. Und ich verstehe auch, dass viele Väter Überstunden machen oder auf Geschäftsreisen gehen müssen. Ich sage nur, dass die Zeit, die Sie mit Ihren Kindern verbringen, sehr weit oben auf Ihrer Prioritätenliste stehen sollte.

Glauben Sie mir, ich weiß, wie es manchmal läuft. Ich werde oft eingeladen, um Seminare und Vorträge zu halten oder in diversen Fernsehsendungen aufzutreten, und manchmal bin ich eine volle Woche von zu Hause weg. Wenn ich unterwegs bin, kann ich natürlich keine Zeit mit meinen Kindern verbringen. Daran kann ich nichts ändern, außer dass ich häufig zu Hause anrufe und natürlich für sie bete.

Wenn ich dann aber wieder zu Hause bin, tue ich alles, was ich kann, um den Anschluss zu finden, was sich in ihrem Leben getan hat, während ich weg war, und ich demonstriere meine Liebe zu ihnen, indem ich so viel Zeit wie möglich mit ihnen verbringe.

(Eine Warnung allerdings: Ihre Kinder sollten auf Ihrer Prioritätenliste nie höher stehen als Ihre Beziehung zu Ihrem Ehepartner. Verbringen Sie nicht Zeit mit Ihren Kindern auf Kosten der Zeit mit Ihrem Partner. Eine Ehe muss auf die Liebe und den

Respekt zwischen einem Mann und einer Frau aufgebaut sein, nicht auf ihre Beziehung zu ihren Kindern.)

Ich halte es für wichtig, die Zeit, die Sie mit Ihren Kindern verbringen, nicht auf gemeinsame Unternehmungen als Gruppe zu beschränken. Jedes Kind braucht auch Ihre individuelle Aufmerksamkeit.

Ich höre schon jemanden fragen: «Schön und gut, Dr. Leman – aber ich habe fünf Kinder. Wie bitte schön soll ich es schaffen, mit jedem von ihnen individuell Zeit zu verbringen?»

Sie werden sich die Zeit nehmen, und wenn Sie das tun, wird es sich wirklich auszahlen. Unsere fünf Kinder zwischen vierunddreißig und vierzehn Jahren verbringen immer noch gerne Zeit mit uns. Wir haben ein Sommerhaus im Staat New York, und alle – einschließlich unserer verheirateten Tochter Krissy, ihrem Mann Dennis und ihren beiden Kindern – machen sich gern die Mühe, uns dort zu besuchen. Unser Sohn Kevin, ein Comedy-Autor und Produzent bei der Fernsehserie «Ellen», und unsere Töchter Holly und Hannah scheuen allesamt keine Mühe, um bei ihren Eltern «abzuhängen».

Wenn Ihr Terminkalender so voll ist, dass Sie glauben, Sie könnten nicht so viel Zeit mit Ihren Kindern verbringen, ist es das Beste, wenn Sie Ihren Terminkalender umstellen.

Ein Bekannter von mir hatte einen äußerst vollen Kalender. Er verbrachte so viel Zeit mit seinen drei Kindern, wie er nur konnte, aber er wusste, dass es nicht genug war.

Also nahm er sich seinen Kalender vor und ging die Termine für die nächsten drei Monate durch. Indem er ein paar Dinge hin und her schob, gelang es ihm, sich einen Samstag pro Monat völlig freizuschaufeln.

Dann sagte er jedem seiner drei Kinder, sie sollten sich überlegen, was sie an ihrem jeweiligen besonderen Samstag gerne unternehmen würden.

Der älteste Sohn wollte mit einem Boot zum Fischen hinaus.

Nun hatte der Vater keine Ahnung vom Fischen. Er sagte mir sogar, dass er noch nicht einmal gerne Fisch isst. Die letzte Komplikation war, dass er kein Boot hatte und auch niemanden kannte, der eines besaß, obwohl die Familie nur fünf Meilen vom Meer entfernt wohnte.

Er hätte nun sagen können: «Hör mal, Sohn, das ist vielleicht nicht so eine gute Idee. Warum überlegst du dir nicht etwas Realistischeres?» Aber stattdessen fasste er den Ausflug zum Fischen als ein Abenteuer auf – als eine Gelegenheit, einmal etwas Neues auszuprobieren.

Er erkundigte sich und fand eine Firma, die jeden Samstagmorgen um sieben Uhr Fischerboote aussandte. Es kostete nur zehn Dollar pro Kopf, und für zwei weitere Dollar gaben sie einem die Angelrute und die Schnüre gleich dazu. Vater und Sohn verbrachten einen herrlichen Tag. Das einzig Bedauerliche aus Papas Sicht war, dass sein Junge mehr Fische mit nach Hause brachte als er. Keiner von beiden war besonders erpicht darauf, die Fische abzuschuppen und auszunehmen, aber sie taten es trotzdem, und selbst das war ein neues gemeinsames Erlebnis, das sie näher zusammenbrachte.

Für den nächsten Monat hatte die elfjährige Tochter beschlossen, an ihrem großen Tag … können Sie es erraten? Richtig, sie wollte nach Herzenslust in einem Einkaufszentrum shoppen gehen, gefolgt von einem Abendessen in einem schicken Restaurant.

Papa fing sofort an, sein Geld zu zählen, da er sich sagte, ein Tag im Einkaufszentrum könnte ihn ohne weiteres um einen Wochenlohn zurückwerfen – von dem Restaurant hinterher ganz zu schweigen. (Außerdem gibt es sowieso nicht viele Männer, die scharf darauf sind, mehrere Stunden in einem Einkaufszentrum zu verbringen.)

Doch seine Tochter sagte ihm, sie wolle überhaupt nicht viele Sachen kaufen. Sie wollte einfach nur gucken – Kleider, Bücher, Musik, und ab und zu setzte sie sich gerne auf eine Bank mitten im Einkaufszentrum und sah den Jungen beim Vorbeiflanieren zu. Was das «schicke» Restaurant anging, so meinte sie damit nichts anderes als einen Ort, wo man sich tatsächlich hinsetzte und in eine Speisekarte schaute und wo einem das Essen an den Tisch gebracht wurde.

Zu Papas Überraschung entpuppte sich sein Tag im Einkaufszentrum als ein Riesenspaß. Er lachte mehr, als er es seit Jahren getan hatte. Er und seine Tochter schauten sich nach Herzenslust in den Läden um, alberten herum, holten sich Eisbecher in der Lebensmittelpassage und genossen es besonders, kleine, wenig kostspielige Geschenke auszusuchen, die sie den anderen Familienmitgliedern mit nach Hause bringen wollten. Dann krönten sie ihren großen Tag mit einem exklusiven Dinner, bestehend aus Brathähnchen mit Pommes. (Die emotionale Gesundheit kam an diesem Tag etwas mehr zu ihrem Recht als die körperliche Gesundheit, wenn man an die Eisbecher und das gebratene Essen denkt!)

Als der Jüngste an der Reihe war, wollte er nichts anderes tun als ins Kino gehen und sich den neuesten Film mit seinem Lieblings-Comic-Helden anschauen. Danach stand für ihn ein Besuch in der Pizzeria um die Ecke auf dem Programm.

Auch hier hätte Papa sich wohl etwas Aufregenderes vorstellen können, aber dieser Tag gehörte seinem Sohn, und wenn es das war, was der Junge am liebsten machen wollte, dann sollte es ihm recht sein. Auf einen Ausflug zum Fischen oder einen Tag im Einkaufszentrum wäre er selbst schließlich genauso wenig gekommen.

Auch dieser Tag entpuppte sich als großer Spaß. Papa schmunzelte über den Zeichentrickfilm, und er und sein Sohn labten sich an Limo und Popcorn. Hinterher in der Pizzeria unterhielten sie sich über den Film und ließen alle ihre Lieblingsstellen noch einmal Revue passieren.

Nun, die Wahrheit ist, dass an keinem dieser drei Tage irgendetwas Weltbewegendes geschah. Und rein praktisch gesehen war es für Papa nicht einfach gewesen, die Arbeit, die er normalerweise samstags tat, mit in die anderen Wochentage hineinzustopfen.

Aber Sie können sicher sein, dass er diese besonderen Zeiten, die er mit den Kindern verbrachte, nie vergessen wird, und sie werden es auch nicht. Und mehr noch, er hat sich geschworen, es auch in Zukunft so zu halten, dass er jedem seiner Kinder einen «besonderen Tag» widmet. Der Ertrag dieser Tage werden nicht nur glückliche Erinnerungen sein, sondern Kinder, die spüren, dass sie ihrem Vater wichtig sind. Wer solche Liebe von seinen Eltern empfängt, wächst nicht zu einem gescheiterten Perfektionisten heran.

Ich kann nicht genug betonen, wie wichtig das ist. Finden Sie Zeit, um mit Ihren Kindern zusammen zu sein. Reden Sie mit ihnen. Finden Sie heraus, was sie beschäftigt. Lernen Sie, sie zu genießen.

Es gibt mehrere Dinge, die man tun kann, um einen guten Kommunikationsdraht zwischen Eltern und Kindern zu eröffnen und zu entwickeln. Das ist wichtig, denn ohne Kommunikation ist mit der gemeinsam verbrachten Zeit nicht wirklich etwas gewonnen. Zu viele Eltern wissen nicht, wie sie mit ihren Kindern kommunizieren sollen, und die Situation scheint sich immer mehr zu verschlimmern.

In ihrem Buch *Die Droge im Wohnzimmer* schildert Marie Winn die Auswirkungen, die besonders das Fernsehen auf die Kommunikation in den Familien hat. Sie zeichnet ein durch verschiedene Untersuchungen bestätigtes Bild von Familien, die stundenlang zusammen vor dem Fernseher sitzen, ohne dass es zu irgendeiner Form von Kommunikation zwischen ihnen kommt. Sie zitiert dabei eine Krankenschwester von der Kinderstation einer Klinik, die immer wieder Eltern in verlegenem Schweigen an den Betten ihrer Kinder sitzen sieht, offensichtlich fieberhaft überlegend, was sie sagen könnten, aber ohne eine Ahnung, womit oder wie sie anfangen könnten.[4]

Wenn Sie «Qualitätszeit» mit Ihren Kindern verbringen wollen, gehört dazu auch, mit ihnen zu reden und ihnen zuzuhören.

Sie können Ihre Kommunikation verbessern, indem Sie die folgenden Anregungen befolgen.[5]

1. Überlegen Sie, bevor Sie reden. Nichts steht der Kommunikation so sehr im Wege, wie wenn Sie zu stark aufbrausen, auf die Bitte eines Kindes in bedrohlicher Weise reagieren oder es anschnauzen. Wenn Ihr Sohn zu Ihnen kommt und Sie fragt, ob er ein Motorrad bekommen kann, dann schreien Sie ihn deswegen nicht an: «Was? Bist du verrückt? Natürlich kannst du kein Motorrad haben! Weißt du denn nicht, wie gefährlich die Dinger sind?» Mag sein, dass Sie strikt dagegen sind, dass Ihr Sohn ein Motorrad bekommt, aber nehmen Sie sich trotzdem ein paar Momente Zeit, um zu reflektieren und nachzudenken, bevor Sie ihm antworten. Und er wird Ihnen eher aufmerksam zuhören, wenn Sie in das Gespräch etwa so einsteigen: «Ja, Motorräder sind schon was Aufregendes! Aber was mich unruhig macht, ist, dass sie so gefährlich sind.» Ihre endgültige Antwort wird Ihrem Sohn vielleicht genauso wenig gefallen, wie wenn Sie ihn gleich angeschnauzt hätten, als er mit der Idee kam, aber auf diese Weise wird er Ihnen zumindest eher zuhören und merken, dass Sie und er sich über so etwas in aller Ruhe unterhalten können.

2. Betonen Sie das Positive. Angenommen, Sie waren bei einem Softballspiel und Ihre Tochter hat zwei Treffer gelandet, ist aber auch trotz besetzter Bases losgerannt und hat einen Flugball fallen lassen. Sie betonen das Positive, indem Sie etwa sagen: «Du hast heute richtig Spaß gehabt da draußen, was? Du hast richtig gut gespielt, und ein paar Mal hast du den Ball richtig reingeknallt.» Es ist überhaupt nicht nötig, auf die «weniger erfolgreichen Aspekte» des Spiels zu sprechen zu kommen.

3. Setzen Sie sich mit negativen Dingen auf positive, sachliche Weise auseinander. Wenn Ihre Tochter zum Beispiel auf Kommentare zu ihrem Spiel reagiert, indem sie sagt: «Ja, aber ich bin bei besetzten Bases losgerannt», können Sie sagen: «Na ja, niemand kriegt jedes Mal einen Base-Treffer. Aber wenn du weiter übst, wette ich, so schnell wirst du nicht wieder abgeworfen!»

4. Vergessen Sie nicht, Ihre Liebe und Fürsorge spüren zu lassen. Auch wenn Ihr Kind wütend und sarkastisch ist, tun Sie Ihr Bestes, um nicht in der gleichen Tonart zu antworten. «Hör mal, ich weiß, du bist sauer, aber ich habe dich lieb, und es macht mich traurig, wenn du so mit mir sprichst. Lass uns nicht so miteinander reden, auch nicht, wenn wir wütend sind, okay?» Oder angenommen, Sie haben gerade Ihren dreijährigen Sohn angeschrien, weil er dabei war, einen Schraubenzieher in die Steckdose zu stecken. «Mami hat dich angeschrien, weil du gerade etwas gemacht hast, wobei du dir hättest wehtun können, und ich wäre sehr traurig, wenn das passiert wäre.» Tun Sie Ihr Bestes, um zu erklären, dass Ihr Handeln von der Liebe zu Ihrem Kind getrieben ist.

5. Scheuen Sie sich nicht, Ihre Fehler zuzugeben. Um Verzeihung zu bitten ist niemals leicht, besonders wenn Sie sich vor Ihren Kindern demütigen müssen. Aber wenn Sie doch einen Fehler machen – voreilige Schlüsse ziehen oder sich weigern, sich die Sichtweise eines Kindes anzuhören –, dann müssen Sie fähig sein, sich dazu zu bekennen und zu sagen, dass es Ihnen leidtut. Indem Sie Ihre Kinder um Verzeihung bitten, tragen Sie dazu bei, die Kommunikationskanäle zu verbessern. Doch gleichzeitig lernen auch Ihre Kinder dadurch, wie man sich zu seinen Fehlern stellt und diejenigen, an denen man falsch gehandelt hat, um Verzeihung bittet. Ein gescheiterter Perfektionist ist davon überzeugt, sein Leben sei ein gigantischer Fehler nach dem anderen und er sei unweigerlich zum Scheitern auf der ganzen Linie verurteilt. Während er heranwächst, zerbricht er sich den Kopf darüber, warum es ihm so schwerfällt, das Richtige zu tun. Höchstwahrscheinlich hatte er keine Eltern, die in der Lage waren, um Verzeihung zu bitten und ihm zu zeigen, dass selbst Mütter und Väter Fehler machen können und dass das nicht das Ende der Welt ist. Eine Aussage wie «Ich muss mich bei dir entschuldigen» oder «Ich will dir sagen, dass ich in dieser Sache wirklich falsch geurteilt habe» wird Sie in den Augen Ihres Kindes nicht herabsetzen. Stattdessen wird sie den Respekt, den es Ihnen entgegenbringt, vergrößern.

6. Machen Sie sich klar, dass sich manche Dinge nicht über Nacht ändern. Alles Lohnende erfordert Zeit und Mühe, und das gilt auch für den Aufbau einer guten Kommunikation zu Ihren Kindern. Wenn die Kommunikation bisher nicht gut war, dann werden sie wohl kaum von jetzt auf nachher beschließen, sich Ihnen gegenüber zu öffnen und sich auf einen tiefen Dialog mit Ihnen einzulassen. Sie müssen beständig daran arbeiten, um die Kommunikationskanäle offenzuhalten und zu zeigen, dass Ihre Bereitschaft, zuzuhören und über Dinge ruhig und sachlich zu sprechen, keine flüchtige Modeerscheinung ist.

7. Bitten Sie Gott um Wegweisung. Jeder, der meint, er könne als Elternteil ohne eine kräftige tägliche Portion Gebet effektiv sein, irrt sich. Mein persönliches Gebet ist, dass ich so lebe, dass meine Kinder meine persönliche Beziehung zu Gott als real ansehen. Das ist aus einer Vielzahl von Gründen sehr wichtig, nicht zuletzt deshalb, weil ein gescheiterter Perfektionist oft große Mühe hat, eine eigene Beziehung zu Gott aufzubauen. Es fällt ihm schwer zu glauben, dass Gott ihn wirklich liebt und Anteil an seinem Leben nimmt. Oder es ist, weil er es kaum schafft, sich seine eigenen Sünden – die wirklichen und die eingebildeten – zu vergeben, sehr schwer für ihn, die Tatsache zu akzeptieren, dass Gott ihm vergeben könnte. Ein gesundes Gebetsleben und eine unverhohlene, intensive Beziehung zum Allmächtigen wird viel dazu beitragen, Ihren Kindern zu einem gesunden Selbstwertgefühl zu verhelfen.

Wenn Ihre eigene Beziehung zu Gott nicht in Ordnung ist, schlage ich vor, Sie nehmen sich Zeit, darüber nachzudenken, wie diese Beziehung eigentlich aussehen sollte. Denken Sie daran, dass Eltern, die sich selbst als unwürdig und unwert betrachten, diesen Kreislauf oft auch in der nächsten Generation in Gang halten. Auch ihre Kinder werden sich wieder als unwürdig und unwert ansehen, und deren Kinder ebenso – und der ewige Kreislauf der gescheiterten Perfektionisten dreht sich immer weiter!

Nun haben wir also drei Sprossen der Leiter gesehen, die zu einem selbstsicheren, produktiven Erwachsensein führen – Geduld, Ermutigung und Einsatz von Zeit und Kraft der Eltern. Es ist auch leicht zu sehen, dass es bestimmte Bereiche gibt, in denen sich diese Merkmale überschneiden. Wenn Sie zum Beispiel Geduld haben, werden Sie die Zeit und Kraft aufwenden, um Ihre Kinder zu ermutigen. Die vierte Sprosse der Leiter zu einem respektablen, verantwortlichen Erwachsensein nenne ich «Realitätsdisziplin», und auch sie hat viel mit den drei anderen Sprossen zu tun.

Realitätsdisziplin bedeutet, um es so einfach wie möglich auszudrücken, dass Sie Ihr Kind für sein eigenes Handeln verantwortlich sein lassen, und zwar so, dass die Wirklichkeit der jeweiligen Situation zur Lehrerin für Ihr Kind wird.

Verantwortlichkeit ist etwas, das gescheiterte Perfektionisten selten lernen. Wer in einer Welt der Niederlagen und der Ablehnung lebt, ist gleichzeitig für alles und für nichts verantwortlich. Was ich damit meine? Nun, ein gescheiterter Perfektionist nimmt rasch alle Schuld auf sich. «Oh, das ist meine Schuld» oder «Ich hab's mal wieder vermasselt» sind zwei seiner Lieblingsformulierungen. Er sagt «Entschuldigung» für alles und jedes, was passiert, ob es seine Schuld war oder nicht. Aber er hat nie wirklich gelernt, sich seiner wahren Verantwortlichkeit zu stellen und, wenn er versagt hat, etwas dagegen zu tun.

Realitätsdisziplin bedeutet: Wenn ich meinen Kindern immer aus der Patsche helfe, werden sie nie lernen, auf ihren eigenen zwei Beinen zu stehen. Sie werden immer nach jemandem Ausschau halten, der sie herauspaukt. Das kann ganz gut funktionieren, solange sie sieben sind und Mama in der Nähe ist. Aber es hilft gar nichts mehr, wenn man fünfunddreißig ist und für eine Buchhaltungsfirma arbeitet!

Die Leiter zum verantwortlichen Erwachsensein

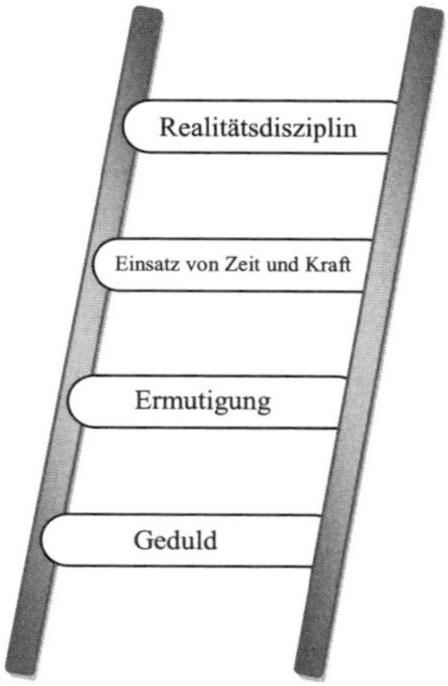

Liebe ist nicht genug

Ich bin gefragt worden, was ich für den größten Fehler halte, den Eltern machen können. Und obwohl es bei der Kindererziehung buchstäblich Tausende von Fehlern gibt, die wir machen können – und auch tatsächlich machen –, ist der größte einfach dieser: zu denken, wenn ich meine Kinder nur genug liebe, dann werden sie schon richtig aufwachsen; dann werden sie von Natur aus zu soliden, produktiven Bürgern.

Glauben Sie mir, ich habe schon mit vielen desillusionierten Eltern gesprochen, die mir sagten: «Ich verstehe das nicht! Niemand hätte den kleinen Johnny (oder die kleine Joanie) so sehr lieben können wie ich, und ich begreife nicht, wie er mir das antun kann!» Johnny ist vielleicht ein Teenager, der beschlossen hat, seinen Irokesenschnitt blau zu färben und sich eine Sicherheitsnadel durch die Wange zu stecken, oder vielleicht auch ein dreißigjähriger Jungmanager, der mit seinen Eltern nichts zu tun haben will, weil er zu sehr mit seinem eigenen egoistischen Leben beschäftigt ist.

Nichts auf der Welt kommt der Liebe gleich. Aber Liebe muss viel mehr beinhalten als nur Gefühle der Zärtlichkeit und der Freude. Zur Liebe gehört auch Realitätsdisziplin.

Ich weiß, es ist nicht einfach, Realitätsdisziplin zu praktizieren. Kein Elternteil sieht sein Kind gerne in einer schwierigen Situation, besonders wenn man weiß, dass man in der Lage wäre, es da herauszuholen. Sehr oft erweist sich bei der Realitätsdisziplin die Wahrheit des alten Klischees, das Väter und Mütter schon seit Jahrhunderten immer wieder anbringen: «Das wird mir jetzt mehr wehtun als dir.»

Nehmen wir zum Beispiel an, die elfjährige Judy hat mehrere Wochen lang gespart, um sich eine besondere Jacke zu kaufen – die Sorte, die die beliebtesten Mädchen in der Schule tragen. Sie ist mächtig stolz auf die Jacke und kann es kaum abwarten, sich in der Schule damit zu zeigen.

Während der ersten paar Tage trägt sie sie unentwegt, selbst wenn das Wetter so ist, dass sie mit kurzen Ärmeln besser dran wäre. Dann kommt sie eines Nachmittags ohne die Jacke nach Hause.

«Wo ist deine Jacke?»

«Ach, die habe ich drüben bei Cindy vergessen.»

«Willst du sie nicht lieber holen?»

Sie überlegt einen Moment und sagt dann: «Ach, das macht nichts. Ich hole sie mir morgen.»

Sie denken sich, dass die Jacke bei Cindy schon sicher sein wird, und sagen nichts weiter. Am nächsten Tag jedoch kommt Judy mit panischer Miene von der Schule nach Hause, wirft sich auf die Couch und fängt an zu schluchzen.

Sie braucht ein paar Minuten, um die Geschichte unter Tränen zu erzählen, aber schließlich schafft sie es: Sie ist auf dem Weg zur Schule bei Cindy vorbeigegangen, aber die Jacke war nicht dort. Cindys Mutter sagt, Judy hätte keine Jacke angehabt, als sie gestern hinüberkam, und vielleicht hätte sie sie ja in der Schule vergessen. Nur, in der Schule war sie nicht, dabei hat sie überall gesucht. Dann fiel ihr ein, dass sie gestern nach der

Schule noch im Park gewesen war und sie die Jacke vielleicht dort hat liegen lassen. Aber jetzt ist sie auch dort nicht mehr. Wenn sie nicht in der Schule ist, nicht im Park und nicht bei Cindy, dann ist sie weg! Dieser Verlust ist für sie natürlich kaum zu ertragen, denn diese Jacke bedeutete ihr alles.

Natürlich werden Sie nun zornig sein, weil Judy so unachtsam war, ihre Jacke irgendwo herumliegen zu lassen, wo jeder sie sich nehmen konnte. Aber dann fällt Ihnen ein, dass sie lange gespart hat, um sie sich zu kaufen, und Sie sehen, wie traurig und unglücklich sie ist, und Ihr Herz wird weich.

Nun, so teuer war die Jacke ja eigentlich nicht. Sie könnten ihr ohne weiteres eine neue kaufen. Aber sollten Sie das?

Realitätsdisziplin besagt: Tun Sie das lieber nicht. Wenn Judy sich die Jacke schon einmal zusammengespart hat, dann kann sie auch noch einmal sparen, um sich einen Ersatz zu kaufen. Das wird nicht leicht für sie sein, aber es wird sie lehren, dass sie für ihre Sachen verantwortlich sein und auf sie aufpassen muss. Sie dürfen darauf wetten, dass sie mit ihrer nächsten Jacke achtsamer umgehen wird.

Ich habe weiter oben schon von Kindern gesprochen, denen man zigmal sagen muss, dass sie etwas tun sollen. Auch das ist eine Situation, bei der die Realitätsdisziplin ins Spiel kommt.

Bobby, zehn Jahre alt, ist einer von den Jungen, die nie beim ersten Mal kommen, wenn sie gerufen werden.

«Bobby, das Essen ist fertig!»

Nichts.

Fünf Minuten später versuchen Sie es noch einmal. «Bobby, ich sagte, das Essen ist fertig. Bitte komm zu Tisch!»

Immer noch nichts.

Weitere fünf Minuten vergehen, das Essen wird kalt, und von Bobby immer noch keine Spur – außer den Piepsgeräuschen eines Computerspiels, die aus seinem Zimmer kommen.

«BOBBY!», brüllen Sie schließlich mit einer Stimme, die noch am anderen Ende der Stadt die Fenster zittern lässt. «MACH JETZT SOFORT, DASS DU HIERHERKOMMST!»

Jetzt merkt Bobby endlich, dass Sie es ernst meinen, und er schaltet sein Spiel aus und kommt zu Tisch. Nur sind Sie inzwischen stinksauer, und es wird alles andere als ein gemütliches gemeinsames Essen werden.

Auch hier muss die Realitätsdisziplin ins Spiel gebracht werden. Bobby sollte nur einmal zum Essen gerufen werden. Wenn er dann nicht auftaucht, sollten Mama und Papa einfach anfangen zu essen.

Wenn Bobby dann endlich in die Küche geschlendert kommt, stellt er zu seiner Überraschung fest, dass Mama und Papa schon dabei sind, das Geschirr abzuräumen.

«Tut mir leid, Bobby», sagen Sie ihm, «aber ich habe dich zum Essen gerufen, und du bist nicht gekommen. Wir sind fertig mit Essen. Also, wenn du Hunger hast, musst du dich selbst bedienen.»

Oder falls er zehn Minuten, nachdem Sie angefangen haben, bei Tisch erscheint, sagen Sie: «Tut mir leid, Bobby, aber du wirst warten müssen, bis wir anderen mit dem Essen fertig sind. Wenn du etwas möchtest, musst du dir hinterher selbst etwas machen.»

Wenn Bobby sich stur stellt und sich nicht selbst etwas machen will, muss er eben Kohldampf schieben. Das wird ihm nicht schaden. Und es wird ihn lehren, dass Sie es ernst meinen, wenn Sie ihn zu Tisch rufen.

Eine Frau fand es fast unmöglich, ihren zwölfjährigen Sohn morgens aus dem Bett zu zerren. Sie weckte ihn, er setzte sich auf und sagte ihr, er werde sich anziehen. Zehn Minuten später aber fand sie ihn immer noch fest schlafend im Bett vor. So ging das Tag für Tag, mit der Folge, dass der Junge jeden Morgen in panischer Hast zur Tür hinausrennen musste, um seinen Schulbus zu erwischen.

Ungefähr einmal pro Woche verpasste er ihn, was bedeutete, dass Mama oder Papa ihn zur Schule fahren mussten. Und da beide Eltern berufstätig waren, hatten sie nicht viel Zeit dafür, als Privatchauffeure ihres Sohnes zu fungieren.

Als Mama dann von der Realitätsdisziplin hörte, wurde ihr klar, dass sie das Problem falsch angepackt hatte. Schließlich war es die Verantwortung ihres Sohnes, aufzustehen und sich für die Schule fertigzumachen.

Also setzte sie sich mit ihm hin und erklärte ihm, dass sie ihn von nun an nicht mehr aus dem Bett zerren werde. Sie werde ihm einen Wecker zur Verfügung stellen und von ihm erwarten, dass er ihn benutzte. Von jetzt an würde er dafür verantwortlich sein, rechtzeitig aus dem Bett zu kommen, und wenn er den Bus verpasste, würde er eben in die Schule laufen müssen.

Nun, wie nicht anders zu erwarten, schaltete der Junge am ersten Tag der neuen Strategie den Wecker aus und schlief wieder ein. Doch Mama blieb hart, und als ihr Sohn endlich fertig war, gab sie ihm sein Essensgeld und wünschte ihm einen guten Tag.

«Aber fährst du mich denn nicht hin?», jammerte er.

«Nein. Darüber haben wir doch gesprochen.»

«Aber ich komme zu spät zur ersten Stunde!»

«Tut mir leid, aber wir beide haben eine Abmachung. Entweder lernst du, morgens aus dem Bett zu kommen, oder du musst die Konsequenzen tragen.»

«Aber es ist kalt!»

Nun, so kalt war es gar nicht, und Mama – alle Achtung – ließ sich nicht so leicht von ihrer neuen Strategie abbringen. Es gab kein «Na gut, ein letztes Mal bringe ich dich noch hin, ausnahmsweise, aber morgen musst du dich wirklich pünktlich fertigmachen». Ihr Sohn mag darin in dem Moment eine grausame Willkür gesehen haben, aber sie wusste, dass sie nur tat, was für ihn das Beste war.

Es gab noch einige Morgen danach, an denen der Junge gerade noch rechtzeitig zur Tür hinausrannte, um seinen Bus zu kriegen, und zu Fuß gehen musste er auch noch einige Male. Doch langsam aber sicher besserte sich die Situation. Schon bald kam er bestens damit zurecht, aufzustehen, sobald der Wecker klingelte. Er hatte sogar Zeit, sich hinzusetzen und ordentlich zu frühstücken, bevor er sich auf den Weg zum Bus machte. Was Mama betrifft, so war das morgendliche Gerangel ums Aufstehen eines der Dinge gewesen, die sie in ihrem Alltag am meisten hasste. Jetzt, wo sie das nicht mehr tun muss, fängt ihr Tag viel besser an, und das verschafft ihr eine bessere Laune, die dazu führt, dass sie eine bessere Beziehung zu ihrem Mann und ihrem Sohn hat.

Hört sich Realitätsdisziplin hart an? Hört sie sich streng und einengend an? Das ist sie nicht.

In Wirklichkeit ist sie eine Befreiung für Kinder und Eltern. Allen ist klar, was von ihnen erwartet wird, und ihnen ist auch klar, was passiert, wenn sie ihren Pflichten nicht nachkommen.

James Dobson berichtete einmal von einer Schule, wo beschlossen wurde, die Umzäunung des Schulhofs zu beseitigen, weil sie zu einengend sei. Die Schulleitung wollte den Kindern ein Gefühl der Freiheit geben.

Doch sobald die Zäune weg waren, fiel den Lehrern etwas auf. In der Pause blieben alle Kinder dicht beisammen in der Mitte des Schulhofs. Solange die Zäune da gewesen waren, hatten sie sich sicher genug gefühlt, um sich überall auf dem Schulhof zu verteilen, ja selbst auf die Zäune zu klettern. Doch ohne die Zäune, die ihre Grenzen anzeigten, waren die Schüler unsicher und ängstlich.[6]

Der Punkt ist, dass Kinder wissen müssen, wo sie stehen. Sie müssen wissen, was ihre Verantwortlichkeiten sind und was genau Mama und Papa von ihnen erwarten – auch wenn sie sich so verhalten, als ob sie das nicht zu schätzen wüssten. Sie werden vielleicht ab und zu auf die Zäune klettern, aber dass die Zäune verschwinden, wollen sie eigentlich nicht.

Noch drei weitere Dinge habe ich im Lauf der Zeit über Realitätsdisziplin gelernt.

1. Benutzen Sie Realitätsdisziplin nie als Vorwand, um Ihr Kind zu zwingen, mehr zu tun, als es kann. Wenn Ihr Kind heranwächst, nehmen seine Fähigkeiten zu. Von einem Fünfjährigen können Sie nicht erwarten, dass er ohne ein bisschen Hilfe von Mama oder Papa morgens aufsteht und sich für die Vorschule fertigmacht. Doch dass ein Zwölfjähriger dies alleine tut, ist bestimmt nicht zu viel verlangt. Realitätsdisziplin muss mit einem Verständnis für die Fähigkeiten und Grenzen des Kindes verbunden werden.

2. Ziehen Sie Ihr Kind zur Rechenschaft, aber üben Sie keinen unnötigen Druck aus. Wie merken Sie, dass Sie zu viel Druck ausüben? Es gibt nur einen Weg: Seien Sie einfühlsam, hören Sie Ihrem Kind zu und halten Sie die Kommunikationskanäle offen.

3. Realitätsdisziplin ist keine Einbahnstraße. Das heißt, dass auch die Realität der Schwächen und Ängste Ihres Kindes dabei berücksichtigt werden muss. Realitätsdisziplin muss immer mit einer kräftigen Portion Liebe verabreicht werden.[7]

Ein weiteres Merkmal der Realitätsdisziplin ist, dass sie nicht nachtragend ist.[8] Das heißt, sie ist eine «einzelfallbezogene» Form der Disziplinierung, und sie ist zugleich eine Disziplinierung «auf der Stelle»: konkreter Fall, konkreter Zeitpunkt.

«Einzelfallbezogen» ist sie insofern, als die Realitätsdisziplin Zorn und Groll nicht viel Zeit zum Gären lässt. Sie lässt keinen Raum für Äußerungen wie «Immer machst du das und das» oder «Warte nur, bis dein Vater nach Hause kommt». Ihr Kind muss wissen, dass es, wann immer es eine Regel übertritt oder irgendein Fehlverhalten zeigt, die Realitätsdisziplin in Gang setzt.

Es muss auch so genau wie möglich wissen, was die Realitätsdisziplin mit sich bringen wird. Es sollte nicht lange rätseln müssen, wie seine Strafe wohl ausfallen wird (in der Hoffnung, dass Papa heute gute Laune hat und es nicht so schlimm wird), und es sollte auch nicht stundenlang warten müssen, während über sein Schicksal debattiert wird.

Was Sie mit der Realitätsdisziplin anstreben, ist, Ihr Kind einsehen und verstehen zu lassen, was es falsch gemacht hat, ihm eine Gelegenheit zu geben, für sein Verhalten zu büßen, und ihm klar vor Augen zu stellen, dass es gerecht behandelt worden ist.

Denken Sie daran, dass Sie Ihr Kind nicht bestrafen und auch nicht nur versuchen, es an die Kandare zu nehmen. Sondern Ihr Ziel ist es, Ihrem Kind zu helfen, ein verantwortlicher Erwachsener zu werden, der realistische Selbstbeherrschung und Selbstdisziplin übt.

In meinem Buch *Making Children Mind Without Losing Yours* habe ich fünf Merkmale der Realitätsdisziplin aufgeführt, und ich glaube, es lohnt sich, sie hier zu wiederholen:

1. Eltern sind nie auf Strafe aus; sie haben stattdessen das Ziel, zu disziplinieren, zu trainieren und zu lehren.
2. Wenn eine «Bestrafung», Schmerz oder irgendeine Konsequenz stattfindet, sind es nicht die Eltern, die das tun oder verursachen – es ist vielmehr die Realität.
3. Realitätsdisziplin ist das beste System, das ich kenne, um das inkonsequente Schwanken zwischen dem autoritären und dem Laisser-faire-Erziehungsstil zu vermeiden.
4. Realitätsdisziplin ist das beste System, um Eigenverantwortlichkeit nachhaltig zu lehren.
5. Vor allem ist Realitätsdisziplin das beste Mittel gegen das, was ich das Supereltern-Syndrom nenne.[9]

Was genau ist das «Supereltern-Syndrom»? Ganz knapp ausgedrückt, ist es eine Haltung der Eltern, die sagt:

1. Meine Kinder gehören mir.
2. Ich bin der Richter und die Geschworenen zugleich.
3. Meine Kinder dürfen nicht versagen.
4. Ich bin der Boss. Was ich sage, das gilt.[10]

Diese Art autoritärer Erziehung funktioniert nur selten. Sie ist nicht fair gegenüber den betroffenen Kindern, und ebenso wenig ist sie fair gegenüber den Eltern, die sich persönlich dafür verantwortlich fühlen, dafür zu sorgen, dass ihre Kinder niemals aus der Reihe tanzen.

Ein Kind, das unter solchen Bedingungen aufwächst, mag seinen Weg scheinbar schnurgerade gehen, aber es tut dies aus Furcht, nicht weil es gelernt hat, sich eigenverantwortlich zu verhalten, oder weil es wüsste, was das Beste für es ist. Ein Kind, das autoritär erzogen wurde, wird meist, wenn es erwachsen wird, einen von zwei Wegen einschlagen.

Das Wahrscheinlichste ist, dass es zu einem gescheiterten Perfektionisten wird, zu jemandem, der nie Erfüllung finden kann und immer das Gefühl hat, als schaute ihm jemand über die Schulter, um über ihn zu urteilen. Oder das Pendel schlägt in die andere Richtung aus, und sobald es aus dem Haus ist, stürzt es sich ins wilde Leben, einfach nur, um der Welt zu zeigen: «He, ich hänge endlich nicht mehr am Zügel meiner Eltern!»

Wenn Sie einmal sehen wollen, wie junge Leute völlig über die Stränge schlagen, verbringen Sie ein paar Tage auf einem Universitätscampus und beobachten Sie die jungen Männer und Frauen, die in streng autoritären Elternhäusern groß geworden sind. Da sie sich nie selbst disziplinieren mussten, fangen sie auch jetzt nicht damit an, und die Folge ist oft das totale Chaos und letzten Endes großes Leid für die Studenten und ihre Eltern.

Fangen Sie an, und zwar jetzt!

Nun, angenommen, Sie sind bisher mit Ihren Kindern nicht richtig umgegangen. Sie waren nicht geduldig und ermutigend, Sie haben nicht Ihre Zeit und Kraft eingesetzt, und Sie haben nicht die Realitätsdisziplin angewandt. Und jetzt sagen Sie: «Dr. Leman, Sie sagten, die ersten Lebensjahre eines Kindes seien absolut entscheidend. Meine Kinder sind schon Teenager. Heißt das, es ist zu spät, jetzt noch damit anzufangen, es richtig zu machen?»

Meine Antwort ist, dass es nie zu spät ist, auf den richtigen Weg zu kommen. Natürlich wäre es besser gewesen, wenn Sie von Anfang an alles richtig gemacht hätten, aber kein Elternteil ist perfekt, und wir machen alle reichlich Fehler.

Egal, wie alt Ihre Kinder sind, Sie können jetzt anfangen, es richtig zu machen. Und am besten fangen Sie damit an, sich mit ihnen zusammenzusetzen und sie um Verzeihung zu bitten. Sagen Sie ihnen, dass Sie manches falsch gemacht haben, dass Sie das aber jetzt ändern werden.

Die Frau zum Beispiel, die beschloss, ihren Sohn nicht mehr aus dem Bett zu zerren, musste ihm erst einmal etwa Folgendes sagen:

«Es tut mir leid, dass ich dich jeden Morgen aus dem Bett gezerrt und dich praktisch zur Tür hinausgejagt habe. Es tut mir leid, weil das dir gegenüber nicht fair war. Dadurch hattest du keine Gelegenheit, mir zu zeigen, dass du für dich selbst verantwortlich sein kannst, und es hat dir nicht geholfen, Selbstdisziplin zu lernen. Darum wird sich das von jetzt an ändern.»

Wenn Sie nicht genug Zeit mit Ihrem Kind verbracht haben, werden Sie vielleicht etwa Folgendes sagen: «Weißt du, mir ist klar geworden, dass ich zu viel Zeit im Büro verbringe, und das tut mir leid. Von jetzt an werde ich ein bisschen früher nach Hause kommen, damit wir vor dem Abendessen noch ein bisschen Ball spielen können. Und ich werde mir die Sonntagnachmittage frei halten, damit wir genügend Zeit zusammen verbringen können.»

Eine Sache ist noch äußerst wichtig. Nachdem Sie einmal so etwas gesagt haben, halten Sie sich daran. Wenn Sie beschlossen haben, Realitätsdisziplin anzuwenden, lassen Sie es sich nicht wieder ausreden. Wenn Sie versprechen, mehr Zeit mit Ihrem Sohn oder Ihrer Tochter zu verbringen, halten Sie das auch ein. Es mag ein Klischee sein, aber es stimmt, dass Taten lauter sprechen als Worte – besonders wenn es um Kinder geht.

Wir haben jetzt viel Zeit damit verbracht, über Dinge zu reden, die Sie tun können, um dafür zu sorgen, dass Ihre Kinder nicht zu gescheiterten Perfektionisten heranwachsen, die in einem Meer der Selbstablehnung ertrinken.

Aber was ist mit Ihnen? Was ist, wenn Sie in einem Elternhaus aufgewachsen sind, wo Ihre Eltern Ihnen nicht mit Geduld und Ermutigung begegnet sind, wo sie wenig oder gar keine Zeit für Sie aufbrachten und nicht die geringste Ahnung von Realitätsdisziplin hatten?

Vielleicht fühlen Sie sich geschunden und gebeugt. Ist es für Sie zu spät, etwas zu ändern und sich wohler mit sich selbst und mit Ihrer Rolle in dieser Welt zu fühlen? Können Sie womöglich irgendetwas tun?

Die Antwort ist: Ja, Sie können etwas tun. Sie können die Zweifel und Ängste überwinden, die eine unglückliche Kindheit bei Ihnen hinterlassen hat. Und davon werden wir als Nächstes sprechen.

Zweiter Teil

Entdecken, wer Sie wirklich sind

4. Der kritische Elternteil und Sie

Margaret ist vierzig. Sie ist eine kultivierte Frau, die Freude an den schönen Dingen des Lebens hat. Sie ist hochgewachsen, stattlich, hat seidige schwarze Haare und leuchtend grüne Augen – eine sehr hübsche Frau. Sie hat gerne Gäste und ist stolz darauf, eine Gourmetköchin zu sein. Sie und ihr Mann wohnen in einem geschmackvoll eingerichteten Fünfzimmerhaus in einem feineren Viertel der Stadt.

Wenn man ihr zum ersten Mal begegnet, wünscht man sich, man hätte sein Leben so gut im Griff wie sie. Ja, wirklich, Margaret ist ein Urbild der Ruhe und Gelassenheit.

Allerdings nur so lange, bis ihre Mutter zu Besuch kommt.

«Ich verstehe das nicht», sagt sie. «Ich bin schon Tage vor ihrer Ankunft in Panik. Ich wische Staub und poliere die Möbel, und dann poliere ich sie noch einmal. Egal, wie sehr ich mich anstrenge, ich schaffe es einfach nicht, dass das Haus so aussieht, wie sie es möchte. Und es ist auch so. Kaum kommt sie zur Tür herein, hat sie schon etwas auszusetzen. Entweder es heißt: ‹Oh, Liebes, du musst unbedingt diese Wände anstreichen.› Oder: ‹Du hast bestimmt so viel zu tun, dass dir nur wenig Zeit für die Hausarbeit bleibt.›»

Margaret erinnert sich sogar an eine Gelegenheit, als ihre Mutter noch nicht länger als eine halbe Stunde im Haus war und schon den Staubsauger aus dem Schrank holte und sich am Teppichboden im Erdgeschoss zu schaffen machte, «obwohl der bereits makellos sauber war».

Tief im Innern weiß Margaret, dass ihre Mutter despotisch und überkritisch ist. Sie weiß, dass es in ihrem Haus sauber ist.

Sie weiß, dass der Teppichboden eigentlich nicht gesaugt werden muss, und doch glaubt ein Teil von ihr alles, was ihre Mutter über sie sagt.

«Sie ist noch nicht länger als zwei Stunden bei mir, da fange ich schon an zu denken, ich wäre eine totale Null – ich könnte keinen Haushalt führen und nicht kochen, und mein Mann und meine Kinder wären wirklich arm dran mit so jemandem wie mir.»

Es dauert dann auch nicht lange, bis die Nörgelei ihrer Mutter zu einer selbsterfüllenden Prophezeiung wird. Margaret versucht ihrer Mutter zu Ehren ein großes Essen auf die Beine zu stellen, aber nichts klappt richtig. Teilweise liegt das natürlich daran, dass ihre Mutter ihr in der Küche auf Schritt und Tritt auf den Fersen ist und «Vorschläge» zu jedem Handgriff ihrer Tochter macht. Infolgedessen brennt der Braten an, das tolle Dessert sieht aus wie Kleister und schmeckt auch so, und niemand – aber auch niemand – scheint einen schönen Abend zu haben.

Margaret sagt: «So war es schon immer, seit ich ein kleines Mädchen war. In ihren Augen konnte ich nie etwas richtig machen. Ich weiß noch, wie sie über mich lachte und sagte: ‹Margaret, du bist einfach hoffnungslos ... hoff-nungs-los!› Und genauso fühle ich mich jetzt auch, wenn sie da ist. Wie ein hoffnungsloses, hilfloses kleines Mädchen.»

Margaret sagt, sie liebe ihre Mutter – zumindest gibt sie sich große Mühe, das zu tun. Da sie fast zweitausend Meilen von ihrer Mutter entfernt wohnt, sehen sie sich nur einmal im Jahr, wenn Mom zu ihrem jährlichen zweiwöchigen Besuch kommt. Diese zwei Wochen sind für Margaret, der jedes Jahr mehr davor graut, eine einzige Quälerei.

«Ich bin nur dankbar, dass wir nicht näher beieinander wohnen», seufzt sie.

Dann ist da David, fünfunddreißig und Vater von drei Kindern. Die Beschwerde kommt nicht von ihm, sondern von seiner Frau. Bobbi sagt, David weigere sich schlicht, ihr bei der Erziehung der Kinder zu helfen. Häufig ergreift er sogar gegen sie die

Partei der Kinder und wirft ihr vor, sie sei zu streng, oder erinnert sie daran, dass «Jungs nun einmal Jungs sind».

«Hinter mir steht er nie», sagt sie, «und immer wenn ich mit einem der Kinder wirklich Tacheles reden muss, geht er einfach aus dem Zimmer und überlässt mir das Feld. Und von den Kindern bekomme ich nur zu hören: ‹Papa ist das doch auch egal, wieso denn dir nicht?›»

Natürlich irren sich die Kinder. David ist es nicht egal, aber er weiß nicht, was er dagegen tun soll. Wie Margaret wuchs David in einer Familie auf, in der seine Eltern gegenüber allem, was er tat, bissig und kritisch waren.

Während Margaret «hoffnungslos» genannt wurde, hielten Davids Mutter und Vater es mehr mit Wörtern wie «dumm» oder «Idiot». Wie er sich erinnert, hatte sein Vater eine besondere Vorliebe für Superlative. Wann immer David etwas vermasselte, war es stets das «Schlimmste», was er hätte tun können, oder er war der «dümmste» Junge auf der Welt. Er erinnert sich, dass seine Mutter sechs Tage in der Woche arbeitete, damit sie über die Runden kamen, und im Rückblick wird ihm klar, dass wahrscheinlich die Überarbeitung weitgehend verantwortlich für ihre bittere Stimmung war.

«Aber mir graute immer davor, wenn sie abends nach Hause kam. Es wirkte so, als finge sie an zu schreien, kaum dass sie zur Tür herein war. Ich tat mein Bestes, um das Haus für sie in Schuss zu halten und aufzupassen, dass meine kleine Schwester nicht zu viel Unfug anstellte. Aber irgendetwas war immer falsch.»

Er schüttelt langsam den Kopf und lächelt kurz, als ob ihm die Situation plötzlich ziemlich witzig vorkäme. «Ich würde wetten», sagt er, «wenn das *Guinness-Buch der Rekorde* eine Kategorie für ‹die meisten Tage hintereinander angeschrien worden› hätte, dann stände mein Name ganz oben auf der Liste.»

Was hat Davids Kindheit mit seiner Unfähigkeit zu tun, seine Kinder zurechtzuweisen? Alles.

«Ich kann es nicht ertragen, wenn Bobbi die Kinder anschreit», sagt er.

«Ich schreie sie überhaupt nicht an», entgegnet sie.

«Ich weiß, dass du das nicht tust. Aber mir kommt es so vor, als ob du es tätest. Ich weiß nicht recht, wie ich es erklären soll, aber immer wenn du ein ernstes Wort mit einem von ihnen reden musst, höre ich, wie meine Mutter mich anschreit. Du sagst zum Beispiel: ‹Ich habe dir doch schon einmal gesagt, dass du dein Fahrrad nicht mitten in die Einfahrt stellen sollst›, und ich höre das als: ‹Du bist der dümmste Junge der Welt.› Ich weiß, das *sagst* du nicht, aber ich *denke*, du wirst es gleich sagen, und das tut mir richtig weh. Ich weiß noch, wie verletzt ich immer war, wenn meine Eltern so mit mir geredet haben, und ich will einfach nicht, dass unsere Kinder so leiden müssen.»

David versteht, dass Kinder erzogen werden müssen. Er möchte auch eine aktivere Rolle dabei spielen, aber um das zu tun, muss er die Ketten abwerfen, die während seiner Kindheit von einem scharfzüngigen Vater und einer nörgelnden Mutter um ihn geschlungen wurden.

Und Margaret? Wird sie es je schaffen, sich von ihren eigenen Unsicherheiten zu lösen und die kritischen Bemerkungen ihrer Mutter von sich abprallen zu lassen? David kann es schaffen, und Margaret auch, aber es wird nicht einfach sein. Mit einem Fingerschnipsen ist das nicht erledigt.

Eltern, die ihre Kinder ständig kritisieren, schaden ihnen auf mehrfache Weise. Es kommt sehr selten vor, dass Leute, die in einer solchen Atmosphäre aufgewachsen sind, zu ausgeglichenen, reifen Erwachsenen werden – auch wenn sie den Anschein erwecken mögen. Solche Kinder wachsen unweigerlich zu gescheiterten Perfektionisten heran, die immer der Perfektion nachjagen. Aber sie wissen, dass sie sie nie erreichen werden, weil sie dumm, faul, verrückt, schlecht und all das sind, wovon ihre Eltern ihnen gesagt haben, sie wären es.

Meistens wird jemand, der in einer unfreundlichen, ständig kritischen Atmosphäre groß wird, zu einem unfreundlichen, ständig kritischen Erwachsenen. Sein Problem ist vor allem, dass er sich unsicher und voller Selbsthass fühlt, und das verbirgt er, indem er die Menschen in seiner Umgebung traktiert. Oder vielleicht hofft er auch, sie auf seine Ebene herunterzuziehen, indem er sie demontiert.

Andere, wie David, werden so weit in die entgegengesetzte Richtung gehen, dass sie alles tun, um Konfrontationen aus dem Weg zu gehen. Sie werden zu dem, was ich «Pleaser» (jemand, der es jedem recht machen und jedem gefallen will) nenne, und heiraten dann oft dominante Ehepartner, die jeden Aspekt ihres Lebens kontrollieren.[1]

Egal, wer Sie sind, es ist bestimmt schwer für Sie, wenn jemand Sie kritisiert. Sie mögen darüber lachen und versuchen, es mit einem Achselzucken abzutun, aber tief im Innern verletzt es Sie.

Ich weiß zum Beispiel noch, wie ich einmal einen negativen Brief von einer Frau bekam, die eines meiner Bücher über Kindererziehung gelesen hatte. Nun hatte ich auch schon vorher ab und zu kritische Zuschriften bekommen, aber dieser Brief war der Gipfel aller Hasstiraden. Die Verfasserin hielt nichts von dem Gedanken der Realitätsdisziplin und fand, ich sei viel zu streng, wenn ich meinte, Kinder sollten sich den Konsequenzen ihres eigenen Handelns stellen müssen.

Meine Tochter Holly war damals gerade zehn Jahre alt, und die erste Zeile des Briefes lautete: «Ich wünschte, Ihre Zehnjährige würde Ihnen die Zähne eintreten.» Nun, das war bestimmt nicht die netteste Art, auf die ich je begrüßt worden war, und es machte mich wütend. Ich hatte das Gefühl, meine Integrität und meine Intelligenz würden infrage gestellt, und das gefiel mir überhaupt nicht.

Es war meine Frau Sande, die mir schließlich einen sehr guten Rat gab. «Weißt du», sagte sie, «es ist leicht, Leute zu lieben, die einen großartig finden, aber es ist schwer, die zu lieben, die einen für einen Trottel halten.»

Natürlich hatte sie recht. Es ist schwer, Leute zu lieben, die nicht viel von einem halten. Nun wusste ich schon, seit ich ein kleiner Junge war, dass Jesus Christus uns aufgetragen hat, unsere Feinde zu lieben (Lukas 6,27), und dem hatte ich auch immer vage zugestimmt und gesagt, ja, natürlich, so sollte es sein – aber diese Briefschreiberin stellte mich erst richtig auf die Probe. Sandes pointierte Bemerkung gab mir zu verstehen, dass es genau das war, was ich zu tun hatte: die Person zu lieben, die diesen Brief geschrieben hatte, und darüber nachzudenken, ob an ihrer Kritik nicht etwas dran war. Falls nicht, konnte ich sie übergehen und mir klarmachen, dass das Problem bei der Briefschreiberin lag, nicht bei mir.

Aber worum es mir geht, ist Folgendes: Wenn unfreundliche Worte von einem wildfremden Menschen uns so ins Mark gehen können, stellen Sie sich vor, was unfreundliche Worte von einer Mutter oder einem Vater anrichten können.

Hier sind einige Dinge, die Sie nicht vergessen dürfen, wenn Sie versuchen wollen, den Schaden zu überwinden, den kritische Eltern bei Ihnen angerichtet haben.

1. Manche Leute sind geborene Kritiker und Meckerer.
2. Sie müssen nicht alles glauben, was Ihre Eltern Ihnen gesagt haben (oder noch immer sagen).
3. Manchen Leuten können Sie es nicht recht machen, egal, was Sie tun. (Also vergeuden Sie nicht zu viel Zeit damit, sich vor ihnen rehabilitieren zu wollen.)
4. Sie müssen verstehen, warum Ihre Gefühle so sind, wie sie sind.
5. Sie müssen sich in «kognitiver Selbstdisziplin» üben, wie ich es nenne.

Schauen wir uns diese fünf Punkte näher an.

Der geborene Meckerer

Die schlichte Wahrheit ist, dass manche Leute Sie immer kritisieren werden, egal, was Sie tun.

Mir fällt kein besseres Beispiel dazu ein als die Art, wie die Leute Jesus Christus während der Jahre seines öffentlichen Wirkens behandelt haben. Niemand hat je ein besseres, liebevolleres, wohltätigeres Leben geführt als er. Und doch war er so viel Kritik, Spott und Hohn ausgesetzt, dass die johlende Menge am Ende sogar danach schrie, ihn zu kreuzigen. Wenn *er* der Ablehnung und Kritik nicht entkommen konnte, dann werden Sie und ich das gewiss auch nicht schaffen.

Wenn es um den Umgang mit Kritik geht, fallen mir zwei Geschichten ein.

Die erste ist ein altes Gleichnis von einem Mann und seinem Sohn, die mit ihrem Esel eine staubige Straße entlangzogen, um Säcke voller Getreide von ihrem Bauernhof in die Stadt zu bringen.

Zuerst führte der Mann den Esel, während der Junge auf dem Rücken des Tieres ritt. Doch als sie so unterwegs waren, hörten sie fremde Leute bissige Bemerkungen machen wie: «Schaut euch das an! Der faule Junge reitet, während sein armer Vater laufen muss.»

Das ärgerte sie, also beschlossen sie, die Plätze zu tauschen. Der Junge stieg ab, und der Vater stieg auf den Rücken des Esels. Doch damit waren die Leute auch nicht zufrieden. Jetzt sagten sie: «So ein grausamer Kerl – lässt seinen Sohn zu Fuß gehen, während er es sich gemütlich macht.»

Nun, was konnten sie tun? Vielleicht sollten sie beide auf dem Rücken des Esels reiten. Aber als sie es damit versuchten, sagten die Leute natürlich: «Schaut euch den armen Esel an! Wie können sie das arme Tier so schinden, dass es sie beide und auch noch die ganze andere Last tragen muss.»

Mit einem letzten Versuch, es den Leuten recht zu machen,

stiegen der Mann und sein Sohn ab und gingen nun beide vor dem Tier her. Half das etwas? Natürlich nicht.

Jetzt hörten sie die Leute lachen und sagen: «Schaut euch diese Dummköpfe an. Da haben sie einen Esel, der vor Kraft strotzt! Mindestens einer von ihnen sollte reiten, aber stattdessen gehen sie beide zu Fuß.»

Nun, diese alte Erzählung unbekannter Herkunft hat eine sehr gute Moral. Man kann es nicht jedem recht machen, egal, was man tut, und wenn man es versucht, macht man sich nur selbst verrückt und wird müde dabei!

Die andere Geschichte, die etwas moderner ist, handelt von zwei Freunden, die draußen am See waren, um Enten zu jagen. Einer der Männer, Ralph, gab immer gern mit seinen hervorragenden Vorstehhunden an. Sie waren die absolut besten auf der Welt.

Doch heute hatte der andere Jäger, Harold, für seinen Freund eine besondere Überraschung parat. Er hatte einen neuen Hund, einen ganz besonderen Hund, der etwas konnte, wozu kein anderer Hund imstande war.

Es dauerte nicht lange, bis die ersten Enten des Tages über sie hinwegflogen, und – peng, peng! – schon hatte Harold zwei von ihnen erwischt, die mitten in den See fielen.

«Los, Junge, hol sie!», sagte er zu seinem Hund.

Darauf stürzte sich der Hund in den See. Doch statt zu schwimmen, rannte er einfach über das Wasser hinweg wie über trockenen Boden.

Er schnappte die Enten mit dem Maul und rannte dann zurück zu seinem Herrn, ohne dass irgendetwas an ihm außer seinen Pfoten nass wurde. Harold war sicher, diesmal hatte er Ralph in seinem eigenen Spiel geschlagen. Doch stattdessen schüttelte Ralph nur traurig den Kopf.

«Armer Hund», höhnte er, «kann nicht mal schwimmen.»

Nun, die Geschichte wäre lustiger, wenn sie nicht so schmerzhaft lebensecht wäre. Manche Leute bringen es einfach nicht über sich, etwas Nettes über irgendjemanden oder irgendetwas zu sagen. Und schlimmer noch, den Mund halten können sie auch nicht. Es wäre nicht so wild, wenn sie wenigstens ihre Meinung für sich behalten würden, aber nein, sie müssen sie unbedingt allen mitteilen.

Und manchen Leuten macht es besondere Freude, uns zu sagen, was mit uns alles nicht stimmt. Das sind die Nervensägen, die es Ihnen unbedingt unter die Nase reiben müssen, wenn sie finden, dass Ihre Bluse nicht ganz zu Ihrem Rock passt oder dass Ihr Kragen einen dunklen Rand hat. Natürlich tun sie das alles nur zu Ihrem Besten. Sie wollen ja nur helfen. Aber das tun sie in Wirklichkeit nicht. Echte Freunde sagen es einem freilich auch, wenn einem etwas aus der Nase hängt – oder wenn einem der Hosenstall weit offen steht!

Es kommt nämlich immer auf das Motiv an. Ein wirklich enger Freund will Ihnen vielleicht tatsächlich einen Gefallen tun, wenn er Ihnen sagt, dass Ihre Krawatte nicht zu Ihren Hosen passt oder dass Sie am Rücken einen Fleck auf der Bluse haben. Aber es gibt auch Leute, die Freude am Kritisieren um des Kritisierens willen haben oder auch immer bestrebt sind, andere auf ihre Augenhöhe herunterzuziehen.

Manches, was sie sagen, hört sich im ersten Moment vielleicht gar nicht so hart und verurteilend an. Es sind kleine, «konstruktive» kritische Bemerkungen – eine lange, lange Kette «konstruktiver» kritischer Bemerkungen. Manchmal ist diese «Ich-will-ja-nur-helfen»-Form der Kritik schlimmer, als wenn jemand Ihnen ins Gesicht schreit, dass er Sie für einen Deppen hält.

Warum? Weil Sie bei dieser zweiten Sorte wenigstens wissen, woran Sie sind, und merken, dass er Ihnen gegenüber feindselig ist. Diejenigen aber, die so tun, als wollten sie Ihnen helfen, dabei aber ständig auf Ihnen herumhacken und Sie zu verändern versuchen und die Augen zum Himmel verdrehen, wenn Sie wieder einmal Mist bauen – diese Leute können Ihrem Selbstwertgefühl einen schweren Dämpfer versetzen.

Je eher Sie sich klarmachen, dass manche Leute einfach von

Natur aus nörglerisch und kritisch sind und dass nicht jeder Ihr Bestes im Sinne hat, desto besser werden Sie dran sein.

Sogar meine Eltern?

Ja, sogar Ihre Eltern könnten solche Leute sein. Und das bringt uns zum zweiten Punkt: Sie müssen nicht alles glauben, was Ihre Eltern Ihnen sagen.

Hört sich das an wie Blasphemie? Nun, glauben Sie mir, ich würde wohl zögern, so etwas zu sagen, hätte ich nicht schon so viele Fälle von Leuten wie Margaret und David erlebt, die durch die Lügen, die ihre Eltern ihnen auftischten, tief verletzt wurden.

Lügen können die Form von prophetischen Äußerungen haben, wie etwa: «Aus dir wird nie etwas.» Oder: «Ich kann es gar nicht erwarten, bis du von zu Hause ausziehst, damit dein Vater und ich endlich wieder reisen können.» Diese letzte Lüge ist übrigens bei vielen Müttern und Vätern sehr beliebt, und verschiedene Varianten davon sind seit mindestens hundert Jahren im Umlauf. Man kann sie als «Lückentext» verwenden, zum Beispiel: «Ich kann es gar nicht erwarten, bis du von zu Hause ausziehst, damit: a) wir wieder reisen können; b) wir endlich anständige Möbel anschaffen können; c) wir endlich Ordnung im Haus haben; d) hier endlich ein bisschen Frieden und Ruhe einkehrt» ... und so weiter. Wenn Sie in einem Elternhaus aufgewachsen sind, wo dieser Spruch gern verwendet wurde, fallen Ihnen wahrscheinlich noch zehn bis fünfzehn weitere Beispiele dieser Art ein.

Oder die Lügen können die subtilere Form eines ständigen Krittelns und «Korrigierens» annehmen. «Es ist doch nur zu deinem Besten!»

Daraus kann dann ein Sperrfeuer von Bemerkungen werden wie: «Setz dich gerade hin, Liebes, Männer mögen keine Mädchen mit schlechter Haltung.» Und: «Iss deine Rüben, denn du findest nie eine Frau, wenn du es nicht tust.»

Ein Freund von mir vertraute mir an, er habe tatsächlich Angst gehabt, er würde nie heiraten, sondern als trauriger, einsamer alter Mann enden, nur weil er keine Speiserüben und Augenbohnen mochte. Der Gedanke dahinter war anscheinend, dass alle Frauen gerne Speiserüben und Augenbohnen zubereiten und man nie eine Frau finden würde, die bereit wäre, das aufzugeben. Ja, ich stimme Ihnen zu, das ist so ziemlich das Dümmste, was ich je gehört habe. Doch der Punkt ist, dass er es als kleiner Junge glaubte – und wenn man es recht überlegt, dann ist es auch nicht «dümmer» als so manche andere Lüge über uns selbst, die etliche von uns geglaubt haben, ob sie nun von unseren Eltern kam oder von jemand anderem.

Es könnte sein, dass Ihre Eltern in die Reihen der chronischen Meckerer und Nörgler gehörten (oder gehören). Doch weil unsere Eltern so wichtig für uns sind – weil wir von ihrem Schutz, ihrer Wegweisung und ihrer Versorgung abhängen –, ist es bei ihnen ungleich schwerer zu erkennen, dass ihre Motive vielleicht nicht immer die besten waren (oder sind). Oder es kann, weil unsere Eltern älter und klüger sind als wir, sehr schwer sein, zu erkennen, dass die Dinge, die sie sagen und tun, nicht immer richtig und nützlich sind. Darum hat die Kritik und Verurteilung unserer Eltern so eine tiefgreifende Wirkung auf uns. Mit ihr ist viel schwerer fertig zu werden als mit der Kritik von Geschwistern oder Freunden.

Nehmen Sie sich ein paar Momente Zeit, um an Ihre Beziehung zu Ihren Eltern zurückzudenken. Wurden Sie von ihnen ständig kritisiert und korrigiert? Wenn ja, was für Gefühle hat das bei Ihnen ausgelöst?

Nachdem Sie darüber eine Weile nachgedacht haben, fragen Sie sich, wie Sie sich Ihren eigenen Kindern gegenüber verhalten. Geben Sie den Kreislauf der Ablehnung und Entmutigung an sie weiter? Wenn ja, fassen Sie den Entschluss, dem ein Ende zu machen. Dann setzen Sie sich, wie im letzten Kapitel besprochen, mit ihnen zusammen und bitten Sie sie um Verzeihung. Sagen Sie Ihnen, dass Sie eine falsche Einstellung hatten und sich falsch verhalten haben und dass sich das nicht fortsetzen wird. Sagen Sie ihnen, dass Ihnen klar ist, dass Ihnen immer noch der eine oder andere Ausrutscher passieren wird, Sie aber Ihr Bestes tun werden, um Ihre Handlungsweise zu ändern. Wie schon erwähnt, ist es meistens sehr ratsam, Ihre eigenen Schwächen Ihren Kindern gegenüber zuzugeben. Zum einen geben Sie ihnen dadurch zu verstehen, dass Sie sie genug lieben, um aus Ihrer Deckung herauszukommen und ihnen gegenüber wirklich Sie selbst zu sein. Zum anderen wird ihnen das Wissen, dass selbst Mama oder Papa Fehler machen und diese auch zugeben können, dabei helfen, sich von ihren eigenen Schwächen und Unzulänglichkeiten nicht zu sehr herunterziehen zu lassen. Natürlich gibt es manche Dinge, die persönlich sind und es auch bleiben sollten.

Wenn Sie erkennen, dass Sie in einen Strudel der Ablehnung und Entmutigung geraten sind, der mit Ihrer Beziehung zu Ihren Eltern begann, dann ergreifen Sie jetzt Maßnahmen, um ihn zum Stillstand zu bringen, bevor auch Ihre Kinder – und dann Ihre Enkelkinder und Urenkelkinder – mit hinab in die Tiefe gezogen werden.

Als Christ glaube ich an die Zehn Gebote, einschließlich des Gebots, dass man seinen Vater und seine Mutter ehren soll (2. Mose 20,12). Und ich will mich hier keinesfalls dafür aussprechen, dass Sie Ihren Vater und Ihre Mutter nicht mehr ehren sollten oder dass Ihre Kinder Sie nicht mehr ehren sollten. Doch um Ihre Eltern zu ehren, müssen Sie nicht deren Lügen Ihnen gegenüber glauben, egal, was diese Lügen auch beinhalten mögen.

Sie erinnern sich vielleicht, wie in George Orwells *1984* der Staat versuchte, seine Autorität zu demonstrieren, indem er behauptete, zwei plus zwei sei fünf. Als der Held Winston widersprach, die richtige Antwort auf zwei plus zwei sei vier, wurde ihm gesagt, wenn der Staat sage, die richtige Antwort sei fünf, dann *sei* die richtige Antwort fünf. Ende der Diskussion.[2]

Nun, egal, wie oft der Staat oder Ihre Eltern oder sonst jemand Ihnen sagt, zwei plus zwei sei gleich fünf, es ist immer noch nicht die Wahrheit, und Sie müssen es nicht glauben.

Wenn Ihre Eltern Ihnen sagten, Gras sei rot und der Himmel sei grün, könnte man nicht von Ihnen erwarten, dass Sie es glauben. Genauso wenig sollten Sie die Lügen glauben, die sie über Sie selbst erzählen – selbst wenn diese Lügen unbeabsichtigt oder im besten Wollen ausgesprochen werden.

Ich habe Fälle erlebt, wo Eltern ständig auf die Zehn Gebote verwiesen, um ihre Kinder in der Spur zu halten.

«Weißt du, was in der Bibel steht? Dass du Vater und Mutter ehren sollst. Das heißt, du hast mir zuzuhören, wenn ich mit dir rede! Klar?!?»

Aber ich habe noch nie daran geglaubt, dass man die Bibel als Keule benutzen sollte oder kann, sei es als Elternteil, als Prediger oder als sonst jemand. Und falls Sie Anstoß daran nehmen, dass ich gesagt habe, dass Sie nicht alles glauben müssen, was Ihre Eltern Ihnen sagen, möchte ich Sie daran erinnern, dass die Bibel auch die Väter davor warnt, ihre Kinder zu reizen, indem sie ständig auf ihnen herumhacken (Epheser 6,4).

Gegenseitige Achtung und Rücksicht sind Gottes Wille für uns: dass Kinder ihre Eltern ehren und die Eltern ihrerseits ihre Kinder lieben und sie mit der Achtung behandeln, die sie als Geschöpfe nach dem Bild Gottes verdienen.

Egal, ob Sie sechzehn oder fünfundsechzig sind, es ist immer noch möglich, dass Sie aufgrund von Lügen, die Ihre Eltern Ihnen erzählt haben, durch Gefühle der Unzulänglichkeit und Wertlosigkeit gefesselt sind. Missverstehen Sie mich nicht; ich sage Ihnen nicht, Sie sollten Ihren Eltern offen widersprechen und etwa sagen: «Das ist nicht wahr, und ich glaube es nicht.» Sie müssen keinen offenen Krieg anfangen. Aber Sie können beschließen, diese Lügen und Halbwahrheiten zu missachten, und sich in Erinnerung rufen, dass Sie mit Ihnen oder Ihrem Wert als menschliches Wesen nichts zu tun haben.

Wenn Sie eine Kritik, die an Ihnen geübt wird, bewerten, denken Sie immer über drei Punkte nach:

1. die verwendeten Worte.
2. die Quelle.
3. den Zeitpunkt.

Wenn Sie genau auf die Worte und die Art, wie sie gebraucht werden, hören, werden Sie anfangen, die Lügen, die über Sie erzählt werden, herauszuhören. Formulierungen wie «Du machst immer dies» oder «Du tust nie jenes» oder der Gebrauch von Superlativen wie «der Dümmste», «der Faulste» und so weiter sind offensichtliche Übertreibungen. Wer sie gebraucht, nutzt seine «dichterische Freiheit». Solche Aussagen können Sie im Allgemeinen missachten, und Sie sollten sie auf jeden Fall gegenüber Ihren Kindern vermeiden.

Ich sagte auch: Bedenken Sie die Quelle. Zum Beispiel haben manche Leute einfach eine Neigung zum Sarkasmus. Sie scheinen nicht anders zu können. Bei ihnen quillt der Sarkasmus aus allen Poren, und sie fallen immer wieder in diesen sarkastischen Tonfall.

Ist die Person, die Kritik an Ihnen übt, ein ständiger Meckerer und Nörgler? Haben ihre Worte wirklich Gewicht, oder kann man sie übergehen, weil sie sowieso nie etwas anderes tut, als zu meckern und zu kritisieren?

Schließlich, wenn Sie über den Zeitpunkt nachdenken, müssen Sie sich klarmachen, dass in der Hitze des Zorns alle möglichen Dinge gesagt werden, die nicht so gemeint sind und auch nicht stimmen. Und leider sind es sehr oft die Eltern, die «im Eifer des Gefechts» solche verletzenden und schädlichen Dinge sagen. Im letzten Kapitel war davon die Rede, dass wir lernen sollten, bis zehn zu zählen und nicht zu sprechen, ohne vorher nachzudenken. Das ist ein großartiger Ratschlag für Sie – aber leider sind Sie nicht in der Lage, die Verhaltensweisen *Ihrer* Eltern zu reformieren und sie von unbedachten Reden abzuhalten. Wenn Ihre Mutter zum Beispiel in ihren Siebzigern oder Achtzigern ist, sind ihre Gewohnheiten ziemlich festgefahren, und das Beste, was Sie tun können, ist, ihr

Gemecker und ihre Kritik als das zu erkennen, was sie sind, und zu lernen, mit viel Einsteckvermögen damit zu leben.

Manchen Leuten werden Sie es nie recht machen

Der dritte Punkt auf unserer Liste von Dingen, die Sie bedenken müssen, um den Schaden zu beheben, der durch kritische Eltern entstanden ist, ist dieser: Manche Leute können Sie nicht zufriedenstellen, egal, was Sie tun. (Also vergeuden Sie nicht zu viel Zeit damit, sich vor ihnen rehabilitieren zu wollen.)

Erinnern Sie sich noch an das Gleichnis von dem Vater und dem Sohn, die es den Leuten nicht recht machen konnten, egal, wer zu Fuß ging und wer auf dem Esel ritt?

Nun, ein Problem für viele gescheiterte Perfektionisten ist, dass sie sich völlig davon abhängig machen, dass andere Leute sie mögen. Wenn man sich ihren Rücken anschaut, wird man Fußabdrücke darauf finden, weil sie oft große Ähnlichkeit mit Fußmatten annehmen. Ich lasse Joe oder Joan oder wen auch immer auf mir herumtrampeln, weil sie mich dann vielleicht mögen werden (oder weil ich es verdient habe, dass auf mir herumgetrampelt wird).

Das Problem ist natürlich, dass es sie keineswegs dazu bringt, mich zu mögen. Es bringt sie lediglich dazu, mir darin beizupflichten, dass ich so wertlos bin, wie ich denke.

Und das ist ein wichtiger Punkt. Die Leute werden Sie auf die Dauer genauso sehen, wie Sie sich selbst sehen. Wenn Sie sich selbst als jemanden sehen, der es verdient hat, herumgeschubst und aufgezogen zu werden, wird es nicht lange dauern, bis andere Leute anfangen, Sie herumzuschubsen und aufzuziehen.

Wenn Sie sich selbst als jemanden sehen, der Respekt verdient hat, dann wird man Sie mit Respekt behandeln … zumindest meistens.

Aber vergessen Sie nicht, dass Sie es nicht schaffen werden, alle dazu zu bringen, Sie zu mögen. Nicht jeder wird Ihnen glauben, wenn Sie die Wahrheit sagen. Nicht jeder wird die Geschichte, die Sie geschrieben haben, gut finden. Nicht jeder wird der Meinung sein, dass Sie gut aussehen. Nicht jeder wird Ihren Sinn für Humor zu schätzen wissen ... und so weiter und so fort. Das gilt für Ihre Freunde, Nachbarn und Kollegen, und es gilt auch für Ihre Eltern. Also setzen Sie nicht Ihre Zeit und Kraft dafür ein, sich vor anderen zu beweisen.

Ich höre schon die Frage:

«Spielt es denn gar keine Rolle, was andere Leute von mir denken?»

Natürlich tut es das. Nur keine so große.

Es spielt keine dermaßen große Rolle, dass Sie versuchen sollten, sich selbst derart zurechtzubiegen, damit Sie den Erwartungen anderer entsprechen – oder dem, was Sie für die Erwartungen der anderen halten.

Das ist ein besonderes Problem für diejenigen, die extrem kritische Eltern haben. Irgendwann kommen sie zu der Überzeugung, dass sie es nie wirklich *bringen* werden, und so versuchen sie oft, sich hinter einer falschen Fassade zu verstecken. Sie fangen an zu lügen, ihre Leistungen zu übertreiben oder sich hinter einer forschen, angeberischen Haltung zu verschanzen – alles nur, um ihre wahre Identität zu verschleiern. Sie sind nämlich überzeugt davon, dass man sie nicht mögen wird, sobald man weiß, wer sie wirklich sind, und so erzählen sie die größten Lügen sich selbst.

Es gibt eine beliebte Sitcom mit dem Titel «Ein Grieche erobert Chicago», in der es um die Slapstick-Kapriolen zweier Vettern namens Larry und Balki geht. Balki ist frisch von einer Mittelmeerinsel in den USA eingetroffen, während Larry der geborene Amerikaner ist, der über alles Bescheid weiß und seinem Vetter zeigen will, wie dort alles läuft.

Das einzige Problem ist, dass Larry offenbar in einem sehr kritischen Elternhaus aufgewachsen ist. Er scheint nie damit zufrieden zu sein, einfach nur er selbst zu sein ... besonders wenn es darum geht, bei der Damenwelt Eindruck zu machen. Die unvermeidliche Folge ist natürlich, dass Larry oft am Ende als Tölpel dasteht ... oder Schlimmeres.

Nachdem Larry sich in einer Episode gerade in den Augen einer Frau, die ihn eigentlich mochte, zum Narren gemacht hatte, gab Balki ihm einen guten Rat: «Vetter», sagte er, «sie mag dich als der, der du bist. Aber du willst, dass sie dich als jemand mag, der du nicht bist.»

Das ist eine schöne Weisheit aus einer «albernen» Slapstickserie!

Und es ist etwas, das jedes Produkt eines kritischen Elternhauses sich klarmachen sollte. Die meisten Leute werden Sie mögen, wenn Sie einfach nur versuchen, Sie selbst zu sein. Wenn jemand Sie nicht so mag, wie Sie sind, dann sind Sie ohne diese Person sowieso besser dran.

In seinem Pseudo-Dokumentarfilm «Zelig» stellte Woody Allen einen Mann dar, der sich so sehr davor fürchtete, Anstoß zu erregen, dass er buchstäblich zu einem menschlichen Chamäleon wurde. Als er in New Orleans in einer Jazzband spielte, wurde er schwarz, als er in einer Vereinigung für Übergewichtige verkehrte, wurde er dick, und so weiter. Er besuchte Chinatown und wurde zum Chinesen; er reiste ins Deutschland der Nazizeit und wurde zum Nazi. Und so weiter und so fort. Der Mann hatte absolut keine eigene Identität, sondern tat alles, um zu der Gruppe zu gehören, mit der er gerade zu tun hatte.

Der Film ist witzig, aber wenn man darüber nachdenkt, ist er nur eine leichte Übertreibung der Art und Weise, wie viele Menschen ihr Leben führen: voller Furcht davor, sie selbst zu sein, voller Furcht davor, für das einzustehen, woran sie wirklich glauben, zufrieden damit, sich mit der Menge treiben zu lassen.

Das kann so weit gehen, dass ein gescheiterter Perfektionist seiner eigenen Meinung nicht mehr traut.

In der Politik zum Beispiel setzt er sich mit allen Themen auseinander, macht sich mit den Kandidaten vertraut und entscheidet dann auf dieser Grundlage, wie er wählen wird.

Doch dann findet er heraus, dass drei seiner Bekannten für den Kandidaten der anderen Partei stimmen. Obwohl er selbst recherchiert hat und seine Wahl auf seine Kenntnis der einschlägigen Themen gründet, lässt er seine Meinung durch seine Freunde ändern. Er hat eine so niedrige Meinung von sich, dass er meint, seine Freunde wüssten sicher besser Bescheid als er. Dabei wählen sie ihren Kandidaten vielleicht nur nach dem ersten Eindruck, weil sie Stammwähler seiner Partei sind oder weil ihnen seine Augenfarbe gefällt.

Ich gebrauche die Politik hier nur als Beispiel. Diese Haltung kann sich auf jeden Lebensbereich eines Kindes kritischer Eltern beziehen.

Es ist unerlässlich, sich diesen Rat einzuprägen und ihn sich immer wieder vorzuhalten, wann immer man versucht ist, Gefühlen der Wertlosigkeit nachzugeben: «Es ist unmöglich, es jedem recht zu machen, und das Beste, was ich tun kann, ist, einfach ich selbst zu sein.»

Warum sind meine Gefühle so, wie sie sind?

Wenn Sie wirklich Ihre Gefühle des Selbstzweifels, der Unzulänglichkeit und/oder der Ablehnung überwinden wollen, ist es wichtig, dass Sie erst einmal verstehen, warum Sie überhaupt so empfinden.

Und falls Sie nicht gerade tatsächlich das Leben führen, das Mr. Bean uns immer vorgaukelt, liegt es nicht daran, dass Sie minderwertig, hilflos oder schwach wären oder weil sonst eine jener Dutzenden von Lügen zuträfe, die Sie vielleicht über sich selbst glauben. Die Art, wie Sie sich selbst empfinden, wurde Ihnen von anderen eingehämmert. Höchstwahrscheinlich von Ihren Eltern.

Sobald Sie erst einmal verstanden haben, wo Sie diese Lügen über Ihren Wert als Person aufgeschnappt haben, wird es Ihnen besser gelingen, sie zu verwerfen.

Bevor wir weitergehen, möchte ich eines klarstellen, nämlich dass wir nicht auf der Suche nach jemandem sind, dem wir die Schuld in die Schuhe schieben können. Wir sind nicht daran interessiert, einen Sündenbock zu finden oder mit dem Finger auf andere Leute zu zeigen, sondern dem gescheiterten Perfektionisten zu helfen, die Wurzel seines Problems zu verstehen.

Wer sich schon einmal im Garten betätigt hat, weiß, dass es nur ein Mittel gegen das Unkraut gibt: Man muss es an der Wurzel packen. Schneidet man es nur oben ab, so wächst es sofort wieder nach, strotzend vor Kraft wie eh und je. Wenn man es herauszieht, muss man es mit der kompletten Wurzel herausziehen. Genauso ist es auch mit Selbstzweifeln und Gefühlen der Ablehnung. Wir müssen die Wurzel erkennen – wie diese falschen Gefühle uns eingepflanzt wurden –, und dann können wir sie loswerden und endlich das Leben so leben, wie es gelebt werden sollte.

Es kann sein, dass Sie das Produkt kritischer Eltern sind und es nicht einmal merken. Obwohl, nicht immer ist das offensichtlich.

Lorraine litt unter einem sehr schlechten Selbstbild, behauptete aber, sie hätte eine glückliche Kindheit gehabt. Ihrer Erinnerung nach hatte sie sich geborgen und geliebt gefühlt, und zu Beginn wollte sie den Gedanken, ihre Probleme könnten teilweise mit der kritischen Haltung ihrer Eltern zu ihr zu tun haben, erst gar nicht in Betracht ziehen.

Schon die Andeutung machte sie wütend. Schließlich hatten ihre Eltern doch alles für die Tochter getan, was man von Eltern nur erwarten konnte! Sie hatte Klavierunterricht bekommen, Ballettunterricht, Gymnastik, durfte ins Sommerlager fahren. Sie sorgten dafür, dass sie zu einem der besten Colleges im Land zugelassen wurde, und hatten ihr das Studium finanziert. All das hatten sie getan, obwohl sie keineswegs wohlhabend waren und oft auf Dinge, die sie sich wünschten, verzichten mussten, um ihrem kleinen Mädchen seine Wünsche zu erfüllen.

Doch als Lorraine genauer über ihre Kindheit nachzudenken

begann, fiel ihr allmählich ein erschreckendes Muster auf. Der Klavierunterricht? Den hatte sie eigentlich gar nicht haben wollen, sondern ihre Mutter hatte sich gewünscht, dass sie ihn besuchte. Den Ballettunterricht oder die Sommerlageraufenthalte hatte sie eigentlich auch nicht gewollt.

Sie war sich nicht einmal sicher, ob sie überhaupt aufs College gewollt hatte. Sie hatte schon immer Kunst geliebt und sich mehr für die Kunstschule interessiert, doch ihr Vater hatte immer davon geträumt, dass aus seiner Tochter eine erfolgreiche Geschäftsfrau würde. Und so hatte sie jetzt einen Studienabschluss in Betriebswirtschaft.

Dennoch sträubte sich Lorraine gegen den Gedanken, Ihre Eltern könnten etwas mit ihrer Einstellung zu sich selbst zu tun haben.

«Sie wollten nur mein Bestes», sagte sie.

Leider aber waren sie davon ausgegangen, dass *sie* immer wussten, was das «Beste» für ihre Tochter war, und sie selbst hatte dabei kaum etwas zu sagen gehabt. Als sie sie nach zwei fruchtlosen Jahren endlich davon überzeugte, mit dem Klavierunterricht aufhören zu dürfen, so erinnerte sie sich, «wusste ich, dass sie sehr enttäuscht von mir waren, aber sie ließen es mich nie spüren.»

Meine Frage: Wenn sie es sie nicht spüren ließen, woher wusste sie es dann? Sie sind vielleicht nicht zu ihr gegangen und haben gesagt: «Lorraine, wir sind enttäuscht von dir.» Aber sie ließen es ihre Tochter durch traurige Mienen, Seufzer und ihre Körpersprache wissen. Solche «nonverbalen Äußerungen» können genauso viel Schaden anrichten, wie wenn man rundheraus sagt, was man empfindet. Die kleine Lorraine empfing die Botschaft: «Ich habe Mama und Papa enttäuscht. Sie sind furchtbar traurig darüber, aber sie sind zu nett, als dass sie deswegen etwas sagen würden.»

Und so bekam sie gleich eine doppelte Backpfeife. Sie fühlte sich schon mies, weil sie ihre Eltern so sehr enttäuscht hatte, und dann fühlte sie sich noch mieser, weil sie sich solche Mühe gaben, diese Enttäuschung vor ihr zu «verbergen». Zumindest dachte sie, dass sie das täten.

Außerdem verteidigte Lorraine ihre Eltern, indem sie sagte, sie hätten sie nur angetrieben, weil sie wussten, dass das Leben hart war und nur diejenigen erfolgreich sein konnten, die bis an ihre Grenzen gingen.

Konnte sie sich an irgendeine Gelegenheit erinnern, bei der ihre Eltern mit ihrer Leistung zufrieden zu sein schienen?

Sicher konnte sie das.

«Bitte nennen Sie mir ein Beispiel.»

«...»

Wohl doch nicht.

So wurde Lorraine schließlich bewusst, dass ihre Eltern ihr gegenüber immer kritisch gewesen waren, wenn es auch eindeutig unterschwellig war und sie sie nicht angeschrien oder verbal misshandelt hatten. Und jetzt, wo sie erwachsen und auf sich gestellt war, setzte sie diese Tradition fort, indem sie unglaublich hart gegen sich selbst war.

So läuft es für Kinder von kritischen Eltern. Es ist, als ob die Fackel der Kritik von einer Generation an die nächste weitergegeben würde.

Nachdem auch Lorraine eingesehen hatte, dass ihr mangelndes Selbstvertrauen ihr von ihren Eltern eingeflößt worden war, war sie bereit, einen Neuanfang in ihrem Leben zu machen.

Sie habe immer wieder, sagte sie, den alten Witz von dem Mann gehört, der zum Psychiater ging, um seinen Minderwertigkeitskomplex zu überwinden. Nach zwei oder drei Besuchen sagte der Doktor: «Wissen Sie, Sie haben gar keinen Minderwertigkeitskomplex. Sie *sind* minderwertig!»

Diesen Schuh hatte sie sich stets angezogen. Andere Leute mochten Komplexe haben, aber ihr Problem war, dass sie wirklich minderwertig *war.* Blödsinn! Es war eine Erleichterung für sie zu sehen, dass so ziemlich jeder, der in ihrer Familie aufgewachsen wäre, dieselben Selbstzweifel entwickelt hätte.

Dass Eltern kritisch gegenüber ihren Kindern sind, hat viele

Gründe und viele Erscheinungsformen. Manchmal sind sie auch kritisch, weil sie neidisch auf ihre Kinder sind. Das ist nicht so selten, wie man denken könnte.

Nehmen wir an, Papa musste nach dem Hauptschulabschluss von der Schule abgehen, um die Familie mitzuversorgen. Er wird Ihnen sagen, wie sehr er möchte, dass seine Kinder es einmal besser haben als er. Aber tief im Innern will er das gar nicht. Er hat das Gefühl, wenn seine Kinder ihn überflügeln, werden sie nicht mehr stolz auf ihn sein, und deshalb tut er sein Bestes, um sie schön klein zu halten. Vielleicht merkt er nicht einmal, was er da tut.

Oder es kann sein, dass Mama immer ein schüchternes Mauerblümchen war, nicht sehr beliebt bei den Jungen. Ihre Tochter dagegen ist hübsch und intelligent und zieht Jungen an wie die Haustürleuchte im Sommer die Motten. Und obwohl Mamas Groll tief in ihrem Unterbewusstsein vergraben ist, verleitet er sie dazu, ihre Tochter wegen ihrer krausen Haare oder ihrer großen Nase anzusticheln. Die Folge wird vielleicht sein, dass die Tochter sich zurückzieht oder auf den Gedanken kommt, dass die Jungen, die mit ihr flirten, sie eigentlich nur hänseln und sich über sie lustig machen.

Sie schaut in den Spiegel und sieht, was Mama meint. Ja, sicher, ist das nicht die riesigste, unförmigste Nase, die man je gesehen hat? Und sind diese Haare nicht einfach scheußlich?

So viel Wirkung kann ein kritischer Elternteil auf sein Kind haben. Es ist ein großer Tag, wenn das Kind schließlich erkennt, dass das Problem nicht bei ihm, sondern bei seinen Eltern liegt.

Ein kritischer Elternteil kann auch einfach derjenige sein, der sein Kind nie im Haus mit anfassen lässt.

«Nein, Johnny, bemühe dich nicht, ich mache das schon.»

«Nein, Jenny, du brauchst dein Bett nicht zu machen, Mama macht das später für dich.»

Wir haben schon davon gesprochen, aber es lohnt sich, noch einmal darauf hinzuweisen, dass ein solches Verhalten dem Kind eine Botschaft sendet:

«Ich mache das, weil du es nicht richtig machen würdest!»

Und so entwickelt das Kind allmählich die Einstellung: «Ich mache nichts richtig. Ich bin ein echter Versager.»

Leiden Sie unter Selbstzweifeln und Gefühlen der Unwürdigkeit? Nehmen Sie sich ein paar Minuten Zeit, lehnen Sie sich zurück und denken Sie über Ihre Kindheit nach. (Es könnte ja sein, dass das Problem gar nicht bei Ihnen, sondern bei Ihren Eltern liegt.)

Kognitive Selbstdisziplin

Nun haben Sie also erkannt, dass Sie das Produkt kritischer Eltern sind. Fast könnten Sie glauben, dass Sie vielleicht doch nicht so schlecht sind. Fast ... aber nicht ganz.

Sie haben auch verstanden, dass manche Leute, auch Eltern, geborene Kritiker sind. Sie wissen, dass Sie nicht alles glauben müssen, was Ihre Eltern Ihnen sagen. Und Sie sind zu der Einsicht gekommen, dass Sie sich nicht Ihr Leben lang darum sorgen können, was alle anderen von Ihnen denken. Aber wie setzen Sie das alles in persönlichen Erfolg um? Was ist der nächste Schritt?

Jesse Jacksons PUSH-Kampagne (People United to Save Humanity) leistet gute Arbeit darin, Schülern aus Minderheitsgruppen und aus den Innenstädten ein wenig Stolz einzuflößen. Unter anderem lässt er sie den Slogan nachsprechen: «Ich bin jemand! Ich bin jemand! (I am somebody!)»

Beim ersten Mal spricht sein Publikum die Worte vielleicht etwas halbherzig nach, so als ob die Leute es eigentlich nicht glauben. Sie sagen es nur, weil er sie dazu aufgefordert hat. Doch beim zweiten Mal kommt es schon lauter, und beim dritten Mal brüllen sie aus voller Kehle: «Ich *BIN* jemand!» Und man sieht in ihren Augen und hört an ihren Stimmen, dass Sie glauben, was sie da rufen.

Ist das alles nur Rummel und Hokuspokus? Unsinn. Es

verändert Dinge. Glauben Sie lieber auch daran, dass Sie jemand sind. Und wenn Sie dazu jeden Tag in den Spiegel schauen und «Ich bin jemand!» sagen müssen, nun, dann tun Sie das.

Egal, wie oft oder wie sehr Ihre Eltern Sie kritisiert oder heruntergeputzt haben oder es noch tun. Es ist wie bei dem Poster: «Ich weiß, ich bin etwas Besonderes, weil Gott keinen Müll macht.» Das müssen Sie sich sagen, bis Ihnen diese Wahrheit in Fleisch und Blut übergegangen ist.

Das ist ein Teil der «kognitiven Selbstdisziplin». Sie besteht darin, Ihr wahres Ich kennenzulernen, einschließlich Ihrer Fähigkeiten und Schwächen. Und darin, die Erfahrungen und Beziehungen mit anderen Menschen, die Sie geprägt haben, zu verstehen.

Doch vor allem besteht sie darin, zu erkennen, dass Ihnen die Neigung eingebläut worden ist, genau die Dinge zu tun oder zu sagen, die Sie im Kreislauf des Scheiterns und der Ablehnung gefangen halten.

Jemand, der kognitive Selbstdisziplin übt, kann sagen: «Ich merke, dass meine Neigung dahin geht, mich in dieser Richtung zu verhalten, aber ich werde Selbstdisziplin üben und in die andere Richtung gehen.»

Erinnern Sie sich noch an den ersten «Star Wars»-Film? Auf dem Höhepunkt der Geschichte flog Luke Skywalker auf den Schwachpunkt des Todessterns zu, um einen Torpedo abzuwerfen. Und dann hörte er die Stimme Obi-Wan Kenobis, die ihm sagte: «Vertraue der Macht, Luke.»

Nun, der gute alte Luke schaltete all die elektronischen Hilfsmittelchen in seinem Cockpit aus und ließ sich von der Macht leiten – anders gesagt, er vertraute seinen Gefühlen. Und natürlich weiß jeder auf der Welt, dass Luke jenen Todesstern zu einer Riesenwolke Talkpuder zerstäubte. (Wobei er irgendwie genug Schurken für zwei Fortsetzungen übrig ließ.)

Erinnern Sie sich an diese dramatische Szene? Gut!

Dann vergessen Sie sie jetzt.

Warum? Weil Sie, wenn Sie ein Produkt kritischer Eltern sind – oder aus irgendwelchen anderen Gründen dazu neigen, ein gescheiterter Perfektionist zu sein –, eines auf gar keinen Fall tun sollten, nämlich Ihren Gefühlen zu folgen.

Denn was sagen Ihnen diese Gefühle? Dass Sie scheitern werden, es also gar nicht erst zu versuchen brauchen. Dass irgendetwas schiefgehen wird, egal, was Sie zu tun versuchen, und dass es deshalb gar keinen Sinn hat, sich zu bemühen.

Ihre Gefühle sagen Ihnen vielleicht, dass Sie nichts zählen, wenn nicht andere Leute Sie bemerken, und deshalb tun Sie alles Mögliche, um deren Aufmerksamkeit zu bekommen. Oder Ihre Gefühle treiben Sie in eine absolute Panik bei dem Gedanken, dass Sie etwas nicht richtig machen. Sie tun Ihr Bestes, aber Sie wissen, es ist nicht perfekt, und das lässt Ihnen die Bauchmuskeln zusammenkrampfen und jagt Ihnen Schmerzen in die Schultern, während sich das Gewicht der ganzen Welt auf Sie herabsenkt. Jene Gefühle sagen Ihnen: «Es muss perfekt sein, sonst taugt es überhaupt nichts.»

Glauben Sie mir, wenn Sie je aus einem solchen Kreislauf der Enttäuschung und Ablehnung ausbrechen wollen, müssen Sie erkennen, dass Sie bisher einem Lebensplan gefolgt sind, der nichts als eine große Lüge ist. (Erinnern Sie sich noch ans zweite Kapitel? An Alfred Adler und den Begriff des Lebensstils?)

In «Star Wars» fiel Luke der Entschluss, seinen Gefühlen zu folgen, ziemlich schwer. Die Wahrheit ist, dass es noch viel schwerer ist, den Entschluss zu fassen, *gegen* seine Gefühle zu gehen. Man braucht eine gewaltige Menge Selbstdisziplin, Stärke und einen eisernen Willen, um sagen zu können: «Ich werde mein Leben unter Kontrolle bekommen und tun, was für mich am Besten ist, auch wenn es sich so anfühlt, als täte ich etwas Falsches.»

Schon jene kleinen Entscheidungen, nicht Ihren Gefühlen zu folgen, werden Ihnen anfangs zu schaffen machen. Aber sobald Sie erst einmal damit Erfolg gehabt haben, werden Sie anfangen,

Ihr Leben auch in anderen, scheinbar wichtigeren Bereichen in den Griff zu bekommen.

Nehmen wir zum Beispiel an, die ständige Kritik und Nörgelei Ihrer Eltern hat in Ihnen das Verlangen danach erzeugt, dass alle eine hohe Meinung von Ihnen haben. Infolgedessen fressen Sie jedem Vertreter aus der Hand, der an Ihrer Haustür klingelt.

Und immer wieder rufen diese Leute bei Ihnen an, die Ihnen alles Mögliche verkaufen wollen, von Grabstätten bis zu Mittelmeerkreuzfahrten. Allein letztes Jahr haben Sie sich dreimal den Schornstein reinigen lassen, wurde Ihr Haus dreimal auf Termiten untersucht, haben Sie ein kleines Vermögen für Wohltätigkeitskonzerte und andere Veranstaltungen ausgegeben.

Jedes Mal, wenn Sie einem dieser Telefonwerber etwas abkaufen, legen Sie hinterher auf und fragen sich: *Wie in aller Welt habe ich mir das jetzt wieder aufschwatzen lassen?*

Ein Teil des Problems ist, dass Sie fürchten, der Anrufer werde Sie nicht mögen (und wieso scheren Sie sich überhaupt darum, was der denkt, wo Sie ihn doch gar nicht kennen?), und deshalb möchten Sie gern, dass er versteht, warum Sie seiner Initiative nicht hundert Dollar geben werden, damit sie zehn bedürftigen Kindern einen Zirkusbesuch spendiert.

«Ich weiß, es ist eine gute Sache», sagen Sie, «aber unser Budget ist diesen Monat ein wenig knapp, und …»

«Nun, das macht nichts», unterbricht er. «Der Zirkus ist ja auch erst in zwei Monaten. Ich kann Ihnen also heute Ihre Rechnung zuschicken, und dann haben Sie immer noch dreißig Tage Zeit, um Ihren Scheck zu schicken.»

«Also ich weiß nicht recht … ich … äh … das ist immer noch eine Menge Geld.»

«Wenn das zu viel für Sie ist, wie wäre es dann mit fünfzig Dollar? Damit könnten immerhin fünf Kinder in den Zirkus, und fünfzig Dollar kann sich doch *jeder* leisten.»

Das sagt er mit einem höhnischen, sarkastischen Unterton in der Stimme, der Ihnen überhaupt nicht gefällt, aber aus irgendeinem Grund hören Sie sich sagen: «Na ja … ich schätze, fünfzig Dollar könnten wir uns leisten.»

So, nun haben Sie Ihre Finanzplanung sabotiert und Geld ausgegeben, das Sie eigentlich nicht ausgeben konnten, nur weil Ihr Selbstwertgefühl so abhängig davon ist, was andere von Ihnen denken, und Sie sich nicht trauen, irgendetwas zu tun, was anderen auch nur den geringsten Anstoß geben könnte!

Verstehen Sie mich nicht falsch. Ich will nicht auf Wohltätigkeitsgruppen herumhacken, die mit bedürftigen Kindern in den Zirkus gehen. Das ist eine wunderbare Sache. Aber mir ist auch klar, dass Sie nicht jede Hilfsorganisation unterstützen können, die an Ihre Tür klopft, wie lobenswert ihre Arbeit auch sein mag.

Was also haben Sie falsch gemacht?

Wenn Sie die Eintrittskarten nicht kaufen wollten, hätten Sie es mit einem höflichen, aber entschiedenen Nein ablehnen sollen. Irgendwelche anderen Informationen waren Sie dem Anrufer nicht schuldig. Als Sie anfingen, sich ihm gegenüber zu erklären – ängstlich darum bemüht, ihn nicht zu verärgern –, da verloren Sie die Kontrolle über die Situation.

Wenn der Verkäufer nach Ihrem Nein beharrlich geblieben wäre, hätten Sie einfach sagen können: «Ich habe wirklich kein Interesse.» Und wenn er danach immer noch nicht nachgelassen hätte, wäre es Ihr gutes Recht gewesen, einfach aufzulegen.

Natürlich würden Sie sich ganz furchtbar fühlen, wenn Sie das getan hätten. Warum? Weil Sie gegen Ihre Gefühle gehandelt hätten. Ihre Gefühle sagen Ihnen, dass Sie zu allen Leuten nett sein müssen, weil die Art und Weise, wie andere über Sie denken, auch die Art und Weise ist, wie Sie selbst über sich denken.

Wenn Sie ein wirklich schlimmer Fall sind, hätten Sie sich vermutlich hinterher noch stundenlang mit der Situation herumgequält und gehofft, den Mann nicht zu sehr vor den Kopf gestoßen zu haben.

Glauben Sie mir, dieser Mann tätigt Hunderte von Anrufen

im Laufe eines Tages, und er hätte abends gar nicht mehr gewusst, dass Sie aufgelegt haben.

Er wird nicht nach Hause gehen und seiner Frau sagen: «Meine Güte, diese Mary Wilson – du weißt schon, die aus der Magnolia Street 1123 –, also die war heute richtig fies zu mir.»

Ich will damit nicht sagen, dass ein gescheiterter Perfektionist selbstsüchtig sein sollte. Aber Sie müssen sich selbst genug lieben, um Ihre eigene Meinung zu sagen, und dazu gehört auch, Nein zu sagen, wenn Sie Nein sagen wollen.

Also seien Sie hart. Sagen Sie sich eine Woche lang immer wieder, dass Sie jeden Vertreter abweisen werden, der Ihren Weg kreuzt. Und dann tun Sie das auch. Dazu müssen Sie nicht fies oder wütend sein. Sie können durchaus höflich sein und dennoch Nein sagen. Üben Sie es – wenn nötig – vor dem Spiegel, und verwenden Sie keine Formulierungen wie: «Es tut mir leid.» Oder: «Ich würde ja gerne, aber ...» Ein schlichtes «Nein, danke» reicht völlig.

Wenn Sie eine rücksichtslose Nachbarin haben, die Ihnen auf die Nerven geht, indem sie Sie ständig um irgendwelche ganz dringenden Gefälligkeiten bittet, dann lernen Sie, auch zu ihr Nein zu sagen. Angenommen, sie möchte, dass Sie für zwei Stunden auf ihre dreijährigen Zwillinge aufpassen, während sie zur Kosmetikerin geht, und es ist nicht das erste Mal, dass sie Sie zu beschwatzen versucht. Ihre Gefühle sagen Ihnen: «Nun mach schon, so schlimm wird es wohl nicht werden. Du willst ja schließlich nicht die gute Nachbarschaft verderben.»

Doch mein Rat an Sie ist, dass es nicht so schlimm sein wird, einfach zu sagen: «Ich kann Ihnen im Moment nicht helfen.»

«Sie können nicht?»

«Nein, ich kann nicht.»

«Aber ... warum nicht?»

«Ich kann es einfach nicht tun.»

Noch einmal, Sie schulden niemandem eine Erklärung für Ihr Nein. Sie müssen sich keine Geschichte einfallen lassen und ihr erzählen, sie könnten nicht, weil Sie den Kaiser-Wilhelm-Gedächtnisverein zum Tee eingeladen hätten. Sagen Sie ihr einfach, dass Sie nicht können, und belassen Sie es dabei. Wenn sie deswegen wütend wird, ist das ihr Problem, nicht Ihres. Denken Sie nur daran, dass *sie* es war, die Sie beschwatzen wollte – nicht umgekehrt.

Eine Frau, die das Produkt kritischer Eltern ist, hat möglicherweise die Empfindung, ein Niemand zu sein, solange sie nicht einen Mann in ihrem Leben hat. Wenn also eine Beziehung endet, schaut sie sich rasch nach einer neuen um. Oft lässt sie sich mit jemandem ein, der nicht gut für sie ist, einfach weil sie es nicht aushalten kann, ohne einen Mann zu sein.

In dieser Situation muss diese Frau gegen ihre Gefühle angehen, indem sie sich entschließt, eine Weile allein zu bleiben – sich die Zeit zu nehmen, es genießen zu lernen, mit sich selbst oder mit ihren Freundinnen allein zu sein. Sie sollte das tun, auch wenn es bedeutet, ein paar Einladungen zu Verabredungen auszuschlagen.

Und eine Verabredung muss man nicht auf eine Weise ablehnen, die denjenigen, der darum bittet, wütend macht. Es ist überhaupt nichts Schlimmes daran, wenn man sagt: «Nein, ich kann nicht. Aber ich hoffe, du fragst mich mal wieder.» Damit geben Sie ihm zu verstehen, dass Sie nichts gegen ihn haben und gerne mit ihm ausgehen würden, aber im Moment nicht können.

Die eine oder zwei Wochen, in denen sie keine Verabredungen mit Männern hat, sollte Miss «Ich-brauche-einen-Mann-in-meinem-Leben» damit verbringen, zu lesen, zu malen, einen Tanzkurs zu besuchen oder vielleicht etwas mit Freundinnen zu unternehmen. Mit anderen Worten, die Zeit sollte mit Aktivitäten gefüllt sein, nicht damit, zu Hause herumzusitzen und darüber nachzudenken, wie elend sie sich fühlt, weil sie keinen festen Freund hat.

Anfangs wird es hart für sie sein, ohne eine Männerbeziehung auszukommen. Wenn sie mit ihren Freundinnen unterwegs ist, wird sie denken: *Was hänge ich eigentlich hier mit den Mädels herum, wenn ich eigentlich mit einem gut aussehenden Mann zusammen sein sollte?* Doch währenddessen lernt sie, dass sie eigentlich gar nicht auf Schritt und Tritt einen Mann an ihrer Seite braucht. Sie wird allmählich von der Neigung befreit, sich auf ungesunde Beziehungen einzulassen, nur um einen Mann in der Nähe zu haben. Und vielleicht hat sie sogar so viel Spaß mit ihren Freundinnen, dass sie anfängt, sich für intelligent, witzig und interessant zu halten, selbst wenn kein Mann da ist, der ihr sagt, dass sie das sei.

Warten Sie nicht zu lange!

Ein weiteres häufiges Problem für gescheiterte perfektionistische Söhne und Töchter kritischer Eltern ist die Neigung zur Verschieberitis. Das ist keine Verschieberitis aus Faulheit oder Vergesslichkeit, sondern aus Furcht. Ein gescheiterter Perfektionist ist überzeugt, dass er keine Sache perfekt machen kann, also macht er lieber überhaupt nichts.

Angenommen, das ist Ihr spezielles Problem, und Ihr Chef trägt Ihnen auf, einen wichtigen Bericht zu schreiben. Sie recherchieren und tragen alles zusammen, und dann passiert nichts weiter. Sie sind gelähmt von Gedanken wie: *Ich weiß jetzt schon, dass ihm meine Arbeit nicht gefallen wird. Was ist, wenn meine Informationen nicht stimmen?* Und Sie machen sich völlig fertig mit dem Nachgrübeln über einzelne Formulierungen, weil Sie wollen, dass jedes Wort perfekt ist.

In so einem Fall gegen Ihre Gefühle zu gehen, bedeutet, dass Sie sich einfach entscheiden, sich nicht total fertigzumachen – und anfangen zu schreiben.

Ich verstehe, dass das gar nicht so einfach ist, aber Sie können es schaffen, wenn Sie sich dahinterklemmen.

Wenn Ihre Gefühle sagen: *Das wird dem Chef vielleicht nicht gefallen*, dann sagen Sie sich selbst: *Aber ich mache es, so gut ich kann.*

Wenn Sie das Gefühl haben: *Meine Informationen könnten*

falsch sein, dann erinnern Sie sich daran, dass Sie gut recherchiert haben.

Und hören Sie auf, unbedingt ein neuer Hemingway sein zu wollen. Zwingen Sie sich, sich hinzusetzen und mit dem Schreiben anzufangen. Wenn Ihnen später nicht gefällt, was Sie zu Papier gebracht haben, können Sie es immer noch überarbeiten. Aber dann haben Sie wenigstens etwas zu überarbeiten.

Solche Dinge meine ich, wenn ich sage, dass ein gescheiterter Perfektionist gegen seine Gefühle arbeiten muss.

Schauen Sie sich Ihr Leben an und sehen Sie die falschen Entscheidungen, die Sie getroffen haben; all jene Entscheidungen, für die Sie teuer bezahlt und die Ihnen Ablehnung und Niederlagen in Ihrem Leben eingebracht haben.

Höchstwahrscheinlich haben Sie diese Entscheidungen deshalb getroffen, weil Sie Ihren Gefühlen statt Ihrem Verstand gefolgt sind. Doch jetzt ist es an der Zeit, einiges an Ihrer Vorgehensweise drastisch umzukrempeln.

Hier sind einige weitere Vorschläge, wie Sie Ihre Strategie ändern und Ihr Leben verbessern können.

1. Geben Sie sich die Erlaubnis, unvollkommen zu sein. Finden Sie sich lieber damit ab, dass Sie noch nie vollkommen waren und es auch nie sein werden. Also, machen Sie es sich nicht so schwer. Versuchen Sie bewusst, ein bisschen lockerer mit sich zu sein. Und auch mit anderen.

2. Seien Sie nicht so schnell dabei, sich selbst herunterzuputzen. Lassen Sie sich ein wenig Spielraum. Beißen Sie sich auch jetzt nicht so sehr darin fest, Ihr selbstbehinderndes Handeln zu überwinden, dass Sie wütend auf sich werden, sobald Sie einmal nicht Nein sagen, obwohl Sie es gerne möchten, oder sobald Sie einmal eine Sache vor sich herschieben oder sonst etwas tun, das Sie nicht näher an die Ziele heranbringt, die Sie sich gesetzt haben.

Wenn Sie gerade wieder einmal einem Vertreter einen Satz ewig haltbarer Glühbirnen abgekauft haben, obwohl Sie schon einen ganzen Schrank voll davon haben, gehen Sie deswegen nicht so hart mit sich ins Gericht. Schütteln Sie es ab, nehmen Sie es mit Humor und machen Sie es das nächste Mal besser.

Es wird eine Weile dauern, die Verhaltensmuster zu verändern, die Ihnen seit Ihrer Kindheit in Fleisch und Blut übergangen sind. Machen Sie sich das klar, und erkennen Sie, dass die Zeit für Sie arbeitet.

Blicken Sie am Ende jedes Tages zurück auf das, was Sie getan haben, und erkennen Sie, wo Sie sich auf eine Art und Weise hätten verhalten können, die besser für Sie gewesen wäre. Aber tun Sie auch dies nicht im Sinne von «Mensch, das habe ich ja wieder einmal schön vermasselt». Tun Sie es mit der Haltung, aus Ihren Fehlern lernen zu wollen, und machen Sie sich klar, dass eine solche Bilanz ein großer Schritt zu einer Verbesserung am nächsten Tag sein kann.

3. Gönnen Sie sich etwas Schönes. Kennen Sie die Fernsehwerbung, wo eine Frau sagt, dass das Produkt, das sie sich gerade gekauft hat, ein bisschen teurer ist als die anderen Marken? Doch dann sagt sie: «Aber das ist okay … das bin ich mir wert.»

Sie sollten anfangen zu denken wie diese Frau. Nein, ich meine nicht, dass Sie herumlaufen und denken sollten, Sie seien etwas Besseres als alle anderen und sollten deshalb immer das Beste von allem haben. Sondern ich will sagen, dass Sie sich ab und zu etwas Schönes gönnen sollten, weil Sie es sich wert sind.

Den meisten gescheiterten Perfektionisten fällt es schwer, nett zu sich selbst zu sein. Sie haben eigentlich Lust auf ein Filetsteak, aber dann bestellen sie sich Hühnchen, weil sie nicht verschwenderisch sein wollen. Selbst wenn sie sich etwas gönnen und sich ein dringend benötigtes Kleid, einen Anzug oder was auch immer kaufen, kämpfen sie noch Stunden danach mit ihrem Gewissen.

«Oh, das hätte ich mir nicht kaufen sollen. Vielleicht sollte ich es lieber zurückbringen. Schließlich ... ich habe doch noch andere Kleider im Schrank. Und ich hätte bestimmt auch eines finden können, das nicht so teuer ist.»

Nun, mit diesem Denken müssen Sie jetzt Schluss machen! Sie haben ein bisschen Freude in diesem Leben verdient, genauso, wie Sie es verdient haben, erfolgreich zu sein und nicht zu scheitern.

4. Lernen Sie, positiv zu denken. Versuchen Sie pessimistische Einstellungen abzuschütteln. Lernen Sie, das Glas als halb voll statt als halb leer zu betrachten. Positives Denken ist eine starke Kraft, und ich rate Ihnen dringend, sie zu nutzen. Es ist keine Zauberei, aber indem Sie die Dinge – auch sich selbst – in einem positiven Licht sehen, verschaffen Sie sich die Einstellung, die Sie brauchen, um Erfolg zu haben. Wenn Sie etwas anfangen und schon denken, dass es Ihnen misslingen wird, dann wird es Ihnen wahrscheinlich auch misslingen. Wenn Sie aber eine positive Einstellung haben können, werden Sie viel entspannter und zuversichtlicher an die Aufgabe herangehen und Ihre Sache erheblich besser machen.

Eine positive Haltung entwickeln können Sie, indem Sie an das Gute denken, das Ihnen in letzter Zeit passiert ist. Denken Sie an Ihre guten Freunde und daran, wie viel sie Ihnen bedeuten.

5. Lernen Sie zu vergeben. Halten Sie nicht am Groll fest, sei es gegen Ihre Frau oder Ihren Mann, Ihre Mutter oder Ihren Vater, gegen Ihr Kind oder auch gegen sich selbst.

Jeder macht Fehler, und so ziemlich jeder wird Sie das eine oder andere Mal enttäuschen.

Sie müssen erkennen, dass Fehlermachen ein Teil der menschlichen Natur ist, seit Adam und Eva die Bühne betreten haben, und dass Sie daran nichts ändern werden. Wer von seinen Freunden und Verwandten Unfehlbarkeit verlangt, erwartet zu viel und wird damit gegen die Wand rennen.

Ich schlage Ihnen vor, dass Sie gleich jetzt damit aufhören. Wenn Sie aus irgendeinem Grund einen Groll gegen jemanden hegen, unternehmen Sie eine bewusste Anstrengung, dieser Person zu vergeben. Bitten Sie Gott, Ihnen zu helfen. Wenn es ein Freund (oder ein ehemaliger Freund) ist, rufen Sie ihn an und sagen Sie ihm, dass Sie bereinigen wollen, was zwischen Ihnen steht. Sind Sie wütend auf sich selbst wegen etwas, das Sie getan haben, so schauen Sie in den Spiegel und vergeben Sie sich selbst! Das mag sich albern anhören, aber es kann wirkungsvoll sein. Bedenken Sie aber, dass es ohne Gottes Hilfe schwer sein kann, Vergebung zu finden.

Wenn Sie ein Produkt kritischer Eltern sind, versuchen Sie, auch ihnen zu vergeben. Ja, sie mögen es gewesen sein, die Sie auf den Pfad der Ablehnung und des Scheiterns gebracht haben, aber auf diesem Pfad brauchen Sie nicht zu bleiben. Sie müssen all das hinter sich lassen, und das bedeutet, dass Sie vergeben lernen müssen.

Also, noch einmal: Wenn Sie etwas daran ändern wollen, wie Ihr Leben läuft, müssen Sie lernen, freundlicher mit sich selbst – und mit anderen – umzugehen, die Kunst des positiven Denkens erlernen und Vergebung praktizieren.

Und es ist immer hilfreich, einen Schritt zurückzutreten und einen Blick auf Ihr Leben zu werfen, um die Handlungsweisen ausfindig zu machen, die zu Scheitern und Ablehnung führen.

Fragen Sie sich: *Gibt es irgendetwas, das ich anders machen könnte, damit die Dinge für mich besser laufen?* Seien Sie ehrlich zu sich selbst. Und wenn Sie merken, dass die Antwort lautet: *Ja, ich kann einiges verändern*, dann packen Sie es an und ändern Sie es.

5. Das Problem mit der Schuld

Das menschliche Gewissen ist ein erstaunliches Ding. Manche Leute haben viel zu viel davon, manche haben eindeutig viel zu wenig, und manche scheinen gar kein Gewissen zu haben. (Wie sonst lassen sich solche Ungeheuer wie Adolf Hitler, Josef Stalin oder in jüngerer Zeit Pol Pot und Saddam Hussein erklären?)

«He», sagen Sie, «nicht so schnell, Dr. Leman. Ich verstehe, was Sie über Hitler und Stalin und über andere Leute sagen, die mit einem mangelhaften Gewissen ausgestattet sind. Aber habe ich den ersten Teil Ihres Satzes richtig gelesen? Haben Sie tatsächlich gesagt, dass manche Leute zu viel Gewissen haben?»

Aber sicher habe ich das.

«Könnten Sie das bitte ein wenig erklären?»

Aber gern.

Wenn jemand ein gescheiterter Perfektionist ist, hat er im Allgemeinen ein zu großes Gewissen. Es macht sich so breit, dass es Unzulänglichkeiten und Fehler vergrößert und nicht zulässt, dass sein Besitzer Sünden oder eingebildete Sünden vergisst, selbst wenn sie schon Jahre zurückliegen und schon längst bereut oder gebüßt sind.

Ihr Gewissen ist ein wunderbares Geschenk des Schöpfers, und es erfüllt seinen Zweck, wenn es Sie davon abhält, zu stehlen, Ihre Steuern zu hinterziehen, der Frau Ihres Nachbarn nachzustellen, Ihre Kinder zu schlagen oder dergleichen mehr.

Aber wenn es Ihnen immer wieder einflüstert, Sie seien der letzte Abschaum, weil Sie vor zehn Jahren in der Schule eine Fünf in Mathe kassiert haben oder weil Sie nicht genug Zeit damit verbringen, E-Mails an Ihre Mutter zu schreiben, dann übertreibt es ein bisschen.

Verstehen Sie mich nicht falsch. Wenn Sie eine Fünf in Mathe kassieren, denke ich nicht, Sie sollten darüber einfach die Schultern zucken und «Na und?» sagen. Und wenn Sie Ihrer Mutter nicht oft E-Mails schicken, ist es gut, wenn Ihnen das klar wird und Sie sich entschließen, es besser zu machen. Aber wenn dergleiche Dinge Sie nachts nicht schlafen lassen oder Sie in schreckliche Depressionen stürzen, dann stimmt etwas nicht.

Im letzten Kapitel habe ich ein wenig davon gesprochen, wie wichtig es ist zu vergeben. Das Schwerste ist manchmal, mir selbst zu vergeben. Das gilt besonders dann, wenn ich mir den von Ablehnung und Versagen geprägten Lebensstil eines gescheiterten Perfektionisten zu eigen mache. Solche Leute sind manchmal geradezu schuldgierig, wie ich es nennen möchte. Sie kriegen nie genug davon, sich selbst herunterzuputzen, sich an die Brust zu schlagen und zu wünschen, sie könnten sein wie jemand anders – wie so ziemlich jeder andere! Oft kann so eine Person anderen leicht nachsehen, was sie an sich selbst unerträglich findet.

Wenn Barbara redselig ist und gerne das ganze Gespräch monopolisiert, ist sie freundlich und kontaktfreudig. Wenn *ich* das tue, rede ich zu viel und langweile alle, also warum kann ich nicht einfach einmal den Mund halten?

Wenn Lawrence seinen Bericht nicht rechtzeitig fertigbekommen hat, nun, dann hatte er eben unheimlich viel zu tun, und jeder verpasst ja hin und wieder mal einen Termin. Wenn *mir* dasselbe passiert, ist das wieder einmal ein Beweis für meine Inkompetenz, und wahrscheinlich haben es sowieso alle nicht anders von mir erwartet.

Und so geht es immer weiter.

Nun läuft es freilich nicht jedes Mal so. Diese schuldgierigen Leute sind oft anderen gegenüber ebenso kritisch wie gegenüber sich selbst. Manchmal auch noch kritischer. Aber wenn das passiert, dann liegt es meistens an fehlgeleitetem Selbsthass. So nach dem Motto: Es ist ein bisschen schwierig, mich selbst zu beschimpfen, also lasse ich es an Ihnen aus.

Schließlich verletze ich ja nicht direkt meine Gefühle, wenn ich auf mich einprügele und mir Schimpfwörter an den Kopf werfe. (Ich würde mich selbst sowieso nicht ernst nehmen, weil ich ja weiß, was für ein Depp ich bin.) Um also zum Ausdruck zu bringen, wie ich mir selbst gegenüber empfinde, schlage ich auf andere ein. Auf Sie zum Beispiel.

So oder so entsteht diese Situation durch ein übermäßig entwickeltes Gewissen und die Neigung, Schuldgefühle zu sammeln und festzuhalten. Und an Schuldgefühlen festzuhalten, tut niemals gut, ob es nun meine eigene Schuld oder die eines anderen ist.

Ich denke an Marianne, deren Mann vor etwa fünfzehn Jahren herausfand, dass sie eine Affäre hatte.

«Ich weiß nicht, wie oder warum das passiert ist», schluchzte sie. «Ich war gelangweilt, und wir hatten ein paar Probleme. Ich brauchte einfach jemanden zum Reden.» Sie fand einen hervorragenden Zuhörer in einem Kollegen, der schon bald sehr viel mehr als das für sie war.

Als ihr Mann herausfand, was da lief, dachte er darüber nach, die Scheidung einzureichen, kam dann aber zu dem Schluss, dass er seine Frau zu sehr liebte und ihr eine zweite Chance geben wollte. Marianne versprach ihm, die Affäre sofort zu beenden, und das tat sie auch.

Seit fünfzehn Jahren war sie also nun eine so gute Ehefrau, wie sie nur konnte. Sie wünschte sich dermaßen, die Scharte wieder auszuwetzen, dass sie anfing, ihrem Mann jeden kleinsten Wunsch zu erfüllen – und davon hatte er Hunderte. Wenn er Frühstück im Bett wollte, brachte sie es ihm. Wenn es darum ging, die Urlaubsreise zu planen, spielten ihre Vorschläge keine Rolle. Sie machten, was immer er wollte, wann immer er es wollte, und allmählich wurde aus Marianne eher eine Bedienstete als eine Ehefrau.

Das Problem war, dass weder sie noch ihr Mann wirklich vergeben und vergessen wollten.

Wie oft hatte ihr Mann sie während dieser fünfzehn Jahre an ihren Fehler erinnert? Marianne war sich nicht sicher, aber es war ziemlich oft gewesen. So ziemlich jedes Mal, wenn sie sich für ihre eigenen Bedürfnisse starkmachen und darauf bestehen wollte, als gleichberechtigte Partnerin in der Ehe behandelt zu werden, fing er an, von dem Schrecklichen zu reden, das sie getan hatte.

Was Marianne betrifft, so hätte sie sich das nicht anhören müssen, aber sie tat es immer. Schließlich hätte sie mit den Schuldgefühlen, die sie mit sich herumschleppte, einen Elefanten ersticken können, und deshalb hatte sie das Gefühl, alle Missachtung, die ihr Mann ihr zeigte, verdient zu haben.

Es war offensichtlich, dass er es geradezu genoss, der Geschädigte zu sein. Er zog immensen Nutzen aus der ganzen Sache.

Und Marianne hasste es zwar, wenn er auf ihr herumhackte und sie herunterputzte, aber sie nahm es hin, weil die schlechte Behandlung ihr die Gelegenheit gab, für ihren Fehler zu büßen.

Inzwischen betraf das Problem nicht mehr nur ihre Beziehung zu ihrem Mann, sondern ging viel tiefer. Seine ständigen Anspielungen auf ihre Affäre, seine herabsetzenden Bemerkungen und seine Weigerung, sie als gleichberechtigte Ehepartnerin ernst zu nehmen, hatten sich auch auf andere Bereiche ihres Lebens ausgewirkt.

Sie war an einem Punkt angekommen, wo sie sich nicht mehr traute, Entscheidungen zu treffen. Im Supermarkt stand sie zehn Minuten lang vor einem Regal und versuchte sich zwischen zwei Sorten Suppe zu entscheiden, und sobald sie sich zu einer davon durchgerungen hatte, wusste sie irgendwie auch schon, dass sie die falsche Wahl getroffen hatte. Gegenüber anderen Leuten war sie unsicher und wortkarg, da sie dachte, alle würden merken, wie wertlos sie sei, und wollten sowieso nichts von dem hören, was sie zu sagen hätte. Und es gelang ihr nicht, ihre Kinder wirkungsvoll zu erziehen, weil diese sie allzu leicht davon überzeugen konnten, dass Marianne unrecht hatte und sie recht hatten.

Zum Beispiel kam der kleine Tommy mit den Hosentaschen voller Metallstücke von der Baustelle der neuen Häuserreihe zurück – obwohl ihm seine Mutter gesagt hatte, er solle sich davon fernhalten.

«Tommy, du weißt doch, ich will nicht, dass du dort hingehst.»

«Aber ich habe dir doch gesagt, dass ich hingehe, und du hast gesagt, ich darf.»

«Ich kann mich nicht erinnern, dir das gesagt zu haben ...»

«Klar hast du, Mama! Weißt du nicht mehr? Du hast genau da gestanden, und ich bin mit Bobby hereingekommen und habe dich gefragt, ob wir zur Baustelle dürfen, und du hast gesagt: ‹Sicher.›»

Nun erinnerte sich Marianne nicht an ein solches Gespräch. Sie war sich sogar zu 99 Prozent sicher, dass es nie stattgefunden hatte. Doch aufgrund ihrer eigenen Unsicherheit beharrte sie nicht auf ihrem Standpunkt und gab am Ende immer nach.

«Oh ... na ja ... gut, wenn du mich gefragt hast. Aber ich möchte nicht, dass du noch einmal dort hingehst.»

«Klar, Mama.» Natürlich meinte Tommy sein «Klar, Mama» niemals ernst, denn er wusste, wie leicht er sie zum Einlenken manipulieren konnte. Ihre Tochter Joanne machte es genauso, und beide Kinder wussten, dass sie mit allem durchkommen konnten, weil Mama nie in der Lage war, ihnen die Zügel anzuziehen. Und überhaupt, selbst wenn sie es versuchte, ergriff Papa meistens die Partei der Kinder, nicht die von Marianne.

Die Zweifel und Schuldgefühle, die sie empfand, zeigten inzwischen Auswirkungen in jedem Bereich ihres Lebens.

Welche Antwort gab es für Marianne? Zuerst einmal musste sie sich selbst wahrhaft vergeben, was sie getan hatte. Sie musste erkennen, dass sie nicht der einzige Mensch war, der je einen solchen Fehler begangen hatte, und überdies, dass es nicht allein ihre Schuld war. Ich will damit nicht sagen, dass sie nach Ausreden für ihr Verhalten suchen musste, etwa indem sie die ganze Schuld jenem Mann zuschob, der sie «verführt» hatte, oder ihrem «lieblosen» Ehemann, der sie einem anderen Mann in die Arme getrieben hatte. Was ich sagen will, ist, dass sie den Vorfall ganz nüchtern aus dem Abstand von fünfzehn Jahren betrachten und, so frei von dem verzerrenden Filter der Emotionen wie möglich, analysieren musste, was wirklich geschehen war.

Viele Faktoren spielten bei Mariannes Untreue eine Rolle. Keiner davon entschuldigte ihr Verhalten, aber sie alle mussten berücksichtigt werden, wenn Marianne sich je von ihrer Selbstkasteiung als «unwürdige» Frau, die es verdient hatte, missachtet und übergangen zu werden, befreien wollte. Sie brauchte eine ordentliche, unemotionale Bewertung dessen, was geschehen war und warum es geschehen war. Sie musste sicherlich ihre eigene Schuld wahrnehmen, sich aber nicht die Schuld an dem gesamten Vorfall auf die eigenen Schultern laden.

Sobald sie das getan hatte, musste sie eine bewusste und gewissenhafte Anstrengung unternehmen, um sich selbst zu vergeben.

Im letzten Kapitel habe ich davon gesprochen, dass man in den Spiegel schauen und sich selbst laut die Vergebung zusprechen kann. Wenn Marianne das nötig hatte, um die Sache hinter sich zu lassen, ist das genau das, was sie tun musste. Und von da an musste sie, auch wenn ihre Gefühle etwas anderes sagten, so handeln, als ob ihr vergeben worden wäre.

Wenn ihr Mann das nächste Mal die alte Geschichte aufrühren wollte, musste sie sagen: «Das war vor fünfzehn Jahren. Es tut mir leid, dass es passiert ist, aber es ist vorbei und erledigt. Ich habe mir dafür vergeben, und ich möchte nicht, dass du es wieder zur Sprache bringst.»

Das würde ihrem Mann natürlich nicht gefallen, und es war nicht abzusehen, wie er darauf reagieren würde. Aber das spielte eigentlich keine Rolle. Marianne musste sich behaupten. Sie hatte sich vergeben, und nun erwartete sie von ihrem Mann, dass er ihrem Beispiel folgte und dasselbe tat. Wenn er sie weiterhin herunterputzte und alle möglichen Forderungen an sie stellte, würde ihre Bauchreaktion darin bestehen, zu tun, was sie immer getan hatte ... nämlich nachzugeben und sich ihm zu fügen. Doch dieses Mal musste sie gegen ihre Gefühle handeln.

Auch in anderen Bereichen ihres gemeinsamen Lebens musste sie sich Gehör verschaffen. Sie wollte bei den Urlaubsplänen mitreden, ab und zu das Fernsehprogramm bestimmen oder entscheiden, welchen Film sich die Familie anschauen würde – all die Dinge, an denen eigentlich jede Ehefrau und Mutter Anteil haben sollte, die ihr jedoch wegen ihrer Schuldgefühle lange Zeit vorenthalten worden waren.

Sich selbst zu vergeben war gar nicht so einfach, aber nachdem sie sich einmal dazu durchgerungen hatte, blieb sie dabei. Sie wünschte sich Vergebung von ihrem Mann, aber wenn er nicht bereit war, sie ihr zuzugestehen, nachdem sie sich fünfzehn Jahre lang als treue Ehefrau, die ihn stets unterstützte, und als gute Mutter erwiesen hatte ... nun, dann war das sein Problem, nicht ihres. Sie hoffte, er würde sich entschließen, die Vergangenheit wirklich hinter sich zu lassen, aber wenn er sich dagegen entschied, würde sie sich nicht für den Rest ihres Lebens davon in Ketten legen lassen.

Nachdem sie in ihrer Beziehung zu sich selbst und zu ihrem Mann diese Befreiung erlebt hatte, wurde sie auch in anderen Bereichen ihres Lebens selbstbewusster. Sie hielt sich an den Ratschlag: «Handle so, als ob du glaubst, eine wichtige Persönlichkeit zu sein, und die anderen werden es ebenfalls glauben.»

Auch hier wieder musste sie gegen ihre Gefühle angehen. Wenn ihr gefühlsmäßig danach war, ihren Kindern nachzugeben, tat sie es dennoch nicht. Wenn erzieherische Maßnahmen nötig waren, dann führte sie sie durch – und ließ sich das nicht ausreden.

Oft kam sie sich vor wie eine wandelnde und sprechende Schüssel Wackelpudding, aber sie achtete darauf, dass niemand etwas davon merkte. Und wissen Sie was? Es funktionierte. Sie hörte auf, dreihundert Pfund Schuldgefühle auf ihren Schultern mit sich herumzuschleppen; sie hörte auf, sich von jedem und allem herumschubsen zu lassen, und ihr Leben veränderte sich dramatisch zum Besseren.

Und selbst ihrem Mann gelang es nun endlich, die Vergangenheit hinter sich zu lassen. Seit Monaten hat er nicht mehr darauf Bezug genommen, und wenn er und Marianne eine Meinungsverschiedenheit haben – wie es zwischen Eheleuten immer wieder mal vorkommt –, dann ist es zumindest ein fairer Streit, bei dem niemand alte Wunden aus einer seit langem begrabenen Vergangenheit wieder aufreißt.

Gottes Vergebung annehmen

Mariannes langjährige Unfähigkeit, sich selbst zu vergeben, war eigentlich nichts Neues. Schon seit Jahrhunderten bestrafen Menschen sich selbst für ihre wirklichen oder eingebildeten Fehltritte.

Der römische Staatsmann Cato drückte es so aus: «Ich kann jedermanns Fehler verzeihen, nur nicht meine eigenen.»[1] Damit sprach er gewiss für Tausende, die vor und nach ihm lebten.

Doch was Marianne angeht, so konnte sie jetzt, wo sie sich dem Problem ihrer unverarbeiteten Schuldgefühle gestellt hatte, auch endlich etwas anderes akzeptieren, was ihr verstandesmäßig schon seit langem klar war, was sie jedoch nie wirklich von Herzen geglaubt hatte: dass auch Gott ihr vergeben hatte.

Als Christ wusste sie, dass ihr Verhalten Sünde war. Sie wusste auch, was die Bibel lehrt, nämlich dass der Herr, wenn sie eine Sünde bekannte – was auch immer es war – und ihn um Vergebung bat, ihr diese gewiss gewähren würde.

«Ich habe Gott wohl mindestens hundert Mal gebeten, mir zu vergeben», hatte sie gesagt. «Danach fühle ich mich eine Zeit lang besser, aber dann kommt alles wieder hoch, und ich muss ihn von neuem bitten.»

Gottes Vergebung anzunehmen kann für gescheiterte Perfektionisten, die in ihren eigenen Schuldgefühlen und ihrem Versagen gefangen sind, ein besonders schwieriges Problem sein.

Doch Schuldgefühle dienen einem Zweck. Sie zeigen uns, wenn wir etwas falsch gemacht haben, damit wir unser Verhalten ändern und denselben Fehler nicht wieder machen. Schuldgefühle jedoch, die nichts bewirken, außer einen Menschen vor sich selbst zu verurteilen und ihn sich in seiner eigenen Wertlosigkeit suhlen zu lassen, sind selbstzerstörerisch. Wenn Sie solche Schuldgefühle nicht loswerden, werden sie Sie umbringen.

Wenn Sie jemandem Unrecht getan haben, bitten Sie ihn um Vergebung. Wenn der Betreffende bereit ist, Ihnen zu vergeben, haben Sie einen Freund gewonnen. Wenn er nicht dazu bereit ist, machen Sie sich klar, dass Sie zumindest Ihre Schuldigkeit getan haben, und dann vergeben Sie sich selbst.

Wenn Sie etwas getan haben, wofür Sie glauben, Gottes Vergebung zu brauchen, reden Sie mit ihm darüber und bitten Sie ihn, Ihnen zu vergeben. Dann lesen Sie immer wieder die betreffenden Bibelverse, bis Sie aufrichtig die Vergebung, die Gott anbietet, annehmen können.

Ein junger Mann erzählte mir, er sei so sehr mit Schuldgefühlen belastet, dass er fast jeden Tag Gott anflehte, ihm doch bitte zu vergeben, was er getan hatte. Und obwohl er wusste, was die Bibel darüber sagt, fiel es ihm dennoch unendlich schwer, Gottes Vergebung anzunehmen.

«Oft stand ich mitten in der Nacht auf», sagte er, «und schlich mich ins Badezimmer. Dort kniete ich vor der Toilette nieder und bat ihn, mir doch bitte, bitte zu vergeben. Da saß ich dann eine Weile in der Dunkelheit und wartete darauf, dass etwas geschah, aber es geschah nie etwas.» Nach ein paar Minuten schlich er sich niedergeschlagen auf Zehenspitzen zurück ins Schlafzimmer, um seine Frau nicht zu wecken, die friedlich schlief.

Eines Nachts schließlich passierte doch etwas.

«Es war, als ob ich Gottes Stimme hörte, obwohl ich natürlich nicht wirklich etwas hörte», erklärte er. «Aber ich spürte tief in mir, dass eine Stimme sagte: ‹Warum bittest du mich immer wieder, dir zu vergeben, wo ich dir doch schon beim ersten Mal vergeben habe, als du mich darum batest?›»

Bei dieser Erkenntnis überkam ihn ein Gefühl des Friedens und der Freude, und er war frei. Nun muss die Freiheit von Schuldgefühlen bei Ihnen nicht unbedingt genauso kommen wie bei ihm, wie eine Stimme mitten in der Nacht. Doch die Stimme des Herrn spricht zu allen, die auf dieselbe Art gefangen sind, und sie sagt zu allen dasselbe: «Warum bittest du mich immer wieder, dir zu vergeben, wo ich dir doch schon beim ersten Mal vergeben habe, als du mich darum batest?»

Ja, warum? Warum fällt es manchen Menschen so schwer, Gottes Vergebung anzunehmen?

Der Hauptgrund ist, glaube ich, dass unsere Beziehung zu Gott dem Muster unserer Beziehung zu unserem irdischen Vater folgt.

Wenn Ihr Vater streng, fordernd und ungnädig war, werden Sie von Ihrem himmlischen Vater wahrscheinlich Ähnliches erwarten. Wenn Ihr Vater nicht oft zu Hause war und sich nicht sehr dafür zu interessieren schien, was Sie taten, solange Sie ihm nur nicht auf die Nerven gingen, dann werden Sie wohl glauben, Gott sei auch nicht besonders interessiert an Ihnen.

Und wenn es darum geht, eine Lkw-Ladung von Schuldgefühlen mit sich herumzuschleppen, dann ist das ein Charakteristikum, das Ihnen höchstwahrscheinlich von Ihrer Familie eingebläut wurde. Oft fängt das in den Jugendjahren an, in denen Leute sich sowieso unbehaglich fühlen und dazu neigen, sich wegen allem Möglichen schuldig zu fühlen.

Bei Marianne kamen ihre Schuldgefühle daher, dass sie wusste, dass sie ihrem Mann Unrecht angetan hatte, aber die Neigung zur Schuldgier war schon lange vor ihrer Hochzeit und ihrem späteren Versagen da gewesen.

Ein überaktives Gewissen ist nichts, was man auf dieselbe Weise erbt, wie man blaue Augen oder rote Haare oder die Tendenz erbt, lang und schlaksig zu sein. Dennoch wird es oft von Generation zu Generation weitergegeben.

Bekanntlich ist unter Jugendlichen in den USA die Selbstmordhäufigkeit erschreckend angestiegen. Selbstmord ist inzwischen sogar die zweithäufigste Todesursache bei jungen Amerikanern, übertroffen nur noch von Autounfällen.[2] Es sind viele Theorien darüber aufgestellt worden, warum so viele unserer jungen Leute sich das Leben nehmen. Man hat vermutet, sie hätten Angst vor einer Zukunft, in der ihnen die Drohung der globalen Vernichtung durch einen Atomkrieg ständig vor Augen stehe. Andere meinen, es liege daran, dass die Jugendlichen von heute desillusioniert und steuerlos aufwachsen – sie haben nichts, woran sie glauben, und kommen daher zu dem Schluss, dass sich das Leben nicht lohnt. Dann gibt es auch Leute, die bestimmte Arten von Rockmusik dafür verantwortlich machen, weil sie den Tod und insbesondere den Selbstmord verherrlichten. Manche geben die Schuld den Drogen oder dem Alkohol, und wieder andere der Verwicklung in okkulte Praktiken.

Ich bin zwar sicher, dass all diese Dinge bei der steigenden Selbstmordrate unter Jugendlichen eine Rolle gespielt haben, aber sie berücksichtigen nicht, was ich für die Hauptursache solcher Tragödien halte, nämlich schlicht und einfach ein ungesundes Familienleben.

Allzu viele Jugendliche und Kinder wachsen in Elternhäusern auf, in denen sie über ihre Grenzen hinaus angetrieben werden. Sie haben kritische Eltern, die nichts anderes zu können scheinen, als sich über ihre Kinder zu beklagen und sie zu kritisieren. Weit über ihre Leistungsfähigkeit hinaus werden sie angetrieben, angetrieben, angetrieben. Und dann kommen jeden Tag Millionen von Schlüsselkindern von der Schule heim in leere Häuser, weil beide Eltern arbeiten müssen, um finanziell über die Runden zu kommen. Das wäre vielleicht noch nicht so schlimm, wenn ihre Eltern wenigstens an den Abenden und Wochenenden Zeit für sie hätten, doch nachdem Mama und Papa den ganzen Tag gearbeitet haben, sind sie oft zu müde, um noch Kraft für ihre Kinder aufzubringen. Sie wollen den Rest der Zeit für sich selbst haben.

Viele unserer Kinder sind von Schuldgefühlen geplagt. Sie fühlen sich schuldig, weil sie es nicht schaffen, den Erwartungen ihrer Eltern zu entsprechen, oder weil sie das Gefühl haben, ihren Eltern nur eine Last und Bürde zu sein. Kein Wunder, dass so viele von ihnen buchstäblich in einem Meer von Schuldgefühlen ertrinken!

Es wäre großartig, wenn es eine massenhafte Bewegung unter Eltern gäbe, ihre Beziehungen zu ihren Kindern neu zu bewerten. Vieles würde sich ungemein verbessern, wenn alle Eltern aufhören würden, unvernünftige Anforderungen an ihre Kinder zu stellen oder sie zu stark zu verurteilen, wenn sie versagen. Stattdessen sollte man, wie schon gesagt, Kindern die Freiheit zum Versagen geben. Kluge Eltern ermöglichen es ihren Kindern, ein Gefühl der Selbstachtung zu entwickeln, indem sie Realitätsdisziplin einsetzen und die Kids für ihr eigenes Handeln verantwortlich sein lassen. Eltern, die sich nicht zu sehr über die Misserfolge ihrer Kinder aufregen und die ihnen auch nicht jedes Mal zu Hilfe eilen, führen ihren Kindern dadurch vor Augen, dass gelegentliche Misserfolge normal sind, dass ein Scheitern bei einem bestimmten Unternehmen nicht bedeutet, dass man im ganzen Leben scheitert, und dass Scheitern sicherlich manchmal unangenehme Folgen nach sich zieht, die sich aber überwinden lassen. Ein Kind, das für seine Misserfolge beschimpft wird oder dessen Eltern immer zu seiner Rettung herbeieilen, wird früher oder später von Schuldgefühlen geplagt sein. Es glaubt nämlich zwei Lügen über sich selbst:

1. Ich mache *immer* alles falsch.
2. Ich würde *nie* im Leben klarkommen, wenn ich nicht jemanden in der Nähe hätte, der mir immer wieder aus der Patsche hilft.

Schuldgefühle sind seltsame Biester. Sie vermehren sich schneller als Karnickel und sind schwerer loszuwerden als Kakerlaken!

Schauen Sie sich an, wie Schuld sich beispielsweise vermehrt: Eine Frau in einer Mittelklasse-Wohngegend ärgert sich darüber, dass die Nachbarn offenbar schönere Autos und Möbel haben als sie. Vielleicht tragen sie auch schickere Klamotten. Und dann fällt ihr noch etwas auf. Morgens, wenn sie ihren Mann ins Büro und die Kinder in die Schule verabschiedet, machen sich die anderen Frauen in der Nachbarschaft auch auf den Weg zur Arbeit. Augenscheinlich ist sie die einzige Ehefrau in der ganzen Gegend, die nicht außer Haus arbeiten geht.

Deswegen fühlt sie sich schuldig, denn wenn sie auch arbeiten ginge, könnte sich ihre Familie vielleicht ein schöneres Auto, schönere Möbel und schickere Kleidung leisten. Man schaue sich nur mal die Kleidung der Nachbarskinder an. Das kleine Mädchen sieht immer so niedlich aus in ihren Designerkleidern, Designerpullis und Designerjeans. Und sie weiß ja, wie gerne ihr eigener Sohn noch ein paar Shirts und Hosen aus diesem teuren Surferladen hätte.

So lässt sie diese Schuldgefühle eine Weile an sich nagen und denkt sich, es sei ihre Schuld, dass ihre Familie auf all diese wunderbaren Dinge verzichten muss, bis sie schließlich den Entschluss fasst, auch arbeiten zu gehen. Man beachte, dass sie nicht etwa deshalb arbeiten geht, weil sie das wollte oder weil es die Familie tatsächlich nötig hätte. Sie geht einzig und allein wegen der Schuldgefühle arbeiten.

Wie reagieren die Kinder darauf? Höchstwahrscheinlich sind sie gar nicht so begeistert davon, dass Mama arbeiten geht. Für sie ist es schön gewesen, dass Mama zu Hause war, wenn sie aus der Schule kamen, und es ist eine Umgewöhnung für sie, in ein leeres Haus zu kommen. Außerdem machen sich wahrscheinlich jetzt auch bei ihnen Schuldgefühle breit, weil sie merken, dass sie nur arbeiten geht, um ihnen Kleider zu kaufen oder ihre Zahnspangen oder Arztrechnungen oder was auch immer zu bezahlen.

Wenn Mama von der Arbeit nach Hause kommt und schlechte Laune hat, weil sie eigentlich viel lieber daheim bleiben würde, verschärft das die Situation noch. Mama ist voller Groll, weil sie arbeiten «muss», und jetzt fühlt sie sich schuldig, weil sie weiß, dass sie reizbar und streitlustig ist. Moment mal! Ich dachte, sie geht arbeiten, weil sie sich schuldig fühlt. Und jetzt, wo sie arbeiten geht, fühlt sie sich immer noch schuldig, nur aus einem anderen Grund. Ich dachte, sie geht arbeiten, um allen zu helfen, und besonders, um den Kindern Wünsche erfüllen zu können. Aber sind die denn jetzt glücklicher? Nicht die Bohne.

Und so dreht sich das Karussell der Schuldgefühle immer weiter und weiter.

Schuld ist eine strenge Sklaventreiberin, eine selbsterfüllende Prophezeiung – eine Ablehnung, die von innen kommt, nicht etwa von außen.

Es gibt mehrere verbreitete Fehler, die schuldgierige Leute machen:

1. Sie häufen eine Fehlleistung auf die andere.
2. Sie lassen sich von ihren Kindern manipulieren.
3. Sie nehmen die Schuld auf sich, auch wenn andere verantwortlich sind.
4. Sie geben sich Depressionen hin.
5. Sie glauben, sie hätten es verdient zu leiden.
6. Sie beurteilen sich selbst danach, was andere von ihnen denken.
7. Sie leiden lieber, als dass sie Maßnahmen ergreifen, um etwas zu ändern.[3]

Schauen wir uns jeden dieser Fehler genauer an.

1. Sie häufen eine Fehlleistung auf die andere. Jedes Mal, wenn einer dieser entmutigten, sich selbst ablehnenden Leute einen Fehler macht, steht ihm die ganze Liste aller Fehler vor Augen, die er je gemacht hat.

Nehmen wir zum Beispiel an, Frau Schuldig hat fünfunddreißig Pfund Übergewicht, und nun steht ein Wiedersehenstreffen ihrer Klasse vor der Tür. Sie ist entschlossen, ihr Übergewicht loszuwerden und ihre jugendliche Figur zurückzugewinnen, nach der sich vor zwanzig Jahren alle Jungs umgedreht haben. Ihre Diät läuft auch ziemlich gut, bis ihr eines Tages im Einkaufszentrum der köstliche Duft einer Zimtrolle aus einem Café in die Nase steigt.

Mmmmmmm! Riecht das gut! Und für Zimtrollen hat sie schon immer eine Schwäche gehabt.

Fünfzehn Minuten später sitzt sie verzweifelt an einem der kleinen Tische und fragt sich, wie sie sich dazu nur hat hinreißen lassen. Drei von den Dingern auf einen Schlag! Wie viele Kalorien haben die überhaupt? Wahrscheinlich fünfzigtausend pro Stück! *Ade Größe 36. Ade Wiedersehenstreffen. Ade Leben*, denkt sie.

Ich weiß nicht, warum ich so etwas mache, denkt sie. *Immer vermassele ich es*. Und sofort sieht sie jedes einzelne Mal vor sich, bei dem sie ihre Diät nicht eingehalten hat. Natürlich treibt jede dieser Szenen sie tiefer hinein in die Schuld und Selbstverurteilung und macht sie immer niedergeschlagener.

Wenn sie die Sache mit der Schuld richtig gut draufhat, dann geht es auch bald gar nicht mehr nur um ihre gescheiterte Diät und die Notwendigkeit des Abnehmens. Sondern sie wird anfangen zu denken: *Ach, es ist ja nicht nur das Gewicht. Mit meinen Haaren ist es genauso. Was ist nur aus meinen Haaren geworden – die waren früher so hübsch. Und meine Haut. Ach, wieso kriege ich es einfach nicht hin, meine Haut besser zu pflegen?* Sie findet Dutzende von Dingen, die ihr an ihrem Aussehen nicht gefallen – und an den meisten davon gibt sie sich selbst die Schuld.

Was für ein erbärmlicher Anblick, wie sie da im Einkaufszentrum sitzt und sich mit jedem Augenblick trauriger und hässlicher fühlt!

Es gibt noch andere Möglichkeiten, eine Fehlleistung auf die andere zu häufen. Zum Beispiel wie bei Jeff, der ziemlich aktiv in seiner Gemeinde ist und nie einen Sonntagsgottesdienst auslässt.

Eines Tages jedoch geht er einfach nicht hin. Nicht, dass er einen besonderen Grund dazu hätte. Es ist einfach nur ein verregneter Sonntagmorgen, einer jener Tage, die einen geradezu anzubetteln scheinen, länger zu schlafen, und genau das tut er dann auch.

Hinterher fühlt er sich schuldig, aber er betet darüber und hat das Gefühl, dass Gott Verständnis für ihn hat. Doch als er sich am folgenden Sonntagmorgen für den Gottesdienst anzieht, kommt ihm plötzlich der Gedanke: *Was soll ich eigentlich sagen, wenn jemand mich fragt, wo ich letzten Sonntag war?* Plötzlich hat er das Gefühl, dass alle Augen sich auf ihn richten werden, und er hört schon die Leute flüstern: «Wo in aller Welt war Jeff letzten Sonntag? Ich wette, er hat ganz einfach ausgeschlafen.»

Er setzt sich auf die Bettkante und überlegt, was er tun soll. Schließlich beschließt er, gar nichts zu tun. Er kann sich den Fragen der Leute nicht stellen, und deshalb entscheidet er sich, diese Woche auch nicht hinzugehen. Und jetzt, wo er zwei Wochen hintereinander nicht gegangen ist, steckt er wirklich in einem Dilemma. Ich meine, ein einmaliges Fehlen hätte er vielleicht noch erklären können, aber zwei ... und jetzt drei ... und dann vier?

Es dauert nicht lange, bis Jeff das Gefühl hat, sich in dieser kleinen Gemeinde, die er wirklich geliebt hat, nie wieder blicken lassen zu können. Und ständig treibt ihn die Furcht um, der Pastor oder einer der Diakone könne anrufen und fragen, was los sei, und er hätte dann nicht die leiseste Ahnung, was er sagen sollte. Daran sehen Sie, wie Schuld exponentiell wächst, wie Zins und Zinseszins.

2. Sie lassen sich von ihren Kindern manipulieren. Erinnern Sie sich noch an Marianne und daran, wie ihre Kinder sie manipulierten und mit ihr umsprangen? Das kommt häufig vor bei Eltern, die in Schuldgefühlen gefangen sind.

In meinem Buch *The Pleasers* habe ich das Beispiel der kleinen Suzy beschrieben, die drei Abende hintereinander ferngesehen hat und dann, zehn Minuten vor dem Schlafengehen, am vierten Abend verkündet, sie müsse am nächsten Morgen eine Inhaltsangabe zu einem Buch abliefern, und unbedingt will, dass Mama ihr dabei hilft.

Nun, darüber ist Mama natürlich ein bisschen sauer. Schließlich weiß Suzy schon seit einer Woche von der Inhaltsangabe und hat bisher noch keinen Finger dafür gerührt! Und jetzt, kurz vor Toresschluss, kommt sie zu Mama und will sich helfen lassen.

Als Mama «Nein» sagt, was tut Suzy da? Sie gibt rotzfrech zurück:

«Ich wusste ja, dass du mir nicht hilfst», sagt sie. «Und jetzt kriege ich eine Fünf. Du hilfst mir ja nie!»

Wenn das Kind eine erstklassige Manipulatorin ist, wird es auch noch Papa in die Sache mit hineinziehen:

«Papa hat mir schon vorher gesagt, dass du mir bestimmt nicht hilfst!»

Was Mama nun eigentlich tun sollte, ist, Suzys Anschuldigungen und ihre Wut zu ignorieren und sie pünktlich ins Bett zu stecken. Wenn sie dann eine schlechte Note bekommt, nun, dann ist das eben Realitätsdisziplin. Doch wenn Mama von ihren Schuldgefühlen gesteuert ist – wenn sie jene leisen Stimmen hört, die sagen: «Gute Mütter helfen ihren Kindern immer» –, dann wird sie zweifellos nachgeben, und sie und die kleine Suzy werden sich alle beide die halbe Nacht um die Ohren schlagen, um diese Inhaltsangabe zu Papier zu bringen.

3. Sie nehmen die Schuld auf sich, auch wenn andere verantwortlich sind. Das ist eine No-Win-Situation, in der man nicht gewinnen kann. Schuldgeplagten gescheiterten Perfektionisten passiert das immerzu.

Meistens liegt es daran, dass sie so viele «Schuldknöpfe» haben, die jeder leicht erreichen kann, und die Leute, die ihnen am nächsten stehen, wissen genau, wie sie darauf drücken müssen.

Karla zum Beispiel hat das Gefühl, als Ehefrau eine Niete zu sein. Es kommt ihr vor, als könnte sie nichts richtig machen und alles sei immer ihre Schuld. Sie merkt gar nicht, dass sie von ihrem Mann Brian in eine No-Win-Situation gezwungen wird.

Am Dienstagabend kommt Brian eine halbe Stunde später als sonst von der Arbeit nach Hause. Sichtlich schlecht gelaunt stürmt er ins Haus und sagt, er sei im schlimmsten Verkehrsstau seit dreißig Jahren stecken geblieben. (Und das mag stimmen oder auch nicht.)

Karla tut ihr Bestes, damit er sich besser fühlt. Sie umarmt und küsst ihn und versucht eine gute Stimmung zu verbreiten, obwohl das Abendessen, mit dem sie sich so viel Mühe gegeben hat, inzwischen kalt geworden ist.

Aber das lässt sich Brian nicht bieten:

«Was?», schäumt er. «Mein Essen ist kalt? Na toll – ich bleibe nach einem total miesen Tag auf der Arbeit im Verkehr stecken, und jetzt soll ich auch noch dieses Zeug essen?»

Den Rest des Abends zieht er eine beleidigte Miene und behandelt Karla, als ob alles, was ihm passiert ist, ihr Fehler wäre.

Jede wirklich objektive Analyse dieser Situation würde Ihnen sagen, dass sowohl Karla als auch Brian ein Anrecht darauf haben, nicht gerade bester Laune zu sein: Karla, weil ihr Mann dreißig Minuten später als gewöhnlich gekommen ist und das Essen, das sie mit viel Mühe zubereitet hat, nun kalt ist; Brian, weil er einen harten Arbeitstag hinter sich hat, der auch noch damit gekrönt wurde, dass er im Verkehr stecken blieb.

Doch weil Karla zu den Leuten gehört, die immer bereit sind, alle Schuld auf sich zu nehmen und sich von anderen manipulieren zu lassen, tanzt sie für den Rest des Abends auf Zehenspitzen um ihren Mann herum, fühlt sich schuldig und tut ihr Bestes, um ihn aus seiner üblen Laune herauszuholen.

Arme Karla. Und damit ist die Saga noch nicht zu Ende.

Am Mittwochabend kommt Brian auf die Minute pünktlich nach Hause; nur hat an diesem Tag seine Frau das Essen um dreißig Minuten hinausgeschoben, um zu vermeiden, dass sich das Drama des Vorabends gleich noch einmal wiederholt.

Netter Versuch, Karla, aber das wird nicht funktionieren. Diesmal wird Brian wütend sein, weil das Essen noch nicht fertig ist.

«Du weißt doch, dass ich gerne essen möchte, sobald ich nach Hause komme», wird er jammern. «Jetzt kann ich nicht einmal nach dem Essen die Nachrichten sehen.»

Wieder fühlt seine arme Frau sich schuldig, obwohl sie überhaupt nichts falsch gemacht hat. Das Einzige, dessen sie sich wirklich schuldig gemacht hat, ist, dass sie es damit übertreibt, ihrem nörgelnden Ehemann alles recht machen zu wollen. (Doch um das zu schaffen, hätte sie eine Gedankenleserin oder eine Zauberin sein müssen.)

Brian ist natürlich ein Glückspilz, dass er mit einer von den «Ewig-Schuldigen» verheiratet ist. Wäre er das nicht, so hätte er beste Chancen auf ein paar saftige Kopfnüsse! Keine selbstsichere Frau würde sich so eine Behandlung gefallen lassen.

Doch schuldgierige Leute lassen sich von ihren Männern, Frauen, Eltern, Kindern, Chefs und so weiter ständig in No-Win-Situationen bringen. Keiner ist so schnell bereit, sich zu entschuldigen, wie sie, die immer gleich die Schuld auf sich nehmen und sagen: «Es war mein Fehler», auch wenn sie eigentlich gar nichts mit der Situation zu tun haben.

Sind Sie immer der Erste, der sich entschuldigt? Lassen Sie sich oft von anderen in No-Win-Situationen bringen? Wenn ja, dann willkommen bei den «Anonymen Schuldsammlern».

4. Sie geben sich Depressionen hin. Depression ist eine heimtückische, das Leben aussaugende Kraft. Wenn Sie ihr nur den kleinen Finger reichen, wird sie sich hartnäckiger an Sie klammern als eine Schnappschildkröte. (Und die Leute in den Bergen von Tennessee sagen immer, wenn eine Schnappschildkröte einen erst einmal gepackt hat, lässt sie erst wieder los, wenn es donnert. Nur ist mehr als ein Donnerschlag nötig, um von Depressionen frei zu werden.)

So ziemlich jeder fühlt sich hin und wieder deprimiert, doch offenkundig werden manche Leute viel schwerer damit fertig als andere. Wer von Selbstzweifeln und Schuldgefühlen erfüllt ist, neigt viel eher dazu, sich der Depression hinzugeben.

Er ist deprimiert und würde morgens am liebsten gar nicht erst aufstehen. Lieber bleibt er liegen, versteckt sich vor der Welt und merkt dabei gar nicht, dass er das denkbar Verkehrteste tut.

Schon mehrmals habe ich von der Notwendigkeit gesprochen, gegen Ihre Gefühle anzugehen, und genau das müssen Sie tun, wenn es um Depressionen geht.

Wer depressiv ist, will im Bett bleiben, aber was er wirklich nötig hat, ist, seine ganze Kraft und seinen ganzen Mut zusammenzunehmen, aufzustehen und seiner normalen Routine nachzugehen.

Wer sich schuldig fühlt, dem können Depressionen schwer zu schaffen machen, doch sich selbst auszureden, dass er sich gut fühlt, fällt ihm viel leichter.

«Warte mal», sagt er sich, «warum fühle ich mich eigentlich heute so gut? Ich meine, eigentlich habe ich überhaupt keinen Grund, mich gut zu fühlen. Ich muss noch diesen Bericht für die Arbeit schreiben, mein Auto braucht neue Reifen, und der Rasen muss auch noch gemäht werden.» Und so weiter und so fort. Es wird ihn keine große Mühe kosten, sich selbst eine richtig finstere Stimmung aufzuschwatzen, die ihm eindeutig vertrauter ist.

5. Sie glauben, sie hätten es verdient zu leiden. Wenn einem schuldbeladenen gescheiterten Perfektionisten etwas Unangenehmes passiert, weiß er genau, warum: weil er ein schlechter Mensch ist und genau das verdient, was er bekommt.

Jahrelang zahlte Harry all sein überschüssiges Geld auf ein Sparkonto ein. Die Zinsen sind nicht spektakulär, aber immerhin sicher. Nur drängen ihn seine Freunde immer wieder, er solle es doch mal mit Aktien versuchen. Insbesondere gibt es eine Aktie, in die sie investiert haben, und die hat ihnen schöne Erträge eingebracht.

Schließlich gibt Harry nach. Er hebt fünftausend Dollar von seinem Sparkonto ab und wagt sich an die Börse. Ein paar Wochen lang scheint alles prima zu laufen. Die Aktie steigt jeden

Tag, und es sieht so aus, als wäre es der cleverste finanzielle Schachzug gewesen, den er je gemacht hat.

Dann fällt plötzlich ohne Vorwarnung der Markt ins Bodenlose. Harrys Aktie verliert über Nacht zwanzig Dollar an Wert.

Nach außen hin gelingt es ihm vielleicht, über die Situation zu scherzen und zu sagen: «Keine Ahnung, warum so etwas immer mir passiert.» Doch innerlich denkt er: *Ich hätte wissen müssen, dass es so kommen würde. Ich kriege doch immer, was ich verdiene.* Irgendwo in seinem Innern ist Harry davon überzeugt, dass es strenge Maßstäbe gibt, an denen der Wert menschlicher Wesen gemessen wird. Wenn er auf sein Leben zurückblickt, sieht er Dutzende von Fällen, in denen er Mist gebaut, andere enttäuscht oder regelrechte Sünden begangen hat, und er weiß, dass er es nie schaffen könnte, der Mann zu sein, der er eigentlich sein sollte.

Weil er den Maßstäben nicht genügen kann, kommt es ihm ganz natürlich vor, damit zu rechnen, dass ihm schlimme Dinge passieren. Wann immer bei ihm etwas schiefgeht, ob er sich den Zeh anstößt, an der Börse Geld verliert oder ernsthaft krank wird, immer wird Harry das Gefühl haben, das zu bekommen, was er verdient, weil er ein schlechter Mensch ist.

Dummerweise kann es sein, dass Harrys Denken über sich selbst sich erfüllt. Wenn er zum Beispiel damit rechnet, dass ihm Unfälle passieren, kann es sein, dass er unvorsichtig und unaufmerksam wird.

In seinem Buch *Feeling Good – Depressionen überwinden, Selbstachtung gewinnen* spricht David Burns von der Notwendigkeit, zwischen gesunder Reue – «heiligem» Kummer, wie wir es nennen könnten – und einem ungesunden Schuldtrip zu unterscheiden.

Wenn man etwas tut, wovon man weiß, dass man es nicht hätte tun sollen, ist es natürlich, dass es einem leidtut, und das ist auch gesund. Doch es ist ein großer Unterschied, ob man eine Handlungsweise bedauert oder ob man zu dem Schluss kommt: «Ich bin ein furchtbarer Mensch.»

«Reue oder Bedauern», erklärt Dr. Burns, «zielen auf das Verhalten, während die Schuldgefühle sich gegen das ‹Ich› richten.»[4]

6. Sie beurteilen sich selbst danach, was andere von ihnen denken. Wer sich schuldig fühlt, lebt sehr oft nach den Regeln anderer. Das kann so weit gehen, dass er nicht einmal weiß, was er selber denkt, wenn es ihm nicht ein anderer sagt.

Wenn so jemand eine Künstlerin wäre, so hätte sie nicht die leiseste Ahnung, ob das Gemälde, das sie gerade vollendet hat, ein Meisterwerk oder ein Haufen Schund ist.

Sie würde dastehen, das Gemälde anstarren und sich darüber den Kopf zerbrechen, bis jemand anderes vorbeikäme. Wenn der dann zum Beispiel sagen würde: «Das sieht ja scheußlich aus. Die Farben stimmen alle nicht, und die Perspektive ist total verkorkst», dann würde sie es glauben. Sie würde all diese Mängel deutlich vor sich sehen, selbst wenn sie in Wirklichkeit gar nicht da wären.

Sehr oft ist das die Art und Weise, wie die «Schuldigen» ihr Leben führen: Sie geben sich alle Mühe, um den Erwartungen anderer zu genügen. Besonders schwierig wird das dann, wenn die Leute, deren Maßstäben sie zu genügen versuchen, willkürlich und launenhaft sind. (Erinnern Sie sich daran, wie Karla versuchte, das Essen auf Brians unberechenbare Arbeitszeiten und Wünsche abzustimmen.)

7. Sie leiden lieber, als dass sie Maßnahmen ergreifen, um etwas zu ändern. Es ist nicht immer einfach, sich zu ändern. Es ist zwar auch nicht einfach, beladen mit einer schweren Last der Schuld herumzulaufen, aber wenn man schon immer so gelebt hat und es nicht anders kennt – nun, dann ist das zumindest ein vertrauter Schmerz.

Manchmal ist es leichter, weiter nach denselben alten Regeln zu leben, egal, wie streng sie sein mögen, als auszubrechen und von nun an in Freiheit zu leben.

Wer schuldgierig ist, verhält sich manchmal wie einer, der seit zwanzig Jahren im Gefängnis sitzt. In zwei Wochen läuft seine Haftzeit ab, und dann darf er gehen. Aber er *will* gar nicht gehen. Er hat sich an das Leben hinter Gittern so sehr gewöhnt, dass er sich gar nicht mehr vorstellen kann, wie es sich draußen lebt. Im Gefängnis weiß er wenigstens, dass jeder Tag gleich ablaufen wird: Er weiß, wo er schläft, was es zum Mittagessen und zum Abendessen gibt und so weiter. Die Außenwelt sieht dagegen ungewiss und gefährlich aus.

Der größte Schritt für jemanden, dessen Leben von Schuld beherrscht wird, ist es, die Entscheidung zu treffen, dass er wirklich die Nase voll hat, so zu leben, und dass er sich wirklich ändern *will*. Wenn Sie diesen Wunsch nicht haben, wird sich nie etwas ändern.

Sobald Sie entschieden haben, dass Sie sich ändern werden und mit dem Leben in Schuld aufhören wollen, gibt es mehrere Schritte, die Sie tun müssen:

1. Hören Sie auf, die Schuldgefühle festzuhalten.
2. Fühlen Sie sich nicht schuldig, nehmen Sie nicht die Schuld auf sich, und entschuldigen Sie sich nicht für Dinge, die gar nicht Ihr Fehler sind.
3. Lassen Sie nicht zu, dass andere auf Ihre Schuldknöpfe drücken.
4. Hängen Sie die Hochsprunglatte des Lebens tiefer.
5. Hören Sie auf, nach der Pfeife der andern zu tanzen.
6. Hören Sie auf, sich selbst zu schikanieren.
7. Lernen Sie, mitten im Gerangel ein «Audible» (eine Reihe von Kommandos) auszurufen.[5]

Gehen wir diese Schritte zur Überwindung von Schuldgefühlen einen nach dem anderen durch.

1. Hören Sie auf, die Schuldgefühle festzuhalten. Wie macht man das? Indem man lernt, sich selbst und anderen zu vergeben.

Wenn Sie das Gefühl haben, jemandem wirklich Unrecht getan zu haben, gehen Sie zu dieser Person und bitten Sie sie um Vergebung. Wenn Sie meinen, ein anderer hätte Ihnen Unrecht getan, machen Sie einen Versuch, diese Beziehung wiederherzustellen.

Sicherlich sollten Sie nicht jemanden, mit dem Sie seit Jahren nicht gesprochen haben, anrufen und etwa sagen: «Weißt du, du hast mir damals vor fünf Jahren wirklich übel mitgespielt, aber ich rufe an, um dir mitzuteilen, dass ich dir vergebe.» Das ist nicht unbedingt eine hilfreiche Haltung, und die Reaktion, die Sie darauf bekommen, würde wahrscheinlich etwa so ausfallen: «Was soll das heißen, du vergibst mir? Ich habe dir doch nie etwas getan!»

Stattdessen könnten Sie zum Beispiel sagen: «Ich habe gerade an dich gedacht und mich gefragt, wie es dir wohl geht. Da dachte ich, ich rufe einfach mal an.» (Oder: «Ich schreibe dir einfach mal ein paar Zeilen.») Es könnte sein, dass die andere Person die Freundschaft nicht erneuern möchte und es ihr Spaß macht, ihren Groll gegen Sie zu pflegen. Doch Sie müssen Ihr Leben nicht an ihrem Level ausrichten.

Wie ich schon einmal sagte: Wenn Sie das Gefühl haben, gegen Gott gesündigt zu haben, ist es wichtig, dass Sie auch seine Vergebung suchen. Denken Sie dabei aber daran, dass in der Bibel an vielen Stellen gesagt wird, dass er sehr gerne bereit ist zu vergeben. Wenn Sie ihn aufrichtig um seine Vergebung gebeten haben, dann haben Sie sie auch bekommen.

In seinem Buch *Die Kunst zu vergeben* listet Gerald G. Jampolsky sechs Folgen auf, die das Festhalten an Schuldgefühlen garantiert mit sich bringt:

- Es führt dazu, dass wir uns angegriffen fühlen.
- Es verschafft uns Rechtfertigung für unseren Zorn gegen uns selbst oder andere.
- Es zerstört unsere Selbstachtung und unser Selbstvertrauen.
- Es führt dazu, dass wir uns deprimiert, hohl und leer fühlen.

- Es zerstört unseren inneren Frieden.
- Es führt dazu, dass wir uns ungeliebt fühlen.[6]

Als Schritte zur Überwindung von Schuldgefühlen schlägt er vor: Die Schuldgefühle loslassen, ohne Schuld auf andere zu projizieren; vergeben und die Vergangenheit loslassen; in der Gegenwart bleiben und in der Freude am jetzigen Moment leben; keine Forderungen an andere stellen und der Versuchung zum Verurteilen widerstehen.[7]

2. Fühlen Sie sich nicht schuldig, nehmen Sie nicht die Schuld auf sich, und entschuldigen Sie sich nicht für Dinge, die gar nicht Ihr Fehler sind. Ich weiß, das ist leichter gesagt als getan. Aber hören Sie sich selbst einmal zu. Ist «Tut mir leid» Ihr meistgebrauchter Ausdruck?

Widerstehen Sie der Versuchung, es zu sagen.

Sagen wir, Ihre Familie will essen gehen, und Sie schlagen die Pizzeria um die Ecke vor. Nun, aus irgendeinem Grund ist die Bedienung ausgerechnet heute Abend quälend langsam. Sie sitzen alle am Tisch und warten und warten, und Sie wissen, dass alle hungrig sind.

«Tut mir wirklich leid», sagen Sie, «ich weiß nicht, wieso das so lange dauert. Das ist mir wirklich sehr unangenehm.»

Warum in aller Welt sollten Sie sich dafür entschuldigen? Es ist doch nicht Ihr Fehler, dass die Bedienung so langsam ist. Wenn jetzt die Pizza käme und Sie sie versehentlich auf den Boden fallen ließen und gleich noch Ihr Getränk darüber schütteten, dann hätten Sie einen legitimen Grund, sich zu entschuldigen. Aber bitte, geben Sie sich Mühe und versuchen Sie wirklich, sich nicht zu entschuldigen oder die Schuld auf sich zu nehmen für Dinge, auf die Sie gar keinen Einfluss haben.

Wie oft sagen Sie am Tag «Tut mir leid»? Entschuldigen Sie sich dafür, wenn andere Leute Sie anrempeln? Wenn Sie gegen irgendeinen Gegenstand stoßen, entschuldigen Sie sich dann unwillkürlich?

Höflichkeit ist ja schön und gut, aber das ist lächerlich! Machen Sie Schluss damit!

3. Lassen Sie nicht zu, dass andere auf Ihre Schuldknöpfe drücken. Wenn Sie leicht durch Schuldgefühle zu manipulieren sind, bilden Sie sich ja nicht ein, Sie wären der Einzige, der das weiß. Ihr Ehepartner weiß es, Ihre Kinder dürften es wissen, Ihre Kollegen am Arbeitsplatz wissen es, und Ihre Nachbarn wissen es auch. Und wenn es ihnen in den Kram passt, werden sie sich nicht scheuen, auf jene Schuldknöpfe zu drücken.

«Hör mal, Harriet, ich weiß nicht, was ich tun soll. Der Chef will, dass ich diese Akten bis morgen Früh fertigmache, aber ich habe heute Abend eine wirklich wichtige Verabredung.» Sie steht da und schaut Sie mit flehentlichem Blick an.

Sie weiß genau, womit sie Sie kriegt.

«Der Mann ist etwas ganz Besonderes. Ich glaube, er ... na ja ... er könnte derjenige sein, welcher ... und ich könnte es nie ertragen, die Chance verpasst zu haben, das herauszufinden.»

Jeanine ist Ihre beste Freundin bei der Arbeit, und sie weiß, wie schuldig Sie sich jeden Abend fühlen, wenn Sie sich verabschieden und sie in ihre einsame Wohnung gehen sehen, während auf Sie zu Hause ein liebevoller Ehemann und zwei prächtige Kinder warten.

Und so drückt sie mit großem Geschick auf jene Schuldknöpfe.

«Weißt du was, Jeanine?», erwidern Sie. «Ich habe heute Abend eigentlich nichts Besonderes vor. Wie wär's, du lässt mich die Berichte für dich machen?»

«Im Ernst?»

«Klar, mache ich doch gern.»

Nun, Sie werden es tun, aber der letzte Teil entsprach nicht ganz der Wahrheit. Sie machen es überhaupt nicht «gern». Es ist nur wegen Ihrer Schuldgefühle, und die Wahrheit ist, dass dies für Sie der erste freie Abend seit Wochen gewesen wäre und Sie sich wirklich darauf gefreut hatten. Aber irgendwie haben Sie das Gefühl, wenn Sie Jeanine nicht aushelfen, wird sie nie «den

Richtigen» finden und für den Rest ihres Lebens alleinstehend und entsetzlich einsam bleiben. Und das wird natürlich ganz allein Ihre Schuld sein.

Was hätten Sie tun sollen? Wenn es Ihnen wirklich nichts ausmacht, Ihrer Freundin die Arbeit abzunehmen, wunderbar. Aber die Entscheidung sollte sich danach richten, wonach Ihnen ist und was Sie tun möchten – nicht nach Ihren Schuldgefühlen. Ich persönlich würde mich darüber ärgern, auf diese Weise manipuliert zu werden. Wenn Jeanine Sie bitten wollte, ihr die Arbeit abzunehmen, hätte Sie sie geradeheraus darum bitten sollen.

Kinder werden auf verschiedene Weise versuchen, auf Ihre Schuldknöpfe zu drücken: «Aber Mama, die anderen Mädchen dürfen auch alle hingehen!» – «Aber Papa, die anderen Kinder kriegen alle viel mehr Taschengeld als ich!» – «Mama, kannst du mich nicht bitte morgens in die Schule fahren? Ich habe immer so viele Bücher zu tragen.»

Wenn Sie das, was Ihre Kinder sagen, für bare Münze nehmen, werden Sie versucht sein zu denken, alle anderen Eltern in Ihrer Nachbarschaft kämen geradewegs aus der Fernsehserie «Vater ist der Beste», während Sie beide ein paar Neandertaler sind, denen bei einem «Schlechteste-Eltern-des-Jahres»-Wettbewerb der Sieg sicher wäre.

Auch Ehepaare sind meistens sehr geschickt darin, sich gegenseitig auf die Schuldknöpfe zu drücken, vor allem weil sie sich so gut kennen.

In manchen Fällen spielen Ehemänner und Ehefrauen ein Spiel, das Dr. Jampolsky «Wer ist schuld und wer ist unschuldig?»[8] nennt. Das Spiel beginnt, sagt er, wenn ein Ehepartner versucht, dem anderen eine «heiße Kartoffel» der Schuld zuzuwerfen. Dann wird die Schuld hin- und hergeworfen, während jeder Partner sagt: «Du bist schuld», «Nein, du bist schuld», und so weiter.

In Ehen, in denen ein Partner ein gescheiterter Perfektionist ist, dauert das Spiel gar nicht sehr lange und läuft eher so: «Du bist schuld.» – «Du hast recht, ich bin schuld.»

Was sollten Sie tun, wenn Leute versuchen, auf Ihre Schuldknöpfe zu drücken? Versuchen Sie einen Schritt zurückzutreten und die Situation aus einem neuen Blickwinkel zu betrachten. Werden Sie sich darüber klar, was Ihre Motivation ist. Wenn es Schuldgefühle sind, dann treffen Sie die bewusste Entscheidung, nicht nachzugeben. Sie können nie wissen, was die Motive anderer sind, aber wenn Sie spüren, dass jemand Sie zu manipulieren versucht und die Finger schon fast an jenen Schuldknöpfen hat, dann seien Sie äußerst vorsichtig.

4. Hängen Sie die Hochsprunglatte des Lebens tiefer. Je eher Sie erkennen, dass Sie nicht vollkommen sein können, desto eher werden Sie aufhören, sich von Ihren Schuldgefühlen in den Schwitzkasten nehmen zu lassen.

Wenn Sie merken, dass Sie über die Misserfolge und die Ablehnung nachdenken, die Sie erlitten haben, unternehmen Sie eine bewusste Anstrengung, die Dinge zu ändern. Sie haben in Ihrem Leben Triumphe erlebt und Siege errungen. Denken Sie an diese Begebenheiten: wie Ihr Chef Ihnen letzte Woche sagte, Ihr Vortrag habe ihm gefallen; an das neue Dessert, das Sie gemacht haben und das den Walkers so gut geschmeckt hat; an den Buchstabierwettbewerb, den Sie in der siebten Klasse gewonnen haben – beschäftigen Sie sich mit den Erfolgen, nicht mit den Misserfolgen.

Vielleicht sind Sie eine durchschnittliche Frau, die niemals jemand mit Jennifer Aniston oder Halle Berry verwechseln würde – oder ein durchschnittlicher Typ, dessen Name nie in den Schlagzeilen der Sportzeitschriften prangen wird wie der von Luca Toni oder Michael Jordan. Aber laufen Sie nicht herum und vergleichen sich mit Julia Roberts oder Dirk Novitzki, indem Sie Ihre Erfolge an deren Erfolgen messen. Man kann sich immer in Schwierigkeiten bringen, wenn man sich mit anderen vergleicht, oder auch nur, wenn man das, wie man ist, mit dem vergleicht, wie man eigentlich gerne sein würde. Denken Sie daran, dass es viele Leute gibt, die Größeres leisten als Sie, und viele, die

Ihren Leistungen nicht annähernd gleichkommen. Wer sich aber von Schuldgefühlen leiten lässt, hat eine verzerrte Perspektive, von der aus er nur diejenigen sehen kann, die besser sind als er.

Vielen meiner Klientinnen sage ich, dass ich es für leichter halte, eine Heilige wie Mutter Teresa zu sein als eine «perfekte» Ehefrau und Mutter. «Versuchen Sie, als Ehefrau so liebevoll zu sein, wie Sie können, und alles andere wird sich ergeben», sage ich ihnen.[9]

Also, hängen Sie die Hochsprunglatte des Lebens tiefer. Man muss nicht immer einen Home Run machen; bis zum nächsten Base zu kommen ist auch ein Erfolg. Erfreuen Sie sich an Komplimenten von Ihrem Mann und Ihren Kindern, statt von internationalen Ehrungen und Oscars zu träumen. (Ja, mir ist klar, dass ich hier sehr stark vereinfache. Ich kenne nur wenige Leute, die sich entmutigt fühlen, weil sie nie einen Nobelpreis oder einen Oscar gewonnen haben, aber es geht mir ums Prinzip. Sie sind ein wertvoller Mensch mit vielen hervorragenden Eigenschaften. Senken Sie Ihre Erwartungen an sich selbst, und richten Sie den Blick auf das, was Sie geschafft haben, nicht auf das, was Sie nicht geschafft haben.)

Im nächsten Kapitel werde ich ausführlicher darüber sprechen, wie Sie diese Hochsprunglatte tiefer hängen können.

5. Hören Sie auf, nach der Pfeife der andern zu tanzen. Halten wir einen Moment inne und machen wir einen kleinen Test. Sie lieben doch Testfragen, oder?

(Diese Frage an sich kann schon ein guter Testfall dafür sein, ob Sie nach der Pfeife eines anderen tanzen. Denn jemand, bei dem das der Fall ist, würde wahrscheinlich sagen: «Oh, natürlich liebe ich Testfragen», auch wenn er sie in Wirklichkeit hasst. Er sagt's, weil er weiß, dass das die Antwort ist, die der andere hören möchte.)

Geben Sie sich bei den folgenden Fragen vier Punkte für jede Frage, die Sie mit *immer* beantworten, drei Punkte für *meistens*, zwei für *selten* und einen Punkt für *nie*.

A Wenn Ihre Familie essen geht, suchen Sie dann das Restaurant aus? ______

B Wenn Ihnen eine Bluse (oder ein Hemd) sehr gut gefällt, Ihrer besten Freundin oder Ihrem besten Freund aber überhaupt nicht, würden Sie das Teil trotzdem kaufen? ______

C Wenn Sie im Urlaub in die Berge möchten und Ihr Ehepartner lieber ans Meer, würden Sie dann am Ende in die Berge fahren? ______

D Wenn Sie im Urlaub in die Berge möchten und Ihr Ehepartner lieber ans Meer, würden Sie Ihrem Ehepartner überhaupt von Ihren Wünschen erzählen? ______

E Wenn Ihre Nachbarin möchte, dass Sie für zwei Stunden auf ihr zweijähriges Kind aufpassen, es Ihnen aber schlecht passt, würden Sie Nein sagen? ______

F Wenn Sie aufgefordert werden, in einem Komitee mitzuarbeiten, aber schon in drei sehr anspruchsvollen Komitees sitzen und finden, dass Sie definitiv keine Zeit für ein weiteres haben, würden Sie Ihren Standpunkt erklären und die neue Mitarbeit ablehnen? ______

G Wenn Sie im Restaurant ein durchgebratenes Steak bestellen, und es wird ihnen «innen blutig» gebracht, würden Sie es zurückgehen lassen? ______

H Wenn Sie im Restaurant Roastbeef bestellen, und der Kellner bringt Ihnen gebratene Scampi, würden Sie sie zurückgehen lassen? ______

I Eine Arbeitskollegin lädt Sie zu einer Tupperwareparty bei sich zu Hause ein. Es ist schon die dritte, zu der Sie diesen Monat eingeladen werden, und Sie haben eigentlich keine Lust auf noch eine. Würden Sie die Einladung höflich ablehnen? ______

J Ein Kollege schiebt immer eine ruhige Kugel und wälzt seine

Arbeit auf Sie ab. Würden Sie ihn auf sein Verhalten ansprechen? ______

Okay, schauen wir einmal, wie Sie abgeschnitten haben:

40 Punkte:
Sie haben bereits ein starkes Selbstbild. Sie tanzen nach niemandes Pfeife außer nach Ihrer eigenen! Wahrscheinlich haben die Leute einen hübschen Spitznamen für Sie. «Kleiner Attila» oder so ähnlich.

30–39 Punkte:
Sie scheinen keine Probleme zu haben. Sie schränken Ihre Wünsche mit Rücksicht auf die Gefühle anderer auch schon mal ein, aber Sie scheuen sich nicht davor, sich selbstbewusst zu behaupten.

25–29 Punkte:
Nun, Sie sind ein Grenzfall. Nicht übermäßig aggressiv, aber auch kein Waschlappen.

20–24 Punkte:
Ihnen fällt es nicht leicht, sich zu behaupten. Es passiert Ihnen sehr häufig, dass Sie sich nach anderen Leuten richten.

13–19 Punkte:
Sie müssen etwas an Ihrer Lebensweise ändern. Ihre Wünsche *sind* wichtig, und Sie müssen lernen, sie auszudrücken.

11–12 Punkte:
Nun, zumindest waren Sie in der Lage, die Scampi zurückzuschicken, als Sie eigentlich Roastbeef bestellt hatten, richtig? Das ist nicht viel, aber immerhin etwas. Für Ihr Selbstbild sind drastische Veränderungen nötig.

10 Punkte:
Die Leute haben einen Spitznamen für Sie: «Fußmatte».

Einen mit Schuldgefühlen beladenen gescheiterten Perfektionisten kostet es große Mühe, damit aufzuhören, nach der Pfeife anderer Leute zu tanzen. Doch zu Ihrem eigenen Wohl müssen Sie sich einfach zwingen, das zu ändern. Wenn Ihren Freunden und Angehörigen wirklich etwas an Ihnen liegt, werden sie auch anfangen, sich auf eine gesunde Beziehung des wechselseitigen Gebens und Nehmens mit Ihnen einzulassen. Es mag eine Weile dauern, besonders wenn sie es lange gewohnt waren, sich um das Nehmen zu kümmern und Ihnen das Geben zu überlassen. Aber bleiben Sie beharrlich, und die Situation wird sich ändern.

6. Hören Sie auf, sich selbst zu schikanieren. Genauer gesagt, hören Sie auf, auf alten Geschichten herumzureiten. Vergeuden Sie keine Zeit mehr damit, sich Zeitlupenwiederholungen von allen Fehlern anzuschauen, die Sie je gemacht haben. Denken Sie daran, dass jeder Fehler macht und Sie mit Sicherheit auch noch einige davon begehen werden, bevor Sie in den Himmel kommen.

Hören Sie auf, sich selbst als wertlos, hilflos und hoffnungslos zu sehen, und betrachten Sie sich stattdessen als wertvolles menschliches Wesen, geschaffen von Gott. Lernen Sie, sich auf Ihre Stärken zu besinnen statt auf Ihre Schwächen.

Tun Sie Ihr Bestes, um destruktive Kritik zu ignorieren und sich nicht davon herunterziehen zu lassen. Wie kommen Sie überhaupt darauf, dass die Kritiker besser Bescheid wissen als Sie?

Wissen Sie, was die «Chicago Times» seinerzeit über Abraham Lincolns berühmte Rede von Gettysburg schrieb? «... alberne, flache und verwaschene Äußerungen ...»[10] Diejenigen, die Kritik an Ihnen üben, könnten genauso weit daneben liegen.

7. Lernen Sie, mitten im Gerangel ein «Audible» (eine Reihe von Kommandos) auszurufen. Wenn Sie American-Football-Fan sind, wissen Sie, was es bedeutet, ein «Audible auszurufen». Allen anderen möchte ich es erklären. Bei einem Footballspiel schließt sich die Angreifermannschaft zu einem Ring zusammen und einigt sich auf ihre Spielzüge.

Wenn dann aber das Spiel beginnt und der Quarterback etwas an der Aufstellung der Verteidigung bemerkt, was ihn veranlasst zu denken, dass der ausgewählte Spielzug nicht funktionieren wird, kann er beschließen, ein Audible auszurufen. Das bedeutet, er ruft eine Reihe von Kommandos, durch die der Spielzug geändert wird.

Was ich damit sagen will, ist Folgendes: Wenn Sie sich in einer Situation befinden, in der Sie schon immer schlecht reagiert haben, nehmen Sie eine Auszeit, treten Sie einen Schritt zurück, analysieren Sie die Situation und ändern Sie dann Ihren Spielzug. Was würde Ihr «altes» Ich jetzt tun? Aber genau das hat Sie ja immer in Schwierigkeiten gebracht. Was also sollte Ihr «neues» Ich tun?

Wenn Sie lernen, innezuhalten und Situationen zu durchdenken, wird es immer seltener passieren, dass Sie durch Schuldgefühle motiviert werden. Und je weniger Sie auf der Basis von Schuldgefühlen operieren, desto mehr werden Sie mit sich selbst im Reinen sein, und desto weniger werden Sie die Motivation der Schuldgefühle nötig haben!

Vergessen Sie nicht, Sie müssen nicht vollkommen sein. Das ist nicht Ihre Zielmarke. Sie müssen lernen, zuzugeben und zu akzeptieren, dass Sie unvollkommen sind und das auch immer bleiben werden.

Vergessen Sie aber auch nicht, dass Unvollkommenheiten manchmal eine Hilfe sein können. Sie können dazu führen, dass andere sich zu Ihnen hingezogen fühlen und es Mitmenschen hilft, mit Ihnen angemessen umzugehen.

Jeder kann sich mit ein wenig Unvollkommenheit problemlos identifizieren!

6. Wird es Zeit, die Hochsprunglatte tiefer zu hängen?

Wir haben in diesem Buch viel von Ablehnung, Scheitern und der Unfähigkeit gesprochen, Maßstäben gerecht zu werden. Es war die Rede von Leuten, die wir gescheiterte Perfektionisten nennen. Das sind Leute, die sich niemals damit zufriedengeben können, nur hervorragend zu sein. Sie wollen perfekt sein.

Eine Sache, die ich über den gescheiterten Perfektionisten gesagt habe, ist, dass er mit seinen Erfolgen nie zufrieden ist. Wenn ihm etwas gelingt, sagt er sich sofort, dass das Ziel, das er sich gesteckt hat, eben nicht hoch genug war. Denn sonst hätte er es ja nie geschafft! Das nenne ich die «Hochsprunglatte des Lebens höher hängen».

Sie werden inzwischen gemerkt haben, dass ich Sport liebe, und als Psychologe sehe ich in vielen Wettbewerben und Veranstaltungen im Sport Analogien zum täglichen Leben. Jedes Mal, wenn ich bei einem Leichtathletikwettkampf den Hochsprung sehe, muss ich an den gescheiterten Perfektionisten denken.

Da kommt der Hochspringer und nimmt Anlauf, so schnell er kann. Im letzten Moment schnellt er nach oben … und über die Latte. Er hat 2,20 Meter übersprungen!

Was passiert dann? Die Latte wird zwei Zentimeter höher gehängt, dann noch einmal zwei Zentimeter, und so weiter, bis nur noch ein Wettkämpfer übrig ist. Alle anderen sind daran gescheitert, diese Höhe zu überspringen. Wenn freilich schon bei 1,80 Meter keiner der Wettkämpfer über die Latte käme, würde man sie tiefer hängen.

Da kommt der gescheiterte Perfektionist … schnaufend und keuchend … mit den Armen rudernd rennt er auf die Hochsprunglatte zu. Jetzt steigt er in die Höhe, und noch höher … und über die Latte!

Sofort ist er wieder auf den Beinen und schreit die Kampfrichter an:

«He, was stimmt denn nicht mit diesem Ding?»

«Wieso? Es ist doch alles in Ordnung!»

«Nein, da kann etwas nicht stimmen! Ich bin doch drübergekommen! Hängen Sie die Latte zwanzig Zentimeter höher!»

«Zwanzig Zentimeter? Wieso …»

«Nein, warten Sie. Nehmen Sie gleich dreißig!»

Also wird die Latte dreißig Zentimeter höher gehängt.

Und da kommt er wieder, gibt seine ganze Kraft für den nächsten Sprung. Nur schafft er es diesmal nicht.

«Lassen Sie sie, wo sie ist. Ich versuche es noch einmal.»

Und wieder scheitert er.

«Vielleicht sollten wir sie ein bisschen tiefer hängen», schlägt einer der Kampfrichter vor.

«Auf keinen Fall. Ich werde diese Latte überspringen, und wenn es mich umbringt!»

Und das wird es wahrscheinlich auch. Ein ums andere Mal versucht er ganz für sich allein, ohne Erfolg, über die Latte hinwegzuspringen. Er ist erschöpft, alles tut ihm weh, und er ist wütend. Aber immer noch will er nichts davon hören, die Latte niedriger zu hängen.

Ich sehe ihn vor meinem geistigen Auge, spätabends, nachdem die Zuschauer und alle anderen Wettkämpfer schon längst zu Hause sind. Inzwischen ist sein Anlauf schon viel langsamer, und er springt nicht mehr annähernd so hoch. Noch einmal höre ich das Scheppern der Hochsprunglatte, wenn sie zu Boden fällt.

Das ist natürlich ein trauriges, erbärmliches Bild, aber es ist gar nicht so übertrieben, wie Sie vielleicht denken. Denn das ist die Art, wie ein gescheiterter Perfektionist lebt.

Er streckt sich nach den Sternen aus, während die Planeten in

seiner Reichweite sind; er will einen Cadillac fahren, wenn er sich nur einen Volkswagen leisten kann; und – um noch eine Analogie aus dem Sport zu gebrauchen – er ist nie mit einem einzigen Base zufrieden, sondern er will einen Home Run, wann immer er ans Schlagmal tritt.

Das eigentlich Traurige daran ist, dass ihm nicht einmal bewusst ist, dass er all diese übertriebenen Forderungen an sich stellt. Und er hat ein verzerrtes Bild von der Wirklichkeit. Wenn er sich umschaut, sieht er eine Welt voller erfolgreicher Menschen – voller Männer und Frauen, die scheinbar jedes Mal, wenn sie dran sind, einen Home Run schlagen. Seine eigenen Erfolge kommen ihm völlig unbedeutend vor, während seine Misserfolge ihm so groß und offensichtlich erscheinen, dass der Grand Canyon dagegen winzig wirkt.

Er möchte zu den Erfolgreichen gehören, und so hängt er die Hochsprunglatte immer höher und sabotiert so seine Chancen, bei irgendetwas erfolgreich zu sein. Angenommen zum Beispiel, ein gescheiterter Perfektionist sitzt in einer Mitarbeiterbesprechung, und sein Chef bittet ihn, für die Besprechung in der nächsten Woche einen Bericht über die Umsätze im Südosten der USA vorzubereiten.

Dann wendet sich der Chef an den Kollegen Krelman. «Und Sie, Krelman, würde ich bitten, dasselbe in Bezug auf die nordöstlichen Staaten zu erledigen.»

Worauf sich Herr Perfektionist zu Wort meldet. «Moment, Chef, das kann ich doch auch machen. Nicht nötig, Krelman auch noch damit zu belasten.»

Der Chef ist fassungslos. «Sind Sie sicher? Das ist eine Menge Arbeit.»

«Ja natürlich. Kein Problem.»

Doch natürlich wird ihm, kaum dass die Besprechung vorbei ist, klar, was er sich da eingehandelt und aufgebürdet hat.

Mit dem Bericht für den Südosten wäre er prima zurechtgekommen. Doch jetzt hat er sich viel zu viel aufgehalst. Zweifel machen sich in ihm breit, und er gerät in Panik. Er glaubt, er werde den Job nicht so gut machen, wie der Chef es wünscht, und deswegen traut er sich gar nicht erst anzufangen. Das Endergebnis ist nicht nur, dass er den Bericht für den Nordosten nicht fertigbekommt, sondern auch, dass sein Bericht über den Südosten ziemlich fadenscheinig und schlecht dokumentiert ausfällt.

Er hat sich wieder einmal selbst sabotiert. (Und es ist zu vermuten, dass seine Familie in mehr als einer Hinsicht die Zeche dafür zahlen wird.)

Nun sitzen Sie wahrscheinlich da, lesen dies und denken sich: *Also, mich kann er damit ja wohl nicht meinen.* Aber ich muss Sie fragen: Sind Sie da ganz sicher?

Mag sein, dass Sie es nicht auf so offensichtliche Weise tun, aber legen Sie nicht doch unbewusst Ihre Hochsprunglatte des Lebens immer höher und höher – und stellen sich dabei selbst ein Bein nach dem anderen?

Wissen Sie, wohlmeinende Leute haben Ihnen immer gesagt, Sie sollten Ihre Ziele «himmelhoch» setzen. Wenn man sich ein Ziel setzt, das leicht erreichbar ist, so sagen sie, wird man nie wirklich das Letzte aus sich herausholen ... und man erfährt nie, was für große Dinge man hätte erreichen können. Setzt man sich dagegen Ziele, die gerade außerhalb der eigenen Reichweite liegen, so entwickelt man sich immer weiter, wird besser und erreicht mehr, als man sich jemals hat träumen lassen. Sagen diese Leute.

Nun, auch wenn ich mich damit dem Vorwurf der Häresie aussetze, sage ich Ihnen jetzt: Vergessen Sie diese Denkweise. Sie sollten sich Ziele setzen, ja, und es sollten Ziele sein, die Sie dazu herausfordern, Ihr Bestes zu geben. Aber wenn Sie völlig unrealistisch sind, dann werden diese Ziele nichts anderes bewirken als Dauerfrust und Niederlagen!

Es wäre zum Beispiel keine Übertreibung zu sagen, dass die meisten kleinen Jungen davon träumen, große Sportler zu werden. Sie sehen sich mit einem Kopfball in der neunzigsten Minute die Weltmeisterschaft gewinnen, in Wimbledon nach einem nervenzerfetzenden fünften Satz den Matchball des Finals verwandeln oder kurz vor dem Ertönen des Summers noch einen turnierentscheidenden Korbleger erzielen. Doch nur sehr wenige Leute, wie sehr sie sich auch anstrengen, werden es jemals schaffen, Profisportler zu werden. Und selbst für diese wenigen ist der Sieg bei einer großen Meisterschaft ein ferner Traum.

Nun, ein solches Ziel ist wunderbar, wenn man ein kleiner Junge ist. Aber wenn Sie ein fünfunddreißigjähriger Buchhalter sind und immer noch im Stadtpark Ball spielen und hoffen, es würde ein Talentscout für die Boston Red Sox vorbeikommen und Sie entdecken – tja, dann leben Sie in einer Traumwelt. Es ist Zeit, sich der Wirklichkeit zu stellen und Ihre Ziele neu zu sortieren.

Nein, ich stelle mir nicht wirklich vor, dass es zu viele fünfunddreißigjährige Buchhalter gibt, die darauf hoffen, an die Spitze des Baseballs aufzusteigen, aber ich glaube, Sie verstehen schon, was ich meine. Wenn Ihre Ziele Wirkung und Nutzen für Sie haben sollen, müssen sie innerhalb des für Sie Möglichen liegen.

Ein weiterer Fehler, den gescheiterte Perfektionisten oft machen, besteht darin, zu schnell zu viel von sich selbst zu erwarten. Sie sind nicht bereit, klein anzufangen und einen Schritt nach dem anderen zu gehen. Sie wollen das ganz große Los ziehen, und zwar sofort, und mit kleineren Erfolgen geben sie sich nicht zufrieden.

Die Jagd nach dem Erfolg über Nacht

Wie oft haben Sie schon von Leuten gelesen, die «über Nacht» zu Stars wurden? In der Unterhaltungsindustrie passiert das dauernd. Eine junge Frau erstürmt das Rampenlicht. Sie ziert den Titel der «Newsweek», wird von Barbara Walters interviewt, und jeder Mensch auf der Welt scheint ihren Namen zu kennen. Noch vor sechs Monaten hatte niemand je von ihr gehört.

Aber schauen Sie ein bisschen genauer hin. Sie hat in Dutzenden von Aufführungen im Laientheater ihrer Heimatstadt mitgespielt. Sie hat jahrelang Schauspielunterricht genommen. Dann hat sie hier eine kleine Rolle ergattert, ist in einer oder zwei Fernsehepisoden aufgetreten und hat dann in einem Low-Budget-Film mitgespielt. Mit anderen Worten, der «Erfolg über Nacht» ist in Wirklichkeit gar nicht über Nacht gekommen. Es ging einen Schritt nach dem anderen, Sprosse um Sprosse die Leiter hinauf. Sie hatte auf einer Stufe Erfolg, bevor sie die nächste erklomm.

Ja, zugegeben, es gibt Ausnahmen von dieser Regel. Falls Sie in den Fünfzigern schon gelebt haben, erinnern Sie sich bestimmt an einen jungen Sänger namens Fabian. Wie kam Fabian zum großen Erfolg? Die Legende berichtet, er habe auf der Treppe vor seinem Haus in Philadelphia gesessen, als zufällig ein Plattenproduzent vorbeikam. Dieser warf nur einen Blick auf den jungen Mann und erkannte sofort, dass er «Starqualitäten» hatte. Ob er singen konnte oder nicht, war unwichtig – er konnte es übrigens nicht –, Hauptsache, er hatte das richtige Aussehen. Fabians Platten erstürmten die Hitparaden, er drehte Filme, und wo immer er hinkam, wurde er von Scharen schreiender halbwüchsiger Mädchen empfangen.

Doch wie die meisten Über-Nacht-Sensationen brannte Fabians Stern ein oder zwei Jahre lang strahlend hell und verblasste dann wieder. Diejenigen, deren Erfolg Bestand hat, sind die, deren Aufstieg an die Spitze stetig und langsam verläuft.

Die Einstellung, sich den sofortigen Erfolg zu wünschen, überträgt sich auch auf andere Bereiche des Lebens eines gescheiterten Perfektionisten.

Wenn Roger zum Beispiel fünfzehn Dinge im Haus zu erledigen hat, dann neigt er dazu, sie alle auf einmal zu erledigen.

Vielleicht macht er sich sogar eine Liste:

Heute zu erledigen

- Undichten Wasserhahn im Bad reparieren.
- Garage aufräumen.
- Türdichtung an der Haustür erneuern.
- Bäume im Garten beschneiden.
- Rasen mähen.
- Rosen düngen.
- Zierleisten an der Eingangsüberdachung streichen.
- Kaputte Latten am hinteren Zaun ersetzen.
- Kaputte Kette an Susies Fahrrad reparieren.
- Keilriemen an der Küchenmaschine ersetzen.
- Motoröl wechseln.

Und so weiter und so fort. Fünfzehn oder zwanzig Dinge hat er vielleicht auf dieser Liste stehen. Und dann hat er noch so eine Liste fürs Büro, mit ebenso vielen Punkten darauf.

Nun muss man sicher kein Genie sein, um zu wissen, dass er es nie schaffen wird, das alles an einem Tag zu erledigen. Wahrscheinlicher ist, dass er gar nichts auf dieser Liste wird abhaken können. Stattdessen wird er sich zwischen all diesen Punkten im Kreis drehen. Er hat sie nicht in eine Prioritätenfolge gebracht, und deshalb weiß er nicht, was er als Erstes tun soll.

Vielleicht fängt er in der Garage an: «Hier muss dringend mal aufgeräumt werden.» Doch dann fällt ihm ein, dass der Rasen gemäht werden muss. «Das mache ich lieber erst, bevor es zu heiß (oder zu kalt oder zu dunkel) wird.»

Also geht er und holt den Rasenmäher heraus. Doch als er ihn aus der Garage rollt, sieht er das Auto, und ihm fällt ein, dass er dringend einen Ölwechsel machen muss. Als er das Öl holen geht, sieht er die Farbdose dastehen und erinnert sich an die Eingangsüberdachung.

Was in aller Welt soll er als Erstes tun? In seinem Kopf dreht es sich, und es bricht alles über ihn herein. Er hat einfach zu viel zu tun!

Ehe er sich versieht, ist der Tag um, und er hat nichts zustande gebracht. Sicher, angefangen hat er mehrere Dinge auf seiner Liste – aber fertig geworden ist er mit keinem davon.

Also geht er seufzend hinein und macht sich eine neue Liste. Er nimmt sich Stift und Papier und notiert:

Heute zu erledigen

- Undichten Wasserhahn im Bad reparieren.
- Garage aufräumen.
- Türdichtung an der Haustür erneuern.
- Bäume im Garten beschneiden.
- Rasen mähen.
- Rosen düngen.
- Zierleisten an der Eingangsüberdachung streichen.
- Kaputte Latten am hinteren Zaun ersetzen.
- Kaputte Kette an Susies Fahrrad reparieren.
- Keilriemen an der Küchenmaschine ersetzen.
- Motoröl wechseln.

Und dieselbe Liste schreibt er vielleicht jeden Tag, immer wieder neu, fühlt sich immer überfordert und kommt nie viel weiter damit.

Macht er denn gar nichts richtig? Doch, das tut er durchaus. Sich eine Liste der Dinge zu machen, die zu erledigen sind, ist eine gute Idee. (Das gilt besonders für mich, der ich allmählich älter werde und manchmal Mühe habe, mir zu merken, was ich zu tun habe, wenn ich es mir nicht irgendwo aufgeschrieben habe.) Wenn Sie das Gefühl haben, in lauter Aufgaben unterzugehen, machen Sie sich eine Liste, damit Sie alles auf dem Radarschirm behalten. Aber halten Sie diese Liste so kurz wie möglich, und verteilen Sie die zu erledigenden Dinge auf einen ausreichenden Zeitraum.

Rogers Fehler war, dass er versuchte, alles auf eine einzige Liste und in einen Tag zu stopfen, und auf diese Weise ist es einfach nicht zu schaffen. Tatsächlich vergingen manchmal mehrere Tage, ohne dass er auch nur einen Punkt auf seiner Liste abhaken konnte. Stattdessen verschob er die Punkte immer von einem Tag zum nächsten und sah seine Liste immer länger statt kürzer werden.

Genauso ging es ihm mit seiner Büroliste. Er wollte immer alles sofort erledigt haben, dabei muss man gar nicht alles am Montag hinter sich bringen!

Stattdessen hätte er die zu erledigenden Dinge gleichmäßig über die Woche verteilen sollen. Wenn Rogers Liste außergewöhnlich lang war, hätte er einige der Punkte sogar auf die nächste Woche verschieben können oder sogar auf die Woche danach, wenn sie nicht so dringend waren.

Dass ein gescheiterter Perfektionist alles sofort erledigen will, liegt zum Teil daran, dass er Angst hat, er könnte einen Fehler machen und etwas vergessen. («Ich bin so ein Trottel, und wenn ich es mir nicht aufschreibe, werde ich es wahrscheinlich vergessen.») Gut, dann schreiben Sie es sich auf, aber schreiben Sie es sich für nächsten Mittwoch auf statt für heute Nachmittag!

Manchmal müssen Sie sich einfach eine Auszeit gönnen, einen Schritt zurücktreten und sich die Zeit nehmen, Ihre Prioritäten zu ordnen. (Ich fahre dazu immer zum Fischen in unser Sommerhaus im Bundesstaat New York.) Werden Sie sich klar darüber, was Sie schaffen können und was nicht. Und wenn Sie zu den Leuten gehören, die sich irgendwie immer in die Klemme manövrieren, brauchen Sie vielleicht alle paar Tage so eine Auszeit – vielleicht sogar jeden Tag –, bis Sie gelernt haben, die Hochsprunglatte ein bisschen tiefer zu hängen!

Und wenn Sie sich so eine Auszeit nehmen, nutzen Sie sie wirklich dazu, Ihre Prioritäten neu zu ordnen. Stellen Sie sich dazu selbst einige Fragen.

«Muss ich das wirklich heute erledigen … oder morgen, oder auch nur diese Woche?»

«Was ist wichtiger: den Bericht fertigzustellen oder die Mitarbeiterbesprechung vorzubereiten?»

«Steht auf meiner Liste irgendetwas, das unrealistisch oder unnötig ist? Erwarte ich zu viel von mir selbst, oder übernehme ich Verantwortung für Dinge, die eigentlich gar nicht von mir erwartet werden?»

Eine gute Idee ist auch, die Dinge, die Sie zu tun haben, in der Reihenfolge ihrer Wichtigkeit zu nummerieren. Und dann halten Sie sich an diese Reihenfolge und arbeiten Sie die Liste von oben nach unten ab!

Florence war eine intelligente, fleißige Frau, die dennoch nie etwas zu erreichen schien. Am Ende des Tages blickte sie zurück auf das, was sie getan hatte – und es war nichts da.

«Und das verstehe ich einfach nicht», beklagte sie sich, «weil ich doch soooo beschäftigt bin!»

Und beschäftigt war sie in der Tat! Sie raste durch ihren Tag wie ein Hurrikan mit zweihundert Stundenkilometern. Man kann sich kaum vorstellen, wie man so viel Kraft aufwenden und dabei so wenig Wirkung erzielen kann.

«Was mache ich nur falsch?» Sie suchte verzweifelt nach einer Antwort. Und es dauerte nicht lange, sie zu finden.

Florence war eine von denen, die eine Liste mit fünfundzwanzig oder mehr zu erledigenden Dingen mit sich herumtrug. Erschwerend kam hinzu, dass sie sich nie die Zeit nahm, diese Liste durchzugehen und nach Prioritäten zu sortieren.

Aber es gab noch ein größeres Problem. Florence erkannte nicht einmal, dass sie eine gescheiterte Perfektionistin war. Sie hatte eine tief verwurzelte Furcht davor, Dinge zu vermasseln, und so mied sie die größeren, wichtigeren Aufgaben und konzentrierte sich stattdessen auf die Kleinigkeiten. Infolgedessen stand sie oft unter schier unmöglichem Termindruck, blieb manchmal fast bis Mitternacht im Büro oder nahm Arbeit mit nach Hause. Sie sagte sich immer, sie könne am besten arbeiten, wenn sie mit dem Rücken zur Wand steht. Doch in Wahrheit war es so, dass sie sich erst dann, wenn sie zwischen zwei beängstigenden Alternativen stand – entweder die Arbeit zu machen oder ihren Job zu verlieren –, dazu durchringen konnte, lieber die Arbeit konkret zu erledigen. Oft konnte sie Termine nicht einhalten, und nur die Tatsache, dass jeder, einschließlich ihres Chefs, sie zu mögen schien, verhalf ihr dazu, ihren Job zu behalten.

Zuerst wollte sie nichts davon wissen, aber als sie dann ernsthaft anfing, ihre Aktivitäten zu analysieren, erkannte sie, dass sie fast ihre gesamte Zeit mit Banalitäten verbrachte. Sie setzte sich an ihren Schreibtisch, um an einer wichtigen Sache zu arbeiten – und dann sah sie drei Nachrichten von Leuten, die von ihr zurückgerufen werden wollten.

So stellte sie sich selbst ein Bein, indem sie sagte: «Also, wenn ich diese Anrufe erledigt habe, kann ich mich auf die wirklich wichtigen Dinge konzentrieren.»

Doch nach den Anrufen sah sie die Post durch und fand eine oder zwei Sachen, die ihre sofortige Aufmerksamkeit «verlangten», und sie verbrachte die nächsten fünfundvierzig Minuten oder mehr damit, ihre Antworten zu verfassen.

Als Nächstes kam Jane mit einem persönlichen Problem herein, und natürlich wollte Florence Jane nicht abweisen, wenn diese eine Freundin zum Reden brauchte. Danach kamen noch ein paar Anrufe, und vielleicht schaute auch noch Harold aus dem Büro nebenan herein, um sie um Rat zu seinem Projekt zu fragen. (Sie stand gerne allen mit Rat zur Seite, denn das fiel nicht wirklich in ihre Verantwortung, und das ließ erkennen, dass sie nicht so viel Angst davor hatte wie vor den Dingen, für die sie verantwortlich war.)

Und so ging das den ganzen Tag. Hier noch ein paar Anrufe, dort noch «dringende» Post, dann noch ein paar Besucher, noch ein paar «Notfälle», um die sie sich kümmern musste – obwohl es nur selten ihre eigenen Notfälle waren. Sie war großartig darin, Papier hin und her zu schieben, ihre Akten umzusortieren, um sie «effizienter» zu machen, und Dutzende von Memos zu den verschiedensten Themen zu tippen.

Endlich erkannte sie, dass sie sich zwingen musste, ihre Arbeitsweise zu ändern. Wenn nun ein wichtiges Projekt ihre Aufmerksamkeit verlangte, musste alles andere warten. Die Anrufe konnte sie auch später noch erledigen. Und was das Beantworten ihrer Post anging, so gewöhnte sie sich an, die Freitagvormittage dafür zu reservieren. Um Unterbrechungen durch Kollegen zu vermeiden, ging sie dazu über, einen Zettel an ihre Tür zu hängen: «Tut mir leid, ich bin unter Termindruck. Kann im Moment nicht reden.»

Es war nicht leicht für Florence, ihre Gewohnheiten zu ändern. Das ist niemals leicht. Doch sie packte es an, und letzten Endes gelang es ihr.

Nicht nur ihre Produktivität verbesserte sich, sondern sie merkte, dass sie plötzlich auch viel mehr Freizeit hatte. Sie blieb nur noch selten länger als bis sechs Uhr im Büro und nahm nie mehr Arbeit mit nach Hause. All das, was sie früher in einer 55-Stunden-Woche nicht geschafft hatte, brachte sie jetzt schon fast in einer 40-Stunden-Woche unter.

Eine weitere gute Idee, die Florence umsetzte, war, einen Tag in der Woche in ihrem Terminkalender frei zu halten. Das wurde dann ihr Aufholtag, der ihr etwas Luft zum Atmen verschaffte und ihr die Möglichkeit gab, alles Unerledigte aus dem Rest der Woche nachzuholen.

Das ist eine hervorragende Idee für alle, die dazu neigen, sich mehr aufzuhalsen, als sie bewältigen können. Auf diese Weise können Sie die übriggebliebenen Punkte von Ihrer Wochenliste bereinigen und müssen sie nicht mit in die nächste Woche schleppen. Ein Problem für gescheiterte Perfektionisten ist, dass sie die Arbeit sich so lange anhäufen lassen, bis sie total überfordert sind.

Vielleicht ist es für Sie ratsam, sich mehr als eine Liste zu machen. Sie könnten zum Beispiel eine Liste «Diese Woche zu erledigen» führen, eine weitere «Diesen Monat zu erledigen» und schließlich für Ihre langfristigen Ziele noch eine «In diesem Leben zu erledigen» – oder zumindest «Meine Ziele für die nächsten fünf Jahre». Oder vielleicht sollten Sie eine Liste für berufliche und eine andere für häusliche Aufgaben führen. Das würde helfen, beide Listen kurz zu halten. Sonst kann es passieren, dass ein gescheiterter Perfektionist sich am Arbeitsplatz seine Liste vornimmt, zehn Dinge sieht, die zu Hause zu erledigen sind, und sich für den Rest des Tages darüber den Kopf zerbricht. Oder umgekehrt. Was immer Sie jedoch tun, überfordern Sie sich nicht, und fallen Sie nicht von der Versklavung durch Untätigkeit in die Versklavung durch eine Liste.

Und machen Sie nicht den Fehler, jede Kleinigkeit, die Sie tun müssen, auf Ihre Liste zu setzen. Das ist ein weiterer Fehler, den manche Leute machen. Wenn sie erst einmal anfangen, eine Liste zu führen, verlieren sie den Blick dafür, was auf die Liste gehört und was nicht. Es ist nicht nötig, eine Liste so zu führen:

Heute zu erledigen

- Aufstehen
- Auf die Toilette gehen
- Zähne putzen
- Duschen
- Frühstücken
- Rasieren
- Und so weiter …

Ich mache natürlich Witze, obwohl manche Leute tatsächlich Listen anlegen, die nicht viel weniger detailliert sind. Wichtig ist, dass Ihre Liste Sie an die Dinge erinnert, die Sie sonst übersehen oder vergessen könnten.

Machen Sie sich also eine Liste, aber achten Sie darauf, dass die Liste für Sie arbeitet und nicht umgekehrt. Lassen Sie nicht Ihr Leben von der Liste beherrschen, und lassen Sie nicht zu, dass sie Ihnen zur Belastung wird. Benutzen Sie sie, um die Dinge unter Kontrolle zu halten, und scheuen Sie sich nicht, das ganze Ding ab und zu aus dem Fenster zu werfen, wenn es Ihnen in den Kram passt. Mit anderen Worten, haben Sie keine Angst vor etwas Flexibilität in Ihrer Planung.

In meinem Buch *Geschwisterkonstellationen* habe ich von meinen Beratungsgesprächen mit einem anderen Mann berichtet, der sich so sehr in Einzelheiten verzettelte, dass er nichts zustande brachte.[1] Die Situation spitzte sich zu, als er Schwierigkeiten mit dem Finanzamt bekam. Offenbar hatte er seit vier Jahren keine Steuererklärung mehr abgegeben.

War er ein Krimineller, der darauf aus war, den Staat bewusst zu hintergehen? Keineswegs. Eigentlich war er schlicht und ergreifend nicht dazu gekommen – und das, obwohl er über seine Finanzen mit einer peinlichen Genauigkeit Buch führte, wie ich sie sonst noch bei niemandem erlebt habe!

In einem Zimmer seines Hauses standen zwei Campingtische, und beide waren komplett bedeckt mit Quittungen, Notizen und Rechnungen.

Das Problem war – und auch dies ist eine Verzögerungstaktik, die gescheiterte Perfektionisten oft anwenden –, dass er sich mit Informationen überladen hatte und keine Ahnung hatte, wo er anfangen sollte, sie zu sichten. Deshalb war er seit vier Jahren keinen Schritt mehr weitergekommen!

Seine Frau war außer sich, nicht nur wegen des schwebenden Problems mit dem Finanzamt, sondern weil ihr Mann fast alles mit derselben Aufmerksamkeit handhabte wie seine Steuern.

«George, wann reparierst du den Toaster?»

«Das mache ich morgen.»

«Der Wasserhahn in der Gästetoilette ist undicht.»

«Ach ja. Ich schaue ihn mir morgen an.»

Das war immer seine Antwort. Immer würde er «morgen» dazu kommen, nur dass dieses «Morgen» nie kam! Er schwamm auf der Stelle, machte viel Lärm und spritzte um sich, aber er kam nicht vorwärts. Und inzwischen war die Zahl der Dinge, die seine sofortige Aufmerksamkeit verlangten, von einem kleinen Hügel zu einem Mount Everest vernachlässigter Angelegenheiten herangewachsen!

Es gelang mir schließlich, George dazu zu bringen, seine Lebensweise zu ändern, seine Hochsprunglatte des Lebens tiefer zu hängen und einen Schritt nach dem anderen in Angriff zu nehmen. Er erkannte, dass es nicht nötig war, sich in Details zu verstricken, und dass er sich darauf festlegen musste, immer nur eine Sache auf einmal zu erledigen. Wenn der Toaster repariert werden musste, konnte er am Montagabend daran arbeiten. Am Dienstag würde er sich um den undichten Wasserhahn kümmern, und so weiter, bis alles erledigt war.

Was das Finanzamt anging, so blieb ihm nichts anderes übrig, als die Ärmel hochzukrempeln und sich hineinzustürzen. Als er endlich genug Mut zusammenraffte, um das anzupacken, raten Sie mal, was er da entdeckte?

Das Finanzamt schuldete *ihm* Geld!

Was würden Sie tun, wenn Sie mit einem Burschen wie George verheiratet wären? Wie würden Sie ihn vom Startfeld wegbekommen und dazu bewegen, etwas zu *tun?* Es gibt zwei mögliche Herangehensweisen, und beide kamen in Georges Leben ins Spiel.

Die erste Herangehensweise wäre, ihn machen zu lassen, bis er den Karren richtig in den Dreck gefahren hat – und sich dann den Konsequenzen stellen muss. Bei George brachte dieser Ansatz über mindestens vier Jahre hinweg keine Resultate, denn das Problem wurde immer schlimmer, und noch mehr Motivation als das Finanzamt im Nacken kann man wohl kaum haben. Letzten Endes jedoch ließ diese Situation George erkennen, dass er seine Lebensweise ändern musste, und veranlasste ihn, zu mir zu kommen und sich helfen zu lassen.

Die zweite Herangehensweise wäre, ihn Schritt für Schritt durch die anstehenden Aufgaben zu führen. Ihm zu zeigen, wie er immer ein Projekt auf einmal in Angriff nehmen kann und dass die Aufgaben, vor denen er stand, in Wirklichkeit gar nicht so überwältigend waren. Sobald er den Kniff heraushätte, immer einen Schritt auf einmal zu gehen, anstatt gleich eine Meile weit springen zu wollen, würde er schon zurechtkommen.

Wenn es darum geht, eine Bestandsaufnahme der Aufgaben zu machen, vor denen Sie stehen, ist eine Frage, die Sie sich dabei immer stellen sollten, diese: *Ist meine Liste vernünftig?* Wenn sie es nicht ist – wenn es unmöglich ist, alle Punkte in der verfügbaren Zeit abzuarbeiten –, dann schreiben Sie sie neu. Wenn Sie keinen Spielraum haben, um anders zu planen, dann fragen Sie sich, was da nicht stimmt.

Haben Sie zu viel Verantwortung übernommen?

Verlangt Ihr Chef mehr von Ihnen, als Sie realistischerweise bewältigen können?

Welche Schritte kann ich tun, um mir mehr Flexibilität und Freiheit zu verschaffen?

Dann scheuen Sie sich nicht, andere um Rat und Hilfe zu bitten. Zum Beispiel können Sie um einen Termin mit Ihrem Vorgesetzten bitten. Dann setzen Sie sich mit ihm hin und gehen Sie Ihre Stellenbeschreibung durch. Vielleicht liegt bei Ihnen ein Missverständnis über die Aufgaben vor, die Sie zu bewältigen haben. Oder vielleicht ist ihm gar nicht klar, wie viel er von Ihnen verlangt, und er kann etwas von dieser Verantwortung auf Ihre Kollegen umverteilen.

Oder vielleicht trifft auch das Gegenteil zu. Es könnte sein, dass Sie selbst Autorität nicht an andere delegieren, sondern eher versuchen, sich alles auf die eigenen Schultern zu laden und selbst zu erledigen. Das kann daran liegen, dass Sie das Bedürfnis haben, sich selbst zu beweisen, indem Sie alles allein machen, oder vielleicht auch daran, dass Sie nie gelernt haben, wie man etwas an andere delegiert. (Vielleicht haben Sie Angst, die anderen würden sauer auf Sie sein, weil Sie Arbeit auf sie abladen, oder Ihre Kinder würden sich darüber ärgern, mehr Arbeit im Haus übernehmen zu müssen usw.)

Gescheiterte Perfektionisten versuchen oft Superhelden zu sein, obwohl doch für sie selbst und alle anderen Beteiligten alles viel besser liefe, wenn sie einfach das eine oder andere über Teamwork lernen würden – darüber, wie man die zu erledigende Arbeit aufteilt.

Als langjähriger Einwohner von Tucson, Arizona, war ich ein Fan der sportlichen Aktivitäten an der Universität von Arizona.

Besonderen Spaß hat es mir gemacht, den Erfolg der Basketballmannschaft, der «Wildcats», unter der Leitung von Lute Olsen zu beobachten.

1988 war die Mannschaft die beste in der Geschichte der Universität und sicherlich eines der Spitzenteams unter allen Uni-Mannschaften im Land. Es waren einige hervorragende Spieler in diesem Team, junge Männer wie Anthony Cook, Sean Elliott und Steve Kerr. Doch keiner jener Spieler war ein absoluter Superstar, der alleine den Motor der ganzen Mannschaft dargestellt hätte.

Einen Gegner nach dem anderen besiegten die Wildcats auf ihrem Weg zur NCAA-Meisterschaft. Doch sie taten es durch Teamwork. Sie spielten als selbstlose Einheit zusammen, in der jeder Mann seinen Teil beitrug. Jeder hielt Ausschau, wer frei stand, gab den Ball nach innen zu dem Mann mit der besten Wurfposition und so weiter. Das waren keine Abstauber oder Ballklammerer. Jeder schien mehr am Wohl der Mannschaft als an seiner eigenen Statistik interessiert zu sein. Und dabei war tatsächlich ein Superstar dabei – Sean Elliott –, doch man muss ihm lassen, dass er durch und durch ein Teamplayer war.

Wenn man diese Mannschaft in Aktion sah, konnte man etwas Wichtiges über das Leben lernen!

Konkreter: Was für eine Lektion für einen gescheiterten Perfektionisten, der das Gefühl hat, das Gewicht der Welt allein auf seinen Schultern tragen zu müssen! Er hat noch nicht gelernt, dass er Teil eines Teams ist und dass niemand auf der Welt, mit Ausnahme seiner selbst, von ihm erwartet, dass er alles allein bewältigt!

Lassen Sie mich an dieser Stelle deutlich machen, dass es einen wesentlichen Unterschied gibt zwischen jemandem, der immer versucht, einen Home Run zu erzielen und immer zum großen Schlag ausholt, und einem, der lediglich versucht, sich mehr aufzuladen, als er bewältigen kann. Beide sind gescheiterte Perfektionisten, ja, und beide müssen ihre Hochsprunglatte tiefer hängen. Doch ihre Motive sind sehr verschieden.

Ich wurde einmal zu einer Episode der «Oprah Winfrey Show» eingeladen, in der man sich mit dem Thema der «schwarzen Schafe» in Familien beschäftigte. Konkret wurde in der Sendung die Frage gestellt, warum manche Kinder in ansonsten völlig normalen Familien sich als Unruhestifter und Rebellen entpuppen beziehungsweise ganz allgemein Anlass zu Kummer und Enttäuschung für ihre Mütter und Väter geben.

Ein junger Mann in der Sendung beharrte darauf, er habe sich fünftausend Dollar von seinem Vater «geliehen», obwohl sein Vater nicht wusste, dass sein Sohn sich das Geld «geliehen» hatte und der Rest der Familie den Vorgang als einen Diebstahl betrachtete.

Warum hatte er sich das Geld «geliehen»? Um es in eines seiner vielen riskanten Geschäfte zu investieren. Er war fest entschlossen, es zurückzuzahlen, wenn er seine Schäfchen im Trockenen hätte, nur dass es dazu nie kam – und er am Ende das Geld verlor.

Er hatte sich so in seine eigene Version der Wirklichkeit hineingesteigert und war so überzeugend in seiner Argumentation, er habe sich das Geld nur geliehen, dass ich fast anfing, ihm zu glauben.

Doch ich wusste, dass ich einen jungen Mann vor mir hatte, der sich nicht damit zufriedengab, langsam und stetig voranzukommen. Er glaubte an die Worte des verstorbenen Sängers Jim Morrison von den Doors, der sang: «Wir wollen die Welt, und wir wollen sie jetzt!»[2]

Er war ständig auf der Suche nach dem Supergeschäft, bei dem er sich gesundstoßen würde und für den Rest seines Lebens ein gemachter Mann wäre. Doch statt berühmt und reich zu werden, versank er nur immer tiefer in Schulden. Als die anderen Mitglieder seiner Familie endlich einsahen, dass ihre Unterstützung ihn nur befähigte, immer tiefer in Schwierigkeiten zu geraten, hörten sie auf, ihm aus der Klemme zu helfen. Also fing er an, sich selbst zu helfen, indem er sich bei seinem Vater Geld «lieh».

Hier war ein junger Mann, der bereit war, die durchaus angenehme Wirklichkeit, die er hätte haben können, zu opfern, um in einer Traumwelt zu leben. Er war intelligent, sah gut aus und hatte eine Familie, die hinter ihm stand. Zweifellos hätte er etwas aus seinem Leben machen können. Doch er hatte nie gelernt, dass der Erfolg selten über Nacht kommt und dass er, wenn er nicht seine Herangehensweise radikal ändert, zu einem Leben in beständigem Frust und Scheitern verurteilt ist. Er wird jeden enttäuschen, der mit ihm zu tun bekommt, nicht zuletzt sich selbst.

Doch irgendwie ist er zu der Überzeugung gekommen, dass er nichts taugt, wenn er den Ball nicht über den Zaun schlägt, und so wird er sein Leben lang zum ganz großen Schlag ausholen. Natürlich vergisst er dabei, dass Baseballspieler, die immer versuchen, einen Home Run zu schlagen, am Ende viel öfter ausgeworfen werden, als dass sie es schaffen, den Ball über den Zaun zu schlagen.

Er muss diese Hochsprunglatte seines Lebens tiefer hängen. Er muss begreifen, dass Superman der Einzige war, der je mit einem gewaltigen Satz Hochhäuser überspringen konnte, und dass es ihn nur in der Welt der Fantasie gibt.

Wie ist es mit Ihnen? Stellen Sie unvernünftige Forderungen an sich selbst? Versuchen Sie, zwei Meter zehn zu überspringen, bevor sie auch nur einen Meter zwanzig geschafft haben? Wenn ja, müssen Sie die Hochsprunglatte Ihres Lebens senken, und dazu gibt es mehrere konkrete Schritte, die Sie tun können, um sich selbst zu helfen.

Auf sechs davon möchte ich näher eingehen:

1. Machen Sie sich mit dem Unterschied zwischen Vortrefflichkeit und Vollkommenheit vertraut.
2. Sehen Sie Ihre Fehler als Lernerfahrungen, auf denen Sie eine bessere Zukunft aufbauen können.
3. Leben Sie in der Wirklichkeit.
4. Werfen Sie einen realistischen Blick auf sich selbst.
5. Stellen Sie sich Ihren Ängsten.
6. Übernehmen Sie Verantwortung für Ihr Handeln.

1. Machen Sie sich mit dem Unterschied zwischen Vortrefflichkeit und Vollkommenheit vertraut. Ein gescheiterter Perfektionist ist nie mit bloßer Vortrefflichkeit zufrieden. Er will, dass alles perfekt ist, und findet an so ziemlich allem, was er tut, etwas auszusetzen.

Er mag begabt sein wie Leonardo da Vinci, doch er wird, wie da Vinci es tat, immer noch sagen: «Ich habe Gott und die Menschheit beleidigt, weil meine Arbeit nicht die Qualität erreicht hat, die sie hätte haben sollen.»[3]

Dabei lag das Problem für Leonardo da Vinci gewiss nicht in seiner Arbeit, sondern in seiner Einstellung zu dieser Arbeit.

Ich sage meinen Klienten oft, dass das Leben kein Turnwettbewerb ist. Es sitzen keine fünf Kampfrichter da, die darauf warten, nach allem, was Sie tun, ihre Punktkarten hochzuhalten.

Und sofern Sie nicht gerade Profisportler sind, wird von Ihren Fehlern auch wohl kaum etwas in der Zeitung stehen. Zum Glück gibt es keine Ergebnistabellen für das Alltagsleben gewöhnlicher Menschen, die jeden unserer Fehlschüsse und schlechten Pässe zeigen, durch die wir der gegnerischen Mannschaft den Sieg ermöglicht haben. Und falls Sie nicht gerade für das Amt des Präsidenten kandidieren, werden Ihre Versprecher und Fehlurteile auch nicht die erste Meldung in der Tagesschau sein.

Sie brauchen einfach nicht durchs Leben zu gehen und in allem, was Sie tun, perfekt abzuschneiden!

Es gibt acht wesentliche Unterschiede zwischen einem Perfektionisten und einem Menschen, der auf sinnvolle Weise Vortrefflichkeit anstrebt.

- Der Perfektionist strebt unmögliche Ziele an. Wer vortrefflich sein möchte, freut sich daran, hohen Maßstäben zu entsprechen, die innerhalb seiner Reichweite liegen.
- Der Perfektionist gründet sein Selbstwertgefühl auf seine Leistungen. Wer vortrefflich sein will, schätzt sich einfach als der, der er ist.

- Der Perfektionist kann durch eine Enttäuschung besiegt werden; er wird vielleicht aufgeben und sich geschlagen geben. Wer vortrefflich sein möchte, wird, auch wenn er enttäuscht und verletzt ist, weiter auf sein Ziel zugehen.
- Der Perfektionist ist über einen Misserfolg oft am Boden zerstört. Wer vortrefflich sein will, wird daraus lernen.
- Der Perfektionist neigt dazu, sich an seine vergangenen Fehler zu erinnern und darüber nachzugrübeln. Er ist überzeugt, dass alle anderen sich auch daran erinnern. Wer dagegen vortrefflich sein möchte, wird seine Fehler korrigieren, die Lektionen lernen, die sich aus ihnen ergeben, und die Fehler dann vergessen.
- Der Perfektionist ist nur glücklich, wenn er die Nummer eins ist; wäre er nur der Zweite von hundert, so würde er sich wie ein Versager fühlen. Wer vortrefflich sein will, ist zufrieden mit sich selbst, wenn er weiß, dass er sein Bestes gegeben hat.
- Der Perfektionist hasst Kritik. Wer vortrefflich sein möchte, begrüßt sie und versucht daraus Nutzen zu ziehen.
- Der Perfektionist muss gewinnen, um eine hohe Selbstachtung zu haben. Wer vortrefflich sein will, kann auch Zweiter werden und trotzdem ein gesundes Selbstbild behalten.[4]

Was sind Sie: ein gescheiterter Perfektionist oder einer, der vortrefflich sein will? Wenn Sie sich in der Beschreibung des Perfektionisten eher wiedererkennen, ist es an der Zeit, dass Sie eine bewusste Anstrengung unternehmen, um Ihre Sicht von sich selbst zu verändern, ebenso wie Ihre Sicht vom Leben im Allgemeinen.

Ich hatte einmal einen Freund, der nicht tanzen konnte und auch nicht wollte, obwohl seine Frau sehr gerne tanzte. Sie bat ihn immer wieder, doch mit ihr tanzen zu gehen, aber ihm fiel immer eine Ausrede ein. Entweder tat ihm der Rücken weh, oder er war zu müde, oder er hatte Wichtigeres zu tun. Seine Frau bedrängte und nervte ihn nie wegen seiner Weigerung, mit ihr zu tanzen, aber er wusste, dass sie enttäuscht war.

Schließlich gestand er ihr und sich selbst, dass der Grund, warum er nicht mit ihr tanzen gehen wollte, darin lag, dass er schon immer alles andere als ein Fred Astaire gewesen war. Er hatte das Gefühl, die sprichwörtlichen zwei linken Füße zu haben, erschwert durch einen beklagenswerten Mangel an Rhythmusgefühl.

Er wusste einfach, dass alle anderen auf der Tanzfläche ihn beobachten würden. Er sah schon vor sich, wie die Männer ihre Damen anstießen und sagten: «He, schau dir *den* Kerl mal an!» Es würde die Umkehrung von «Saturday Night Fever» sein, und wahrscheinlich würde er am Ende mit Hohngelächter aus dem Saal vertrieben werden.

Endlich jedoch kam der Tag, an dem das Paar mehrere Hundert Meilen zum Wiedersehenstreffen anlässlich des zwanzigsten Jahrestages ihres Highschool-Abschlusses fuhr. Widerstrebend hatte er sich bereit erklärt: «Ja, auf dem Wiedersehenstreffen werde ich mit dir tanzen.» Schließlich kannte er dort ja niemanden, so dass sein Ruf keinen großen Schaden nehmen konnte.

Als es so weit war und die herrlichen Oldie-Melodien über die Tanzfläche wehten, spürte er, wie ihm der Mund trocken wurde und es in seinem Magen zu rumoren begann. Doch als seine Frau ihn über den Tisch hinweg anlächelte und nach seiner Hand griff, wusste er, dass er in der Falle saß. Versprochen war versprochen, und so blieb ihm nichts anderes übrig, als ihr zaudernd und zagend auf die Tanzfläche zu folgen.

Die ersten paar Sekunden waren das schiere Grauen. Er spürte, wie ihm das Blut in die Wangen schoss, als er ihr auf den Fuß trat, und schaute sich um, wie viele Leute ihn beobachteten. Welche Überraschung, als er feststellte, dass er nicht der Mittelpunkt der allgemeinen Aufmerksamkeit war.

Er trat ihr noch einmal auf den Fuß.

Sie lächelte und sagte ihm, er mache seine Sache großartig.

Als der zweite Song begann, fing er schon allmählich an, sich zu entspannen. Er spürte, wie die Steifheit aus seinem Körper wich, und das brachte es mit sich, dass er sich mehr wie ein Mensch bewegen konnte als wie ein Zinnsoldat.

Nun, noch ehe der Abend zu Ende war, erlebte er auf der Tanzfläche, was man wohl nur als einen Mordsspaß beschreiben kann. Fred Astaire war er immer noch nicht, aber ihm war klar geworden, dass er das auch gar nicht sein musste. Das hatte seine Frau nie von ihm erwartet.

Im Übrigen mochte er zwar nicht Fred Astaire sein, aber Bozo der Clown war er nun auch nicht gerade. Die ganze Sache hatte eine ungemeine Wirkung auf sein Selbstvertrauen, und das übertrug sich auch auf andere Bereiche seines Lebens. Er fürchtete sich nun weniger davor, neue Herausforderungen anzupacken, und während er sich bisher immer gescheut hatte, seine Gefühle auszudrücken, gelang es ihm nun besser, auszusprechen, was er auf dem Herzen hatte.

Und das alles nur wegen einiger Drehungen auf der Tanzfläche.

Der Punkt ist: Sie müssen nicht vollkommen sein oder auch nur zu den Besten gehören, um erfolgreich zu sein. Wenn Sie sich durch Furcht von der Tanzfläche des Lebens fernhalten lassen, verpassen Sie viel mehr, als Sie ahnen können!

Nun, was meinen Freund betrifft, so wird er allmählich ein besserer Tänzer, auch wenn er weiß, dass er nie einen Tanzwettbewerb gewinnen wird. Das Entscheidende ist, dass er sich durch die Tatsache, dass er nie der Beste sein wird, nicht davon abhalten lässt, sich Mühe zu geben und so gut zu werden, wie er nur kann!

Aber wenn Sie sich nicht mit weniger als Vollkommenheit zufriedengeben wollen, dann zielen Sie auf eine Unmöglichkeit, eine Fantasie.

Jeder bleibt hinter der Vollkommenheit zurück (Römer 3,23). Also machen Sie sich keine Sorgen, wenn Sie ab und zu etwas vermasseln. Sie haben eine Menge Gesellschaft: die gesamte Menschheit!

2. Sehen Sie Ihre Fehler als Lernerfahrungen, auf denen Sie eine bessere Zukunft aufbauen können. Welche der folgenden Aussagen glauben Sie?

> «Es spielt keine Rolle, ob du gewonnen oder verloren hast, sondern nur, wie du gespielt hast.»[5]
>
> «Gewinnen ist nicht das Wichtigste – Gewinnen ist das Einzige.»[6]

Sind Sie beleidigt, dass ich auch nur gefragt habe? Wahrscheinlich denken Sie jetzt: *Klar, ich weiß doch, dass Gewinnen nicht so wichtig ist, wie fair zu sein und sein Bestes zu geben.*

Aber wissen Sie das wirklich, ganz tief im Innern, wo es wirklich darauf ankommt? Und wenn ja, leben Sie auch so, als ob Sie es wüssten? Sind Sie nachsichtig mit sich, wenn Sie nicht als Erster ins Ziel kommen, oder verachten Sie sich für Ihr Versagen und schwören sich, es nicht wieder vorkommen zu lassen?

Angenommen, Sie sind ein ziemlich guter Bowler, und am Samstagabend (nachdem die Mannschaftswettkämpfe vorbei sind, versteht sich) gehen Sie mit einem Freund auf die Bowlingbahn, um ein paar Kugeln zu schieben. Sie wissen, dass Sie besser sind als er, und Sie rechnen sich aus, dass Sie mit mindestens zwanzig Pins Vorsprung pro Runde gewinnen werden. Aber heute Abend stimmt irgendetwas nicht. Sie sind nicht ganz in Form, und ihm gelingt fast alles, und irgendwie schaffen Sie es nicht, ihn zu schlagen.

Als er das erste Spiel mit fünf Pins Vorsprung gewinnt, sagen Sie sich noch, na ja, so etwas kommt vor, und im nächsten Spiel werden Sie ihn schon kriegen. Doch er eröffnet das zweite Spiel mit vier Strikes hintereinander und kommt schließlich zum ersten Mal in seinem Leben auf über zweihundert Pins, womit er dreißig Pins vor Ihnen liegt. Und was das letzte Spiel der Serie angeht, das können Sie gleich ganz vergessen. Inzwischen machen Sie zu viel Druck, strengen sich zu sehr an, und es scheint Ihnen nichts zu gelingen.

Nun ist dies ein Mann, den Sie wahrscheinlich zwanzig Mal hintereinander geschlagen haben; es ist also eigentlich überfällig, dass sich der Spieß herumdreht. Aber wie fühlen Sie sich? Ganz ehrlich? Lächeln Sie, während Sie innerlich sterben und sich wünschen, er würde sich die Bowlingkugel auf den Fuß fallen lassen? Seien Sie jetzt ehrlich zu sich selbst.

Lieber Ehemann, wie kommen Sie damit klar, wenn Ihre Frau Sie besiegt? Ob bei Dame, Monopoly oder Tennis – finden Sie das schwer zu verkraften? (Und die Ehefrauen sollten sich dieselbe Frage stellen.)

Wenn wir alle völlig offen und ehrlich zueinander wären, müssten wir zugeben, dass keiner von uns gerne verliert und dass uns das Verlieren bei manchen Leuten noch schwerer fällt als bei anderen.

Aber ob Sie nun die Enttäuschung binnen Minuten wieder abschütteln können oder das Verlieren Sie so wütend macht, dass Sie am liebsten mit der Faust die Wand durchschlagen würden, Sie müssen entdecken, dass Niederlagen und Misserfolge im Leben gut für Sie sein können. Sie können daraus lernen und etwas daraus machen.

Wenn Sie jede Niederlage persönlich nehmen, ist es an der Zeit, dass Sie die Hochsprunglatte des Lebens niedriger hängen und sich der Tatsache stellen, dass jeder hin und wieder verliert.

Es ist ein Jammer, dass unsere Gesellschaft so viel Wert auf das Gewinnen legt. Aber von dieser Hysterie müssen Sie sich nicht mitreißen lassen. Die Tatsache, dass gerade in Amerika die Betonung zu sehr darauf liegt, andere zu schlagen, wird deutlich, wenn man sich die College-Sportszene anschaut. Da hört man die Collegepräsidenten immer wieder beteuern, dass natürlich zuerst die akademische Leistung kommt und dann der Sport. Doch ich habe noch nie gehört, dass ein wichtiger Collegetrainer gefeuert worden wäre, weil seine Spieler in ihren akademischen Leistungen zu wünschen übrig ließen. Doch egal, wie toll sein Programm ist – kaum verliert er ein paar Spiele zu viel, kann er die Tür von außen zumachen. Schauen Sie sich das Gehalt eines langjährigen Professors für Englisch oder Mathematik an und vergleichen Sie es mit dem eines siegreichen Footballtrainers. Da kann der Professor nicht mithalten, fürchte ich. Und was motiviert die Ehemaligen eher, ihre alte Alma Mater finanziell zu unterstützen? Ein erstklassiges Wissenschaftsprogramm oder eine Footballmannschaft auf dem Weg zum Pokal? Die Antwort darauf kennen Sie so gut wie ich.

Ich bin nicht sicher, ob die College-Sportszene die Haltung der Gesellschaft zum Gewinnen und Verlieren lediglich widerspiegelt oder ob die Siegesmanie aus dem College- und Profisport sich auf die Gesamtgesellschaft übertragen hat. Doch so oder so ist es eine bedauerliche Situation. Denn es spielt *wirklich* keine Rolle, ob Sie gewinnen oder verlieren. Wichtig ist, wie Sie gespielt haben! (Mit Fairness, Integrität und maximaler Anstrengung.)

Erinnern Sie sich an Gerry Cooney? Er war einmal einer der ganz Großen in der Welt des Boxens, der einen Gegner nach dem anderen besiegte, bis er schließlich 1982 zum WM-Kampf gegen Larry Holmes antrat.

Bis zu dem Abend, als Cooney in den Ring trat, um gegen Holmes zu boxen, war er noch nie geschlagen worden. Doch das sollte sich nun vor den Augen und Ohren eines Großteils der Welt ändern!

Er verlor, und zwar haushoch, gegen den gewaltigen Champion Holmes. In diesem dunklen Moment dachte Cooney nicht mehr an all die Male, bei denen der Ringrichter seine Hand zum Zeichen des Sieges erhoben hatte. Er wusste nur, dass er gescheitert war.

«Das war mir noch nie zuvor im Leben passiert, aber bei dieser riesigen Megaveranstaltung, diesem weltweiten Ereignis, hatte ich das Gefühl, alle enttäuscht zu haben.»[7] Cooney war über diesen Moment des Scheiterns so bestürzt, dass er in einer tiefen Depression versank. Zwei Jahre lang brachte er es nicht fertig, erneut in den Ring zu treten.

Er betrachtete sich als einen Waschlappen, einen hoffnungslosen Versager.

Es spielte in diesem Moment für ihn keine Rolle, dass man ein fantastischer Boxer sein musste, um so dicht an die Weltmeisterschaft heranzukommen. Nur sehr wenige Boxer kommen je so weit, und wenn sie noch so gut sind. Doch Cooney konnte den Misserfolg nicht verkraften, und das hätte ihn beinahe vernichtet.

Über zwanzig Jahre später verlor ein Boxer namens Floyd Patterson einen anderen WM-Kampf, diesmal gegen einen Schweden mit hartem Schlag namens Ingemar Johansson. Pattersons Niederlage war unerwartet und hätte das Ende seiner Karriere sein können.

Stattdessen jedoch analysierte Patterson, was er falsch gemacht hatte, und ergriff Maßnahmen, um die Mängel in seiner Herangehensweise zu korrigieren, die dazu geführt hatten, dass Johansson ihn hatte schlagen können. Nach Monaten harter Arbeit war er bereit für eine Revanche. Diesmal lief die Sache anders. Patterson siegte und gewann den Weltmeistertitel zurück, den er zuvor an Johansson verloren hatte.

Patterson ließ sich von seinem Misserfolg nicht unterkriegen. Stattdessen lernte er daraus und nutzte ihn, um seine boxerischen Fähigkeiten zu verbessern.

Wenn Sie mit Niederlagen nicht umgehen können oder nicht damit rechnen, dass Sie je eine erleben werden, dann liegt Ihre Hochsprunglatte viel zu hoch!

Nun ist es immer gut, auf Ihre Misserfolge zurückzublicken und zu sehen, was Sie daraus lernen können. Vielleicht sind Sie daran gescheitert, dass Sie sich mehr Aufgaben aufgeladen haben, als Sie realistischerweise bewältigen konnten. Vielleicht haben Sie sich nicht genug angestrengt oder sich von Ihren eigenen Ängsten ausbremsen lassen. Es könnte auch sein, dass Sie sich nicht richtig darauf vorbereitet haben, die Aufgabe anzupacken. Wenn einer dieser Gründe zu Ihrem Misserfolg führte, dann wird es recht einfach für Sie sein, beim nächsten Mal anders abzuschneiden.

Doch wenn Sie die Gelegenheiten, bei denen Sie gescheitert sind, ehrlich und objektiv betrachten können, werden Sie vielleicht zu Ihrer Verblüffung feststellen, dass der Fehler nicht bei Ihnen lag. Vielleicht war Ihr Chef daran schuld, weil er Ihnen nicht genug Zeit gab, um die Aufgabe richtig zu erledigen. Vielleicht hat er Ihnen falsche oder ungenügende Informationen gegeben und will Ihnen nun die Schuld für seine eigenen Fehler in die Schuhe schieben. Oder könnte es sein, dass Ihnen eine Situation aufgezwungen wurde, in der Ihnen Aufgaben abverlangt wurden, für die Sie gar nicht geeignet sind?

Nehmen wir zum Beispiel Walter, der sich verzweifelt bemühte, Gitarre spielen zu lernen. Leider verfügte er offenbar nicht über das geringste musikalische Talent. Er beneidete Larry, einen Mann aus seiner Kirchengemeinde, der wunderbar Gitarre spielen konnte.

Wann immer eine Gruppe aus der Gemeinde sich traf, brachte Larry seine Gitarre mit und sang ein paar Lieder. Er brachte alle zum Mitsingen, und sie hatten ihren Spaß daran. Walter fand, Larry sei der Star der Gruppe, und wollte so sein wie er. Also schrieb er sich für Gitarrenunterricht ein.

Doch leider kam Walter mit seinem Instrument überhaupt nicht klar, so dass er nach der dritten Stunde frustriert aufgab.

Eines Abends wenig später, als eine Gruppe von Freunden von einem Treffen aufbrechen wollte, sprang Larrys Auto nicht an. Er hatte keinen Schimmer, was nicht stimmte, aber Walter schon. Walter bastelte gerne an Autos herum und hatte das Werkzeug und die Kenntnisse, um so ziemlich alles zu reparieren.

Er klappte Larrys Motorhaube auf, krempelte sich die Ärmel hoch und machte sich an die Arbeit. Binnen Minuten hatte er das Problem gefunden und behoben, und Larry war wieder startbereit.

Als Larry in sein Auto stieg, sagte er: «Ich bin dir für deine Hilfe wirklich dankbar, Walter!» Und nach einem Moment fügte er hinzu: «Ich bin völlig hilflos, was mechanische Sachen angeht. Nur gut, dass du hier warst.»

Sehen Sie, Walter und Larry hatten unterschiedliche Stärken und Schwächen.

Walter, der ein geschickter Mechaniker war, hängte seine Hochsprunglatte zu hoch, als er Musiker werden wollte. Er hatte einfach nicht das Talent dafür.

Und Larry seinerseits hätte seine Hochsprunglatte zu hoch gehängt, wenn er ein Mechaniker hätte werden wollen.

Jeder Mensch hat starke und schwache Bereiche. Sie tun sich selbst Unrecht, wenn Sie sich auf Ihren schwächsten Bereich konzentrieren und Ihre Stärken übersehen.

Aus Ihren Misserfolgen können Sie viele Lektionen lernen, vor allem indem Sie sich bewusst machen, was schiefgegangen ist, damit Sie denselben Fehler beim nächsten Mal vermeiden.

In ihrem Buch *When Smart People Fail* sprechen Carole Hyatt und Linda Gottlieb von den verschiedenen Lektionen, die man aus Misserfolgen lernen kann.

Misserfolge, sagen sie, verschaffen einem oft Barmherzigkeit und Demut. Sie helfen uns, unsere Prioritäten neu zu ordnen, und machen uns manchmal bewusst, dass Scheitern eigentlich gar nicht so etwas Schlimmes ist, so dass wir mehr Mut bekommen, die Risiken einzugehen, die zum Erfolg führen können. Schließlich, so sagen sie, kann ein Misserfolg einem ein Gefühl der Macht geben.

Was sie damit meinen?

- Sie haben die Macht, herauszufinden, was schiefgegangen ist, und es zu korrigieren.
- Sie haben die Macht, das, was Ihnen passiert ist, neu zu interpretieren und es in das Szenario einzubauen, das Ihnen am meisten weiterhilft.
- Sie haben alle Möglichkeiten vor sich, wenn Sie sie nur sehen wollen. Und darum haben Sie die Macht, sich zu verändern.[8]

Auch von anderen Arten von Macht ist in dem Buch die Rede: von der Macht, sich selbst «neu zu erfinden», der Macht, «sich selbst zum Richter über das zu machen, was Sie tun», und von der «Macht», sich selbst zu vergeben.

Diese Frauen, die beide sowohl großartige Erfolge als auch niederschmetternde Misserfolge erlebt haben, können auch einiges darüber sagen, was Scheitern ist:

- Scheitern ist ein Urteil über ein Ereignis.
- Es ist ein Wort, das ein Stadium bezeichnet.
- Es ist keine Verurteilung des Charakters.
- Es ist kein Dauerzustand.
- Es ist kein fataler Mangel.
- Es ist keine ansteckende soziale Krankheit.[9]

3. Leben Sie in der Wirklichkeit. Wohl jeder erinnert sich an die Kurzgeschichte «Walter Mittys Geheimleben» von James Thurber. Darin geht es um einen Mann, der es anscheinend nicht fertigbrachte, mit beiden Füßen fest auf dem Boden zu stehen. Mitten in seinem grauen Alltag ließ er sich von seiner Einbildungskraft in großartige Abenteuer tragen, in denen er meistens der Held war.

Es ist eine witzige Geschichte, und was sie noch witziger macht, ist die Tatsache, dass die meisten von uns sich darin wiedererkennen. Wir alle hängen Tagträumen nach und stellen uns vor, auf die eine oder andere Weise heldenhaft zu sein – ob wir nun bei der World Series einen Home Run schlagen, zur Miss World gewählt werden oder bei einem regionalen Talentwettbewerb gewinnen.

Natürlich kennen wir alle den Unterschied zwischen Wirklichkeit und Fantasie, und am Tagträumen ist nichts Verkehrtes. Es kann sogar sehr gesund sein.

Doch viele Leute haben das Problem, dass sie nicht so recht wissen, wo der Traum aufhört und wo die Wirklichkeit anfängt. Und ein großes Problem für viele gescheiterte Perfektionisten ist, dass sie dazu neigen, ihr Leben als Walter Mitty mit umgekehrten Vorzeichen zu leben!

Mit anderen Worten, während Walter Mitty sich als Champion und Held zu sehen pflegte, trägt der gescheiterte Perfektionist ein Bild von sich selbst als Versager und Tölpel herum.

Er neigt dazu, andere Leute als Champions und Helden zu sehen, und fragt sich, warum er nicht mehr so wie sie sein kann.

Doch solange er sich weigert, sich der Wirklichkeit zu stellen, wird er außen vor bleiben und sich mit seinen Träumen zufriedengeben müssen.

Nun ist das Leben in einer Traumwelt nicht immer erfreulich. Es gibt jene angenehmen, «süßen» Träume, die wir unseren Kindern jeden Abend wünschen, wenn wir ihnen den Gutenachtkuss geben. Doch es gibt auch Albträume – und so mancher gescheiterte Perfektionist lebt in einer selbst geschaffenen Albtraumwelt. Er träumt, er sei ein Versager, er sei nicht gut genug, niemand werde ihm je eine Chance geben und so weiter.

Wie auch immer, es ist nie gesund, ein Fantasieleben zu kultivieren, und selbst die wunderbarsten Träume bringen einen nicht weiter, wenn man keinen Weg findet, sie wahr werden zu lassen.

Es gibt verschiedene Arten, wie Menschen sich für ein Leben im Land der Fantasie entscheiden können. Einige davon möchte ich hier erwähnen.

a) Menschen leben im Land der Fantasie, indem sie sich ständig mit anderen vergleichen. Erinnern Sie sich noch, wie ich im dritten Kapitel von dem Fehler sprach, den viele Eltern machen, ihre Kinder miteinander zu vergleichen?

«Warum nimmst du dir nicht ein Beispiel an Glenda?»

«Schau dir an, was Marvin getan hat. – Weißt du noch, wie Harold das gemacht hat?»

So etwas passiert leider ständig, aber es ist weder hilfreich noch gesund. Es tat Ihnen nicht gut, als Ihre Eltern Sie mit Ihren Brüdern und Schwestern verglichen. Es tut Ihren Kindern nicht gut, wenn Sie Vergleiche zwischen ihnen anstellen. Und es tut Ihnen nicht gut, wenn Sie sich selbst mit anderen vergleichen.

Ich rede hier nicht von flüchtigen Fantasien.

Es ist völlig in Ordnung, wenn eine Frau sich in einem Tagtraum verliert, in dem sie sich überlegt, wie ihr Leben wohl aussähe, wenn sie Catherine Zeta-Jones oder Carmen Electra wäre. Oder wenn ein Mann hin und wieder darüber fantasiert, wie Brad Pitt auszusehen oder Tore wie Miroslav Klose zu erzielen. Das ist ganz natürlich, und es schadet nichts ... solange es nicht zu einem Zwang wird.

Als ich ein Jugendlicher war, Mitte der 1950er, wollten viele der Jungen, die ich kannte, wie ein bestimmter Mann sein: Elvis Presley. Sie wollten Koteletten wie er, sie wollten so cool grinsen wie er, sie wollten Gitarre spielen und singen wie er – aber vor allem wollten sie seine Popularität und sein Geld haben!

Denken Sie nur, welchen Einfluss Elvis Presley auf die Unterhaltungsbranche hatte! Er war der unumstrittene King of Rock'n'Roll und ein vielfacher Millionär. Er hatte alles, was ein Mensch sich nur wünschen konnte: Dutzende goldener Schallplatten, eine lange Filmkarriere, seinen eigenen Privatjet, mit dem er nach Lust und Laune kreuz und quer durchs Land düsen konnte, eine Villa in Nashville, ein schönes Haus in Los Angeles und Millionen von Fans, die ihn verehrten und zu ihrem Idol machten.

Kein Wunder, dass alle Jungen wie Elvis Presley sein wollten. Aber was brachte ihm das alles ein?

Ich werde nie jenen Tag im August 1977 vergessen. Ich war gerade mit dem Auto unterwegs zu meinem Büro in Tucson, als die Nachricht im Radio kam.

«Elvis Presley, der King of Rock'n'Roll, ist mit zweiundvierzig Jahren verstorben.»

Die Nachricht erschütterte mich so sehr, dass ich rechts ranfahren musste. «Unmöglich», sagte ich, «er kann nicht tot sein!»

Aber er war es.

Später las ich nach, wie Elvis Presley gestorben war. Ich fand heraus, dass er volle 117 Kilogramm schwer geworden war. Er hatte Drogen genommen. Seine letzten Tage auf der Erde hatte er praktisch als Einsiedler verbracht. Ja, Elvis Presley hatte alles gehabt – Ruhm, Reichtum und alles, was man für Geld kaufen konnte –, aber das machte ihn nicht zu einem glücklichen Menschen, und es garantierte ihm auch kein langes Leben auf der Erde.

Träumen Sie davon, Elvis Presley zu sein? Schauen Sie sich an, was es ihm gebracht hat. Und seine Situation war keineswegs ein Einzelfall. Leute, denen es vergönnt ist, «alles zu haben», stellen oft fest, dass «alles» nicht genug ist.

Wären Ruhm und Reichtum die Zwillingssäulen eines gelungenen Lebens, so hätte Marilyn Monroe eine glückliche Frau sein müssen. Stattdessen nahm sie sich das Leben. Judy Garland hätte unfassbar glücklich sein müssen. Auch sie beging Selbstmord.

Ich könnte weitermachen mit einer ganzen Liste von Leuten, die sich entweder das Leben nahmen oder als Opfer ihrer eigenen Exzesse starben, aber das wäre eine zu deprimierende Lektüre. Also lasse ich es.

Worum es mir geht, ist, dass Sie sich nie wünschen sollten, wie jemand anderes zu sein oder etwas zu haben, was ein anderer hat, weil Sie nicht in die Seele dieser Person schauen und den Kummer und die Schmerzen sehen können, die sie tagtäglich mit sich herumschleppt.

Wenn sich das jetzt anhört, als ob ich predige, dann tut es mir leid. Aber es ist eine Predigt, die sich anzuhören lohnt, also hören Sie mir zu.

Sie haben alles in sich, was Sie brauchen, um glücklich zu sein. Gott wollte nicht, dass Sie Elvis Presley sind – sonst *wären* Sie Elvis Presley. Und das bedeutet auch, dass Sie jetzt tot wären. Ich will hier keine albernen oder zynischen Sprüche machen. Aber Sie haben den King of Rock'n'Roll bereits überlebt. Jeder Atemzug, den Sie tun, jede Freude, die Sie genießen, ist etwas, das Elvis nie hatte.

Wenn meine Zeit auf der Erde vorbei ist und meine Freunde und Angehörigen sich versammeln, um mir die letzte Ehre zu erweisen, dann, denke ich, wird mein Leben ein Riesenerfolg gewesen sein, wenn meine Frau sagen kann: «Er war ein guter Ehemann und ein guter Vater.» Was könnte man sich im Leben Größeres wünschen?

Also träumen Sie ruhig davon, Beyoncé oder Tom Cruise zu sein. Es ist in Ordnung, sich zu fragen, wie das wohl wäre. Aber vergleichen Sie nicht Ihr Leben mit dem, das diese Leute vermeintlich leben. Hängen Sie die Hochsprunglatte Ihres Lebens tiefer, und denken Sie daran: Sie sind besser dran damit, Sie selbst zu sein. Tauschen Sie nicht die Wirklichkeit gegen einen Traum ein. Sie könnten sich einen Albtraum einhandeln!

b) Menschen leben im Land der Fantasie, indem sie sich weigern, Entscheidungen zu treffen, die ihnen auf lange Sicht nützen würden. Kommt es Ihnen so vor, als ob Sie immer die falsche Entscheidung treffen? Haben Sie Pech in der Liebe, mit Ihrer Berufswahl, mit den Finanzen? Kommt es Ihnen manchmal so vor, als wäre jede Weiche, die Sie stellen, die falsche?

Es könnte sein, dass Sie die falschen Entscheidungen treffen, weil Sie unbedingt Ihrem Herzen statt Ihrem Verstand folgen wollen. Mit anderen Worten, Sie ignorieren die Signale, dass das, was Sie tun, falsch ist, weil Sie es einfach unbedingt weiter tun wollen.

In dem Steve-Martin-Film «Der Mann mit den zwei Gehirnen» gibt es eine Szene, wo er sich in eine offensichtlich bösartige Frau verliebt hat. Er steht vor einem Porträt seiner verstorbenen ersten Frau und sagt, er möchte sicher sein, das Richtige zu tun. Wenn nicht, hätte er gerne ein Zeichen.

Sofort fangen alle Lichter im Haus an zu blinken, das Bild dreht sich an der Wand, unheimliche Klagelaute ertönen, und eine heftige Windbö zerzaust ihm die sorgfältig gekämmten Haare, bis sie in alle Richtungen stehen. Mindestens dreißig Sekunden lang geht das so.

Doch kaum ist es vorbei, sagt Martin, nun, da er kein Zeichen bekommen habe, werde er eben davon ausgehen, dass er auf dem richtigen Weg sei. Es ist eine witzige Szene – und ein tolles Beispiel dafür, wie die Kunst das Leben nachahmt!

Wie viele Leute kennen Sie, die beten: «Herr, wenn das, was ich tue, falsch ist, lass es mich bitte wissen»? Und die sich dann schnell die Ohren zuhalten, damit sie nicht hören, wie seine Stimme ihnen sagt, dass es falsch ist. Oder vielleicht beten sie folgendermaßen: «Gott, bitte verschließe diese Tür, wenn du nicht willst, dass ich hindurchgehe. Aber ich hoffe sehr, du schließt sie nicht, denn du weißt ja, Gott, dass ich unbedingt hindurchgehen will. Ich werde enttäuscht und wütend sein, wenn du mich nicht tun lässt, was ich will. Aber nur zu, halte mich trotzdem auf, denn vielleicht weißt du ja doch, was am besten für mich ist.»

Nun, ganz so krass werden sie das Gebet vielleicht nicht formulieren, aber Gott weiß, dass das ihren Gedanken entspricht.

Ich habe es bereits gesagt und sage es Ihnen noch einmal, dass es, wenn Ihr Leben gelingen soll, oft notwendig ist, gegen Ihre Gefühle anzugehen – also Dinge zu tun, die Sie eigentlich nicht tun wollen, und Dinge zu lassen, die Sie eigentlich tun wollen.

In meinen Jahren als praktizierender Psychologe habe ich viele Frauen beraten, die furchtbar unglücklich sind, weil sie ihr Leben an Männer verschleudert haben, die einfach nichts taugen.

Marjorie weint, weil Bill ein Alkoholiker ist. Er trinkt unentwegt, er scheint es in keinem Job lange auszuhalten, er beschimpft sie und die Kinder, und sie versteht nicht, was mit ihm los ist.

«Hatten Sie, bevor Sie ihn heirateten, keine Ahnung, dass er Alkoholiker ist?»

«Nun ... ich wusste, dass er gerne einen trank. Aber viele Männer trinken gerne mal einen. Und ich dachte mir, da wächst er heraus.»

Dann ist da Ruby, deren Mann gewalttätig ist. Mehr als ein blaues Auge hat er ihr verpasst, ein paar Zähne hat er ihr ausgeschlagen, und sie hat so ziemlich jeden Tag Kopfschmerzen, seit er ihr einmal mit voller Wucht die Faust an den Kiefer gerammt hat.

Hinterher tut es ihm immer leid, und er beteuert, er liebe sie und werde sie nie wieder schlagen. Und das tut er auch nicht – bis sie das nächste Mal irgendetwas tut, was ihn wütend macht. Und sie weiß nie, was ihn auf die Palme bringen wird.

«Bevor Sie heirateten», frage ich sie, «haben Sie da jemals irgendeinen Hinweis bemerkt, dass er gewalttätig werden könnte?»

«Nun», räumt sie ein, «er hat mich schon ein paar Mal geschlagen, als wir befreundet waren. Aber es tat ihm dann immer so leid, und er war hinterher so lieb zu mir. Und ich dachte mir, wenn ich ihn heirate, biege ich ihn mir schon zurecht.»

Dies sind zwei Frauen – attraktive, intelligente Frauen –, die sich entschieden, die Signale zu ignorieren, die sie erhielten. Beide hätten voraussehen müssen, was es ihnen einbringen würde, wenn sie diese Männer heirateten. Aber sie waren verliebt, und sie wollten daran glauben, dass die Dinge sich ändern würden. So beschlossen sie, die Augen vor der Wirklichkeit zu verschließen.

Was würden Sie tun, wenn Sie mit achtzig Stundenkilometern die Landstraße entlangführen und plötzlich unter Ihrer Motorhaube ein furchtbares Scheppern ertönte? Würden Sie dann das Radio lauter stellen, damit Sie es nicht mehr hören, und hoffen, dass es von alleine verschwindet? Natürlich nicht. Und genauso ist es in jedem Bereich des Lebens. Sie können die Gefahrensignale ignorieren, die auf den verschiedensten Wegen zu Ihnen dringen, aber wenn, dann tun Sie es auf eigene Gefahr. Und auf die eine oder andere Weise werden Sie später eine ziemlich hohe Reparaturrechnung zu bezahlen haben.

In seinem Buch *Ich liebe mich auch – Selbstvertrauen lernen* spricht Nathaniel Branden davon, dass man sich entscheiden sollte, «bewusst zu leben» statt «unbewusst zu leben».[10]

Er gibt mehrere Beispiele dafür, was er damit meint, darunter eine Schilderung zweier Männer, Jim und John, die beide bei derselben Firma angestellt waren.

John machte sich sofort daran, alles über seinen Job zu lernen, was er konnte. Er wollte wissen, wie er sich in den Gesamtablauf seiner Firma einfügen konnte, wie er das effizienter tun konnte, und er versuchte auch, sich so gut wie möglich mit den Aufgabenbereichen seiner Kollegen vertraut zu machen.

Jim dagegen schien nur tun zu wollen, was von ihm erwartet wurde, und sich um nichts anderes zu scheren. Er lebte offenbar nur für die Feierabendglocke und hatte nicht die leiseste Ahnung, wie das, was er tat, sich in den großen Zusammenhang einfügte. Und es war ihm auch egal.

Sehen Sie, John lebte bewusst, während Jim unbewusst lebte. Als eine höhere Position frei wurde, wurde John befördert, während man Jim überging. Und dann fragte sich ein wütender Jim, warum er nie so viel Glück hatte wie der alte John.

Dr. Branden schildert noch ein weiteres Beispiel von zwei Männern: Jerry, der bewusst lebte, und Phillip, der unbewusst lebte.

Mitten in einem hitzigen Streit mit seiner Frau hielt Jerry inne und sagte: «Warte mal. Ich glaube, ich bin in Abwehrhaltung und höre dir gar nicht richtig zu. Können wir ein paar Schritte zurückgehen und es noch einmal versuchen?»[11]

Phillip dagegen entschloss sich, die Unzufriedenheit seiner Frau zu ignorieren. Wenn sie morgens mit ihm reden wollte, sagte er ihr, er könne jetzt nicht, er sei auf dem Weg zur Arbeit. Zu anderen Zeiten passte es ihm auch nicht. Eines Tages dann kam er von der Arbeit nach Hause und fand einen Brief, in dem sie ihm sagte, sie könne es nicht länger ertragen und habe ihn verlassen. Und er konnte es schlichtweg nicht fassen. Wie konnte sie einfach so weggehen, ohne ihm eine Chance zu geben?

Wenn Sie unbewusst leben, leben Sie im Land der Fantasie und achten nicht auf die Signale, die die Wirklichkeit Ihnen sendet.

Damit will ich nicht sagen, dass alles Schlechte, was Ihnen passiert, eine Folge Ihrer Unaufmerksamkeit ist. Keineswegs. Manchmal geraten Sie ja ohne eigene Schuld in eine No-Win-

Situation. Niemand kann mit Sicherheit vorhersagen, wann die Aktien steigen oder fallen werden. Es kann passieren, dass die Firma, für die Sie arbeiten, ein paar falsche Entscheidungen trifft, in finanzielle Schwierigkeiten kommt und Stellen wegrationalisieren muss. Menschen ändern sich, und jemand, den Sie lieben, kann sich plötzlich gegen Sie wenden. Solche Dinge passieren im Leben. Doch wenn Sie auf die Signale achten und Ihre Augen offen halten, werden sie Ihnen weit weniger häufig passieren.

In seinem Buch listet Dr. Branden mehrere Wege auf, wie man bewusst leben kann. Es sind die folgenden:

- Nachdenken, auch wenn das Nachdenken über gewisse Dinge und Personen schwerfällt.
- Sich Mühe geben, die Dinge klar zu sehen, ob einem das leichtfällt und man von Natur aus dazu neigt oder nicht.
- Respekt vor der Wirklichkeit haben, ob sie schmerzlich ist oder nicht, statt dem Verlangen zu folgen, der Wirklichkeit auszuweichen.
- Bereit sein, angemessene Risiken einzugehen, selbst wenn man sich davor fürchtet.
- Ehrlich mit sich selbst umgehen.
- In der Gegenwart leben und ihr gegenüber verantwortlich sein, statt sich in eine Fantasiewelt zurückzuziehen.
- Die Bereitschaft haben, eigene Fehler der Vergangenheit zu erkennen und zu korrigieren, statt im Irrtum zu verharren.[12]

Diesen Wegen möchte ich einen Punkt hinzufügen, von dem ich schon gesprochen habe: Sie brauchen die Bereitschaft, gegen Ihre Gefühle anzugehen und vom Verstand her statt vom Herzen her zu agieren.

An dieser Stelle muss ich einige Worte zu einem Persönlichkeitstyp sagen, der besonders dazu neigt, in alle möglichen Schwierigkeiten zu geraten, weil er seinem Herzen folgt statt seinem Kopf. Es ist der «unverbesserliche Romantiker». Wenn es um eine Liebesbeziehung zwischen einem Mann und einer Frau geht, fürchten sich manche Leute schlicht und einfach davor, die Augen zu öffnen und ihren Kopf zu gebrauchen, weil das alles «herabzuwürdigen» scheint.

Sie mögen vielleicht das Gefühl des Verliebtseins (und ich muss zustimmen, dass es ein ganz besonderes Gefühl ist). Sie wissen, dass ihr Leben außer Kontrolle ist, aber sie sagen sich, dass sie nichts dagegen tun können.

Immer wieder höre ich Aussagen wie: «Es hat mich einfach mitgerissen.» Oder: «Ich wusste, dass er nicht gut für mich war, aber ich konnte einfach nicht anders.»

Ich habe längst den Überblick verloren, wie oft ich schon mit Frauen (und auch Männern) geredet habe, die sich auf außereheliche Beziehungen eingelassen haben, weil sie «einfach nicht anders konnten».

«Ich hatte nie vor, Eric zu betrügen, aber Floyd und ich waren einfach zueinander hingezogen. Es war unwiderstehlich. Es war überwältigend – und keiner von uns konnte irgendetwas dagegen tun.»

Es wäre mir sehr unangenehm, wenn man mir vorwerfen würde, unromantisch zu sein, aber darüber kann ich nur eines sagen: Bockmist!

Sich verlieben heißt, dass man eine bewusste Entscheidung trifft, das zu tun. Sie können sich zwar einreden: *Oh, ich werde mich da nicht einmischen. Ich werde nicht darüber nachdenken, und ich werde nichts planen, und dann werde ich einfach sehen, was passiert.*

Aber damit belügen Sie sich selbst, denn Sie denken ja schon darüber nach und fragen sich, was wohl passieren wird; und vermutlich hoffen Sie, *dass* etwas passieren wird. Sie treffen eine bewusste Entscheidung, über diese Person nachzudenken, mit dieser Person zusammen zu sein und sich damit in Versuchung zu bringen, immer tiefer in diese Beziehung einzutauchen.

Lassen Sie mich noch einmal sagen, dass romantische Liebe meiner Meinung nach etwas Wunderbares ist. Ich liebe meine

Frau Sande sehr und wüsste ehrlich nicht, wie ich im Leben ohne sie zurechtkommen sollte. Doch an einer Liebesbeziehung zwischen einem Mann und einer Frau muss auch der Verstand beteiligt sein, nicht nur das Gefühl. Wenn das bei Ihnen nicht so ist, werden Sie sich mehr Schwierigkeiten einhandeln als ein Schneepflugvertreter in der Wüste von Arizona.

Sie könnten in einer Ehe mit jemandem landen, der überhaupt nicht gut für Sie ist, oder sich in eine illegitime Affäre verwickeln, die Sie teuer zu stehen kommt, oder auch sich emotional so tief in eine Beziehung verstricken, dass Sie völlig am Boden zerstört sind, wenn die Wirklichkeit schließlich durchdringt und die Romanze endet.

Jede dieser Situationen würde Ihnen eine Menge Schmerzen verursachen und Sie überdies Ihr Selbstwertgefühl kosten.

Seien Sie also vorsichtig. Fürchten Sie sich nicht davor, Ihr Herz zu verschenken, aber tun Sie es nicht ohne gründliches Nachdenken!

c) Menschen leben im Land der Fantasie, indem sie in der Vergangenheit leben. Das ist besonders für gescheiterte Perfektionisten, die oft ihr Leben an ihren Misserfolgen messen, ein Problem.

«Ich weiß genau, dass ich nie Autofahren lernen werde. Mein Vater hat damals 1957 versucht, es mir beizubringen, aber ich habe es einfach nicht kapiert. Ich kam mir so blöd dabei vor und habe mir geschworen, es nie wieder zu versuchen. Nein danke, ich gehe einfach für den Rest meines Lebens zu Fuß.»

Oder: «Ich bitte nie wieder im Leben ein Mädchen, mit mir auszugehen. Ich habe Mary Lou Jones gefragt, als wir beide im ersten Jahr auf der Highschool waren, und sie hat gesagt, sie könne nicht, weil sie zu Hause bleiben und sich die Haare waschen müsse. Ich sah ihr an den Augen an, dass sie mich anlog. Sie wollte einfach nicht mit mir ausgehen und war fast beleidigt, dass ich sie überhaupt fragte. Da habe ich mir an Ort und Stelle gesagt: *Ich werde einfach für den Rest meines Lebens allein bleiben.* Und damit hat es sich.»

Lächerliche Beispiele? Vielleicht. Aber nicht viel lächerlicher als viele der Ausreden, die ich von ansonsten intelligenten Menschen zu hören bekommen habe.

Was immer Ihnen in der Vergangenheit Schlechtes passiert ist, muss dort bleiben – in der Vergangenheit. Es hat nichts mit Ihrem Leben heute zu tun, und Sie müssen jede Anstrengung unternehmen, sich davon nicht ausbremsen zu lassen.

Wenn Sie einen Fehler machen, nehmen Sie sich die Zeit, darüber nachzudenken, was Sie falsch gemacht haben. Versuchen Sie daraus zu lernen und zu erkennen, wo Sie die falsche Entscheidung getroffen haben. Aber sobald Sie das getan und so viel Nutzen daraus gezogen haben, wie Sie nur können, lassen Sie es auf sich beruhen. Und gründen Sie nicht Ihr Handeln von heute auf die Dinge, die Ihnen gestern passiert sind.

Sie wissen ja, was man über jemanden sagt, der vom Pferd fällt. Das Beste, was er tun kann, ist, gleich wieder in den Sattel zu steigen. Das ist ein guter Rat – und nicht nur für Reitschüler! Der alte Spruch lautet: Es ist keine Schande hinzufallen, aber es ist eine Schande, nicht wieder aufzustehen.

Jeder fällt hin, jeder scheitert, und es gab noch nie einen Menschen, der nicht hin und wieder mit Selbstzweifeln zu kämpfen hatte. Doch diejenigen, die die Oberhand behalten haben, waren diejenigen, die sich immer wieder nach der Zukunft ausgestreckt haben und bereit waren, ihre Vergangenheit hinter sich zu lassen.

Im achten Kapitel werde ich Ihnen von einigen dieser «großen Versager» der Geschichte erzählen, doch im Moment lassen Sie mich nur aus einem Brief zitieren, den ein Verlag einem unbekannten Möchtegern-Schriftsteller schickte:

> Sie haben genug von unserer Zeit mit Ihrem Mist vergeudet. Sie können nicht schreiben, Sie konnten nie schreiben, und Sie werden nie schreiben können.[13]

Harte Worte, in der Tat. Was würden Sie tun, wenn Sie so einen Brief bekämen? Die meisten Leute würde das vermutlich total ausbremsen. «Ich schätze, ich habe doch nicht das Zeug zum Schriftsteller. Am besten mache ich in Immobilien oder so.»

Aber der Mann, der diesen Brief bekam, wollte sich nicht durch vergangene Misserfolge davon abhalten lassen, den zukünftigen Erfolg anzustreben. Er hatte nicht vor, in der Vergangenheit zu leben.

Sein Name? Zane Grey, einer der produktivsten Schriftsteller des zwanzigsten Jahrhunderts – ein Mann, der Dutzende von Westernromanen veröffentlichte und Millionen und Abermillionen Exemplare davon verkaufte!

d) Menschen leben im Land der Fantasie, indem sie sich weigern, irgendeine andere Antwort als ein Nein zu akzeptieren. Eine meiner alten Lieblingsserien im Fernsehen ist «The Bob Newhart Show», in der Newhart einen Psychologen darstellt.

Eine der Figuren in der Serie war ein schmächtiger, schüchterner kleiner Mann, dessen Minderwertigkeitskomplex seinesgleichen suchte. Er ging als Vertreter von Tür zu Tür, und das bisschen Selbstachtung, das er hatte, verflüchtigte sich rasch, weil er nie etwas von seinen Waren loswurde.

In einer Episode beschloss Dr. Hartley (Newhart), ihn auf seiner Runde zu begleiten und zu sehen, ob er ihm helfen könnte, mehr Selbstvertrauen zu gewinnen und seine Verkaufstechnik zu verbessern. Also zogen sie los und wanderten kreuz und quer durch die Stadt – nur dass sie nirgends an eine Tür klopften.

Als er darauf hingewiesen wurde, dass er nichts verkaufen könne, wenn er nicht hin und wieder an eine Tür klopfte, antwortete er, er müsse gar nicht erst anklopfen, denn er wisse ja sowieso schon, dass niemand etwas bei ihm kaufen würde!

Das meine ich, wenn ich sage, dass manche Leute ihr Leben so leben, dass sie nichts anderes als ein Nein als Antwort akzeptieren. Sie gehen an alles, was sie tun, auf eine negative Weise heran, mit der sie sich selbst ein Bein stellen.

«Shirley, du hast nicht zufällig Lust, mit mir auszugehen, oder? Nein, bestimmt nicht. Vergiss, dass ich überhaupt gefragt habe.»

Dabei hat Shirley noch kein Wort gesagt.

Wenn Sie damit rechnen, abgewiesen zu werden, wird genau das meistens auch passieren. Wenn Sie alles, einschließlich Ihrer selbst, in einem negativen Licht darstellen, werden die Leute wohl auch bald dazu neigen, Sie negativ zu sehen.

Wenn Sie also in einem Land der Fantasie leben, indem Sie Ihre Ablehnung und Ihr Scheitern schon vorwegnehmen, dann müssen Sie von jetzt an jede Anstrengung unternehmen, um sich selbst in einem positiveren Licht darzustellen.

Sagen Sie nicht: «Sie wollen mir nicht zufällig diesen Teppich abkaufen, oder?» Sondern sagen Sie: «Möchten Sie gern diesen Teppich kaufen?»

Sagen Sie nicht: «Du hast nicht zufällig Lust, am Samstagabend mit mir auszugehen, oder?» Sagen Sie stattdessen: «Hast du Lust, am Samstagabend mit mir ins Kino zu gehen?»

Achten Sie auf die Worte, die aus Ihrem Mund kommen. Jedes Mal, wenn Sie sich negativ über sich selbst sprechen hören, machen Sie sich im Geist eine Notiz. Dann versuchen Sie, die Sache positiv umzuformulieren. Überdenken Sie dann jeden Abend noch einmal Ihren Tag und schauen Sie sich an, wie oft Sie Formulierungen verwendet haben, die dem, was Sie tun oder sagen wollten, eine negative Färbung gegeben haben. Fassen Sie den Entschluss, dass Sie sich bessern werden – dass Sie versuchen werden, Wendungen wie *kann nicht*, *werde nicht*, *würde nicht* aus Ihrem Wortschatz auszumerzen.

Und dann raffen Sie Ihren Mut zusammen und fangen Sie an, an diese Türen zu klopfen.

Sie werden trotzdem noch ab und zu ein Nein zu hören bekommen. Das geht jedem so. Aber Sie werden es nicht andauernd hören.

4. Werfen Sie einen realistischen Blick auf sich selbst. Ein weiterer Weg, um die Hochsprunglatte Ihres Lebens tiefer zu hängen, besteht darin, sich selbst so zu sehen, wie Sie wirklich sind. Das ist so ähnlich, wie in der Wirklichkeit leben zu lernen, nur dass es dabei ganz und gar darum geht, wer Sie sind, was Sie können und wo Ihr Platz in dieser Welt ist.

Zum Beispiel haben Sie als gescheiterter Perfektionist zweifellos mit Unzulänglichkeitsgefühlen zu kämpfen. Macht Sie das zu einem Waschlappen oder Schwächling? Keineswegs.

Der berühmte Psychologe Alfred Adler sagte dazu Folgendes:

> Jeder ... hat ein Minderwertigkeitsgefühl. Doch das Minderwertigkeitsgefühl ist keine Krankheit, sondern es ist ein Stimulans zu gesunder, normaler Strebsamkeit und Entwicklung. Zu einem pathologischen Zustand wird es erst, wenn das Gefühl der Unzulänglichkeit den Betreffenden überwältigt und ihn – weit davon entfernt, ihn zu nützlichem Tun zu stimulieren – depressiv und zur Entwicklung unfähig werden lässt.[14]

Haben Sie das gelesen? *Jeder* hat ein Minderwertigkeitsgefühl. Es ist also gar nicht so, dass mit Ihnen etwas nicht stimmt, wenn Sie gelegentlich das Gefühl haben, es nicht zu bringen. Wenn Sie erst begreifen, dass jeder, mit dem Sie zu tun haben, dieses Gefühl bis zu einem gewissen Grad auch hat, kann Sie das zuversichtlicher und selbstbewusster werden lassen.

Ich glaube, heutzutage haben die meisten von uns ein verzerrtes Bild von sich selbst, weil wir ständig mit Werbung bombardiert werden und weil wir in einer Konsumgesellschaft leben, die uns sagt, dass unser Wert sich danach bemisst, wie viele «Sachen» wir anhäufen können.

Vor einiger Zeit sah ich einen Autoaufkleber, über den ich lächeln musste. Darauf stand: «Wer mit dem meisten Spielzeug stirbt, gewinnt.» («The one who dies with the most toys wins.»)

Wer immer sich diesen Spruch hat einfallen lassen, war ziemlich schlau. Was nützt uns eigentlich all unser materieller Besitz, besonders im Blick auf die Ewigkeit? Schließlich können wir nichts davon mitnehmen, wenn wir gehen. Und wie erbärmlich wäre es, wenn der Wert eines Menschen von den Dingen abhinge, die er hat!

Und wie ist es mit den Werbebotschaften, die jeden Tag auf uns einprasseln? Uns wird eingebläut, wir könnten nicht erfolgreich sein, wenn wir nicht dieses Antischuppenshampoo, jenes Mundwasser, diese neue Zahnpasta benutzen und wenn unsere Kleider nicht die richtigen Etiketten haben!

Kein Wunder, dass so viele Leute das Gefühl haben, es nicht zu bringen. Sie sind sich nie sicher, ob sie alles tun, was von ihnen erwartet wird, wenn sie populär und «in» sein wollen.

In einer Werbung wird uns die missliche Lage einer schönen Frau geschildert: Irgendein Kerl schenkt ihr keine Beachtung, weil sie Schuppen hat – obwohl sie eine umwerfende Schönheit ist.

Seien wir doch mal ehrlich. Wenn dieser Typ kein Interesse an ihr hat, nur weil sie Schuppen hat, dann hat er ein viel größeres Problem als sie! Manche Werbespots sind also ziemlich lächerlich, aber andere sind subtiler und erzielen in verschiedenem Maße ihre Wirkung bei uns.

Ich vermeide es grundsätzlich, bestimmte Produkte zu kaufen, für die mit snobistischen Mitteln oder mit dem Gedanken geworben wird, man sei als Mensch weniger wert, wenn man sie nicht benutze. Ich weigere mich auch, eine bestimmte Mundwassermarke zu kaufen, nur weil sie von Dr. Phil beworben wird. Mein Empfinden ist: Meine Güte, wenn wir jetzt schon Ratschläge von Leuten wir Dr. Phil befolgen, sind wir wirklich in Schwierigkeiten!

Und wenn nicht gerade Dr. Phil ein Mundwasser propagiert, dann sind es schöne Models mit Figuren, die so aussehen, als wären sie bei Walt Disney auf dem Reißbrett entstanden (perfekt und zu schön, um wahr zu sein), oder gut aussehende Muskelmänner. Die Botschaft, die der gewöhnliche Zuschauer empfängt, ist, dass er es nicht bringt, wenn er nicht die Produkte verwendet, die diese Leute verwenden. Und darüber hinaus bekommt er den Eindruck, dass er es sowieso nicht bringt, weil er nicht so aussieht wie eines dieser statuenhaften Exemplare menschlicher Vollkommenheit!

So werden moderne Werbemethoden eingesetzt, um uns Dutzende von Dingen anzudrehen, die wir eigentlich weder brauchen noch haben wollen. Oder mit denen wir nicht einmal etwas anzufangen wissen, wenn wir sie dann haben.

Nun will ich nicht grundsätzlich auf aller Werbung herumhacken – nur auf solcher Werbung, die mit den falschen Vorstellungen der Menschen von sich selbst und von anderen spielt. Ein Problem für gescheiterte Perfektionisten ist, dass sie dazu neigen, alle nur möglichen Lügen über sich selbst zu glauben, und diese Art von «Du-taugst-nichts-wenn-du-mein-Produkt-nicht-kaufst»-Werbung fügt diesen Lügen nur noch weitere hinzu.

In meinem Buch *Geschwisterkonstellationen* habe ich von manchen der Lügen gesprochen, die wir oft über uns selbst glauben. Zum Beispiel: «Ich zähle nur etwas, wenn ich perfekt bin.» – «Ich zähle nur etwas, wenn ich Konflikte vermeide.» – «Ich zähle nur etwas, wenn ich bemerkt werde und im Mittelpunkt der Aufmerksamkeit stehe.» – «Ich zähle nur etwas, wenn ich alles unter Kontrolle habe.»[15]

Solche Lügen sind besonders gefährlich, weil sie die Botschaft enthalten: «Ich muss etwas tun oder mich auf eine bestimmte Weise verhalten, um als Mensch einen Wert zu haben.» Die Wahrheit hingegen ist, dass ich einen Wert habe, einfach weil ich ein Mensch bin, der nach dem Bild Gottes geschaffen ist!

Sie können sich auch Lügen wie die folgenden einreden: «Bei mir klappt nie etwas.» – «Ich mache nie etwas richtig.» – «Alle anderen können das, aber ich kann es nicht.» Wenn Sie Kinder haben, lügen Sie sich vielleicht selbst vor, alle anderen Eltern in der Nachbarschaft seien fähiger und besser darin, ihre Kinder zu erziehen, als Sie. (Und wenn Ihre Kinder normal sind, werden sie dieses Missverständnis jederzeit gern verstärken. Sie kennen das ja: Judy darf immer ausgehen, also warum muss Ihre Tochter zu Hause bleiben? Tommy kriegt mehr Taschengeld, also warum bekommt Ihr Sohn nicht mehr? Nancys Mutter hilft ihr immer bei den Physikaufgaben, warum können Sie das nicht auch tun? Und so weiter und so fort.)

Glauben Sie diese Lügen nicht. Schlimme Dinge passieren Ihnen nicht *immer*. Sie bauen nicht *immer* Mist. Und die anderen Leute in der Straße sind genauso wenig Supereltern wie Sie …

Wenn Sie sich solche Lügen einreden, trampeln Sie auf Ihrem Selbstwertgefühl herum und bremsen sich selbst aus. Aber es kann sein, dass Sie sich selbst noch größeres Unrecht antun, nämlich dass Sie eine Lüge leben.

Strengen Sie sich mächtig an, zu einer Gruppe dazuzugehören, obwohl Sie von dieser Gruppe eigentlich gar nicht so viel halten? Setzen Sie ein fröhliches Gesicht auf und tun so, als wären Sie guter Dinge, obwohl Ihnen innerlich zum Heulen ist? Verbringen Sie Zeit mit Leuten, die Ihnen eigentlich gar nicht viel bedeuten, nur weil Sie glauben, dass das angesagt ist, oder weil Sie meinen, dies sei die Sorte Leute, mit denen Sie verkehren sollten?

Laufen Sie herum und tun so, als wären Sie jemand, der Sie in Wirklichkeit gar nicht sind? Oder als glaubten Sie etwas, das Sie eigentlich gar nicht glauben, nur weil Sie wissen, dass andere Leute das von Ihnen erwarten?

Wenn Sie solche Dinge tun, reden Sie sich selbst die schlimmste aller Lügen ein. Sie sagen im Grunde, Ihr wahres Ich sei nicht gut genug, Ihre wirklichen Talente und Wünsche brächten es nicht, Sie seien eigentlich nicht akzeptabel, und deshalb müssten Sie eine Maske aufsetzen. Wenn es Ihnen gut genug gelingt, eine Lüge zu leben, können Sie damit so ziemlich jeden hinters Licht führen – nur sich selbst nicht.

Das verschafft Ihnen zwei Probleme. Erstens untergräbt es Ihr Selbstwertgefühl noch mehr, weil Sie das Gefühl haben, dass Ihre Unzulänglichkeiten Sie dazu zwingen, solche Spielchen zu spielen. Und es macht Sie paranoid, weil Sie wissen, dass früher oder später die Wahrheit herauskommen wird. Dann werden die Leute sehen, wer und was Sie wirklich sind.

Was Sie nicht erkennen, ist, dass die Leute Sie genauso sehr mögen würden – wahrscheinlich noch mehr –, wenn sie Ihr wahres Gesicht sehen könnten.

Erkennen Sie sich darin wieder? Haben Sie sich in einem Leben voller Lügen verheddert? Wenn ja, dann wird es Zeit, dass Sie damit anfangen, die Hochsprunglatte Ihres Lebens tiefer zu hängen, indem Sie Ihr Leben so leben, wie es Ihnen wirklich entspricht.

Aber wie stellen Sie das an? Der erste Schritt ist, dass Sie versuchen, anderen gegenüber so ehrlich zu sein, wie Sie nur können.

Damit meine ich freilich keine unverblümte Offenheit oder verbale Schroffheit. Wenn Mary ein absolut scheußliches Kleid anhat, ist es nicht nötig, dass Sie zu ihr hingehen und sagen: «Was ist los, Mary? Ist das dein Halloweenkostüm?»

Ich spreche von der Bereitschaft, mit sich selbst nicht hinter dem Berg zu halten, sondern auszudrücken, was Sie wirklich empfinden. Das fängt mit Kleinigkeiten an und überträgt sich dann auf die größeren Bereiche Ihres Lebens.

Angenommen, Sie haben sich im Stadttheater ein Schauspiel angesehen, und Sie fanden es gut gespielt und sehr unterhaltsam. Doch ein Kollege, der sich das Stück auch angesehen hat, sagt zu Ihnen etwas in der Art wie: «War das nicht der größte Quatsch, den du je gesehen hast? Nicht zu fassen, was das für eine Zeit- und Geldverschwendung war!»

Wie würden Sie reagieren? Wenn Sie zu den Leuten gehören, die sich gern hinter einem Leben aus Lügen verstecken, werden Sie dazu neigen, ihm zuzustimmen. Doch wenn Sie Ihre niedrige Meinung von sich selbst überwinden und verbessern wollen, müssen Sie die Wahrheit sagen. Dazu brauchen Sie Ihrem Kollegen wiederum nicht zu sagen, er sei verrückt oder habe das Stück nicht verstanden. Aber Sie werden viel zufriedener mit sich sein, wenn Sie zum Beispiel sagen: «Nein … das habe ich eigentlich nicht so empfunden. Ehrlich gesagt, mir hat es gefallen.»

Man weiß nie, was er als Nächstes sagen wird, und wenn er ein besonders ungehobelter Mensch ist, wird er vielleicht versuchen, Sie herunterzuputzen: «Was? *Das* fanden Sie gut? Nicht zu fassen …»

Na und? Wie Ihre Mutter immer sagte: «Davon stirbt man nicht.»

Manchmal bringen wir uns in Schwierigkeiten, weil andere Leute die Lügen glauben, die wir ihnen auftischen, obwohl wir es eigentlich nicht wollen.

Da war zum Beispiel Juanita, eine junge Frau mit einem äußerst niedrigen Selbstwertgefühl. Ihr machte die Tatsache zu schaffen, dass den Leuten überhaupt nichts an ihr oder ihren Bedürfnissen und Wünschen zu liegen schien. Das wurde ihr jedes Jahr schmerzlich demonstriert, wenn ihr Geburtstag kam und ging, ohne dass irgendjemand im Büro ihn auch nur erwähnte. Im Gegensatz dazu wurden alle andern Geburtstage in einem Restaurant in der Nähe gefeiert, mit Blumen, Luftballons, Kuchen – das volle Programm. Juanita versuchte, mitzumachen und die Geburtstage der anderen mitzufeiern, aber ihr Herz war nicht bei der Sache.

Warum wurde sie von den anderen immer übersehen? Nun, im Gespräch über die Situation kam ans Licht, dass sie immer ausdrücklich betont hatte, sie wolle kein großes Tamtam um ihren Geburtstag.

Als sie fünf Jahre zuvor ihre Stelle in dem Büro angetreten hatte, hatten die anderen Frauen sie immer wieder sagen hören, sie wolle nicht, dass sie ihren Geburtstag feierten, sie möge Geburtstage überhaupt nicht, weil sie sie immer daran erinnerten, dass sie älter werde, und so weiter. Sie wussten nicht, ob sie ihr das abkaufen sollten, und so stellten sie, als ihr Geburtstag kam, die übliche Feier auf die Beine.

Juanitas Reaktion bestand darin, dass sie zornig wurde und schmollte.

«Ich habe euch doch gesagt, ich will nicht, dass ihr etwas zu meinem Geburtstag macht», polterte sie. Obwohl sie sich in Wirklichkeit freute, tat sie so, als täte sie es nicht. Ihren Kolleginnen war das peinlich, weil sie dachten, sie hätten etwas getan, was Juanita nicht wollte, und ein bisschen waren sie auch beleidigt darüber, dass ihre Mühe nicht gewürdigt wurde. In den folgenden Jahren hatten sie demzufolge Juanitas «Wünsche» respektiert und ihren Geburtstag vollkommen ignoriert.

Immer wenn eine der neuen Mitarbeiterinnen erwähnte, Juanita habe nächste Woche Geburtstag, sagte eine der «alten Häsinnen»: «Oh, die hasst Geburtstage.»

Warum sagte Juanita den Leuten, dass sie ihren Geburtstag hasste, obwohl sie in Wirklichkeit traurig darüber war, wenn er ignoriert wurde? Das war lediglich eine der Lügen, die sie lebte. Es war nicht cool, im Mittelpunkt der Aufmerksamkeit stehen zu wollen. Es war nicht richtig, sich zu wünschen, dass ihre Freundinnen ein großes Tamtam um sie machten. Außerdem hatte sie ein so niedriges Selbstwertgefühl, dass sie sich dachte, die Leute würden ihren Geburtstag sowieso vergessen, und deshalb musste sie so tun, als ob sie das so haben wollte.

Der Schlüssel lag für Juanita darin, damit aufzuhören, eine Lüge zu leben, und stattdessen von nun an ehrlich zu sich selbst und zu anderen zu sein.

Es gelang ihr nicht über Nacht, ein ehrliches Leben anzufangen, und wenn das ein Problem für Sie ist, wird Ihnen das auch nicht gelingen. Sie werden es nicht immer schaffen, Ja zu sagen, wenn Sie Ja meinen, und Nein zu sagen, wenn Sie Nein meinen. Aber lassen Sie nicht locker.

Wenn dies ein besonderes Problem für Sie ist, sollten Sie sich jeden Abend etwas Zeit nehmen, um die Geschehnisse des Tages Revue passieren zu lassen. Wie oft haben Sie versucht, die Lüge am Leben zu erhalten? Wie oft haben Sie so getan, als empfänden Sie anders, als Sie es in Wirklichkeit taten? Wie oft haben Sie Ja gesagt, wenn Sie Nein meinten, und umgekehrt?

Und wenn Sie das tun, kommt es darauf an, dass Sie sich selbst gegenüber so ehrlich sind, wie Sie nur können. Machen Sie keine Ausflüchte, und tun Sie nicht so, als hätten Sie wirklich auf eine bestimmte Weise reagieren wollen, wenn Sie tief im Innern wissen, dass es nicht so war. Wenn Sie sich selbst gegenüber nicht völlig offen und ehrlich sind, wird sich nichts bessern, und Sie werden weiterhin in der Tretmühle der Lügen marschieren und eine Schubkarre voller Schuldgefühle und Selbstzweifel vor sich herschieben.

In *Ich liebe mich auch – Selbstvertrauen lernen* schlägt Dr. Branden das Vervollständigen von Sätzen als Selbsthilfemethode vor.[16] Einer seiner Vorschläge lautet, den Satz niederzuschreiben: «Ich mag mich selbst am wenigsten, wenn ich ...», und dann die Lücke auszufüllen. Fügen Sie alles ein, was Ihnen einfällt, und seien Sie brutal ehrlich zu sich selbst.

Dann machen Sie es genauso mit: «Ich mag mich am meisten, wenn ich ...»

Das wird Ihnen tieferen Einblick in Ihre eigenen Handlungsweisen und Motive verschaffen. Wenn Sie auf diese Weise darüber nachdenken, können Sie erkennen, wo Sie sich selbst ins Knie schießen, und eine bewusste Anstrengung unternehmen, um das zu ändern.

Denken Sie daran, dass Sie nicht etwas sein müssen, was alle anderen von Ihnen erwarten oder wollen. Sie müssen nur das sein, was Sie selbst sein wollen – die Person, die Sie wirklich sind. Wenn Sie sich erst mit dieser Tatsache angefreundet haben, tun Sie einen großen Schritt dazu, die Hochsprunglatte Ihres Lebens tiefer zu hängen.

5. Stellen Sie sich Ihren Ängsten. Fürchten Sie sich? Macht Ihnen das zu schaffen und vermindert es Ihre Selbstachtung? Versuchen Sie es zu verleugnen?

Nun, tun Sie das nicht. Denn die Wahrheit ist, dass Sie mit Ihren Ängsten nicht allein sind. Wir haben alle Angst. Meine Ängste mögen andere sein als Ihre, aber vorhanden sind sie dennoch.

Vielleicht haben Sie Angst vor der Dunkelheit, während ich Angst davor habe, vor einer großen Gruppe zu sprechen. Sie mögen sich vor einem drohenden Atomkrieg fürchten, während ich mich vor einem Börsencrash fürchte. Sie haben vielleicht Angst davor, an einem unheilbaren Leiden zu erkranken, und ich mache mir Sorgen, dass ich in einen Autounfall geraten könnte.

Auf die eine oder andere Weise haben wir alle unsere Zweifel bezüglich der Zukunft, unsere Sorgen und unsere nackten Ängste.

Wenn Sie sich sagen, dass Sie keine Angst haben sollten oder dass die Furcht vor einer Sache Sie zu einem Feigling macht, dann wird es Zeit, dass Sie in dieser Hinsicht Ihre Erwartungen herunterschrauben.

Sehr oft haben Leute mit der Neigung, gescheiterte Perfektionisten zu sein, ein Problem mit ihren Ängsten. Sie versuchen sie zu verleugnen und zu bekämpfen, was meistens nicht das Geringste nützt, und dann beschimpfen sie sich selbst als Schwindler. Sie erkennen nicht, dass Mut nichts mit Abwesenheit von Furcht zu tun hat. Fragen Sie die tapfersten Helden, wie sie sich gefühlt haben, als sie ihre Heldentaten vollbrachten, und vermutlich werden sie Ihnen sagen, dass sie eine Heidenangst hatten.

Das Wesentliche ist, dass sie durch ihre Ängste nicht gelähmt wurden.

Falls Sie je an einem Geburtsvorbereitungskurs nach der Lamaze-Methode teilgenommen haben, wissen Sie, dass einer der wichtigen Aspekte dieses Trainings darin besteht, zu lernen, mit den Geburtsschmerzen fertig zu werden. In diesen Kursen lernen schwangere Frauen Entspannungs- und Atemtechniken, die ihnen helfen, den Schmerzen, die mit den Wehen verbunden sind, zu begegnen. Ich werde nie vergessen, wie ich während der Geburt unseres Ältesten die Hand meiner Frau Sande hielt und ihr sagte, es sei alles «bestens». «Na ja», erwiderte sie und sah mich aufgebracht an, «da oben mag ja alles bestens sein, aber hier unten sieht die Sache ein bisschen anders aus!» Dennoch ist der Gedanke dahinter nicht verkehrt: Wenn man sich anspannt und gegen den Schmerz kämpft, tut es noch mehr weh; doch wenn man lernt, sich zu entspannen und loszulassen, ist es nicht annähernd so schmerzhaft.

Genauso ist es auch mit der Angst. Wenn Sie sich anspannen und dagegen ankämpfen, wird die Angst Sie wahrscheinlich erst richtig in den Schwitzkasten nehmen. Wenn Sie sich selbst suggerieren: *Hör auf, dich zu fürchten, hör auf, Schmetterlinge im Bauch zu haben,* machen Sie vermutlich alles nur noch schlimmer.

Doch wenn Sie lernen, zuzugeben, dass Sie Angst haben, und lernen, die Angst zuzulassen und zu akzeptieren, dann können Sie sie überwinden.

Sie können sogar anfangen, Ihre eigene Angst zu kommentieren: «Ich fürchte mich im Moment, weil ich gleich einen Vortrag vor der ganzen Abschlussklasse halten muss. Es ist völlig normal, dass ich in dieser Situation Angst habe.»

Analysieren Sie Ihre Angst und stellen Sie sich die Frage: «Was ist das Schlimmste, was mir in dieser Situation passieren könnte?»

Wenn Sie einen Vortrag zu halten haben, wird Ihnen dann vielleicht klar, dass Sie im schlimmsten Fall den Faden verlieren könnten oder dass Sie etwas sagen könnten, was den Leuten nicht gefällt, und dadurch in eine peinliche Lage geraten könnten.

Nun, das wäre nicht das Ende der Welt.

Wenn Sie anfangen, die Situation zu durchdenken, werden sich Ihre Ängste wahrscheinlich zu verringern beginnen. Vielleicht kommen Sie sogar so weit, dass Sie darüber lachen. Wenn Sie zum Beispiel einen Vortrag halten, wäre eine Bemerkung wie «Ich hoffe, Sie können verstehen, was ich sage, trotz des Lärms, den meine schlotternden Knie machen» eine gute Möglichkeit, das Eis zu brechen. Damit geben Sie zu, dass Sie Angst haben, aber es zeigt auch, dass Sie die Furcht akzeptiert haben, dass Sie darüber lachen können und dass Sie trotzdem tun werden, was Sie zu tun haben.

Furcht ist ein natürlicher Bestandteil des menschlichen Daseins. Also legen Sie die Hochsprunglatte Ihres Lebens niedriger und stellen Sie sich Ihren Ängsten. Lassen Sie sich nur nicht davon lähmen oder Ihr Selbstwertgefühl davon untergraben.

6. Übernehmen Sie Verantwortung für Ihr Handeln. Wie bitte? Sie fragen, inwiefern es Ihnen eine Hilfe dabei sein kann, die Hochsprunglatte Ihres Lebens tiefer zu hängen, wenn Sie lernen, Verantwortung für Ihr Handeln zu übernehmen?

Ganz einfach. Wenn Sie lernen, dass Sie verantwortlich sind für das, was Sie tun, nicht aber für das, was irgendjemand anderes sagt oder tut, dann werden Sie von einer ganzen Lkw-Ladung von Schuldgefühlen und Sorgen befreit. Es gibt nur einen Menschen, dessen Verhalten Sie auf jeden Fall ändern können, und das sind Sie selbst. Wie Ihre Freunde, Verwandten und letzten Endes sogar Ihre Kinder sich verhalten, liegt nicht in Ihrer Hand.

Sie sind nicht verantwortlich für den Umstand, dass Ihr Mann schlechte Laune hat, weil er einen harten Arbeitstag hatte. Sie können mit ihm fühlen, ihm anbieten, seinen Nacken zu massieren, oder alles Mögliche tun, um ihm zu helfen, sich besser zu fühlen. Aber Sie dürfen nicht vergessen, dass seine Miesepetrigkeit nicht Ihre Schuld ist. Er hat kein Recht, sie an Ihnen auszulassen.

Wenn Mary Ann sich Ihr Auto ausleihen will, aber Sie es ihr nicht geben können, weil Sie es heute selbst brauchen, dann ist es nicht Ihre Schuld, wenn sie wütend wird oder in eine schwierige Lage gerät.

Denken Sie daran, dass Sie nicht für das Glück anderer Leute verantwortlich sein können. Sie können zwar Ihr Bestes tun, um auf die Bedürfnisse und Wünsche anderer Rücksicht zu nehmen, aber manche Leute werden nie zufrieden sein, wie sehr Sie sich auch um sie bemühen. Wenn Sie sich in den Kopf setzen, Sie wären für deren Zufriedenheit verantwortlich, werden Sie bald vor Frust die Wände hinauflaufen.

Umgekehrt gilt es ebenso. Niemand ist verantwortlich für Ihr Wohlergehen und Ihr Glück, außer Ihnen selbst. Wenn Sie denken, Ihr Glück wäre von einer anderen Person abhängig – Ihrem Mann, Ihrer Frau, Ihrer Mutter, Ihrem Vater, Ihrem Sohn oder Ihrer Tochter oder von wem auch immer –, dann drücken Sie sich und verweigern sich Ihrer eigenen Verantwortung.

Sie müssen nicht durchs Leben gehen und die Schuld an allem auf sich nehmen. Doch genauso wenig können Sie durchs Leben gehen und die Schuld an allem verteilen oder sich darauf stützen, dass andere Ihre Träume erfüllen werden.

Nathaniel Branden drückt es so aus:

> Männer und Frauen mit hohem Selbstwertgefühl … übernehmen die volle Verantwortung für die Erfüllung ihrer Wünsche. Sie warten nicht darauf, dass andere ihre Träume verwirklichen.
>
> Wenn es ein Problem gibt, dann fragen sie: «Was kann ich dagegen tun? Welche Maßnahmen stehen mir jetzt zur Verfügung?» Sie rufen nicht: «Jemand muss etwas tun!» Wenn etwas schiefgegangen ist, fragen sie sich: «Was habe ich übersehen? Wo habe ich mich verrechnet?» Sie geben sich keinen Schuldzuweisungsorgien hin.[17]

Vielleicht hilft es Ihnen, wenn Sie sich ein Blatt Papier in zwei Spalten aufteilen und zwei Listen anlegen. Auf der linken Seite schreiben Sie die Dinge auf, für die Sie verantwortlich sind; auf der rechten Seite die Dinge, für die Sie nicht verantwortlich sind. Auf die linke Seite gehören dann Dinge wie:

- Die Beziehungen, auf die ich mich einlasse.
- Die Art, wie ich meine Zeit verbringe.
- Die Bewegung, die ich meinem Körper gönne.
- Die Nahrung, die ich zu mir nehme.
- Die Art, wie ich andere behandle.
- Meine Zufriedenheit oder mein Mangel an Zufriedenheit.

Und so weiter. Auf der anderen Seite würden Sie notieren, wofür Sie nicht verantwortlich sind:

- Die schlechte Laune meines Mannes, seit er angefangen hat, an dem neuen Projekt zu arbeiten.
- Der Regen am letzten Samstag, der die Pläne der Kinder zunichtegemacht hat.
- Die Tatsache, dass Laura kein Auto hat.
- Und so weiter …

Noch einmal, ich plädiere nicht dafür, dass Sie andere im Stich lassen, wann immer sie Hilfe nötig haben. Doch es ist ein gewaltiger Unterschied, ob Sie ihnen auszuhelfen versuchen oder ob Sie sich für ihre Probleme verantwortlich fühlen.

Ich weiß, das Leben kann unfair sein, und oft ist es das auch. Schlimme Dinge wie Unfälle, Krankheiten und Eheprobleme, die Sie nicht verursacht haben, können Ihren Weg kreuzen. Aber wenn Sie die Verantwortung für Ihr Leben übernehmen, verbessern Sie Ihre Chancen aufs Glück drastisch.

Vergessen Sie also nicht, dass Sie verantwortlich für sich selbst und nur für sich selbst sind, und legen Sie die Hochsprunglatte Ihres Lebens tiefer!

Es ist Zeit, dass Sie aufhören, Ihre eigenen Anstrengungen zu sabotieren. Sie werden nie vollkommen sein – aber das wird auch kein anderer. Doch Vortrefflichkeit liegt durchaus in Ihrer Reichweite. Und wenn Sie lernen, darauf zu zielen, werden Sie im Nu ein Hochsprungmeister sein!

Geben Sie sich selbst das Versprechen, sich keine Sorgen über diese Dinge zu machen:

- Was morgen vielleicht passiert.
- Was vor Jahren geschah.
- Was andere von Ihnen denken.
- Umstände, an denen Sie nichts ändern können.
- Ob Sie scheitern werden.
- Was alle anderen tun.

7. Hilfe und Heilung für Ihr gebrochenes Herz

Amy hatte Jahre auf der Suche nach «dem Richtigen» verbracht, doch als sie Paul traf, wusste sie, dass ihre Suche vorüber war.

Verliebt war sie schon früher gewesen, aber keine der Beziehungen hatte lange gehalten, und keine war durch ihre Entscheidung beendet worden. Sie war eine warmherzige, intelligente, hübsche, blauäugige Blondine von dreißig Jahren, die aus irgendeinem Grund, den sie nicht verstehen konnte, immer wieder abserviert wurde.

Doch irgendwie wusste sie, dass Paul anders war. Er war so stark, so rein in seinen Motiven ihr gegenüber, und einfach so … richtig. Sie war glücklich, wenn sie mit ihm zusammen war, und alle ihre Freundinnen schienen auch zu glauben, dass sie füreinander geschaffen seien.

Dazu kam, dass Amy ein festes Gottvertrauen hatte. Sie hatte oft gebetet, der Herr möge ihr den richtigen Mann über den Weg schicken, und für sie war offensichtlich, dass Paul die Antwort auf all jene Gebete war. Das wurde besonders klar durch den Umstand, dass Paul ebenfalls gläubig war und sie jeden Sonntag gemeinsam den Gottesdienst besuchten.

Gelegentlich gab es auch einmal Streit zwischen ihnen, aber schließlich haben alle mal Meinungsverschiedenheiten, und sie nahm das nie sehr ernst.

Dann rief Paul sie eines Tages an, und sie merkte schon an seinem Tonfall, dass etwas nicht stimmte.

«Amy», sagte er, «ich habe eine Menge über uns nachgedacht. Und, nun ja … ich glaube einfach nicht, dass wir wirklich zueinanderpassen.»

Sie konnte es nicht glauben. Was redete er da?

«Es scheint mir einfach, dass wir nicht miteinander auskommen können. Es tut mir leid, und ich möchte dir wirklich nicht wehtun, aber ich glaube nicht, dass wir uns noch weiter treffen sollten.»

Völlig unter Schock stand Amy da und starrte den Telefonhörer an. Nachdem sie sich erst einmal richtig ausgeweint hatte, redete sie sich ein, dass Paul es sich noch anders überlegen würde. Vielleicht hatte er einfach nur vorübergehend kalte Füße bekommen. Schließlich waren sie doch füreinander bestimmt. Gott wollte es so.

Doch als die Tage, Wochen und dann Monate vergingen, wurde offensichtlich, dass Paul es ernst gemeint hatte. Er wollte sie einfach nicht mehr sehen, wollte nicht einmal darüber reden, und diese Ablehnung war fast mehr, als sie ertragen konnte. Abend für Abend weinte sie sich in den Schlaf und stolperte durch ihre Tage, als wäre sie ein Zombie. Okay, sie tat, was getan werden musste, aber ohne Emotion und Begeisterung. Es kam ihr vor, als hätte nicht nur Paul sie verlassen, sondern auch Gott selbst.

Alan war Discjockey bei einem Country-Radiosender. Er wusste, dass die Quoten des Senders nicht besonders hoch waren, und er wusste auch, dass der Rundfunk nicht gerade die größte Sicherheit und Stabilität für einen Angestellten bietet.

Als er und seine Frau Bonnie die Chance hatten, sich ihr Traumhaus zu kaufen, war er unsicher, ob es klug war, sich so langfristig festzulegen. Also beschloss er, sich mit dem Programmdirektor zu unterhalten und die Karten auf den Tisch zu legen.

«Keine Sorge», sagte man ihm. «Unsere Quoten waren nicht überragend, aber sie werden besser ... und die Eigentümer wollen auf jeden Fall an diesem Format festhalten. Wir glauben, dass es nur eine Frage der Zeit ist, bis wir einer der Topsender auf diesem Markt sind.»

Der Programmdirektor sagte noch ein paar nette Worte über

die gute Arbeit, die Alan tat, und machte ihm Mut, ohne Bedenken den Vertrag für das Haus zu unterschreiben.

Genau einen Monat später – zwei Tage nachdem Alan und Bonnie den Kaufvertrag unterschrieben hatten – wurde er zu einer Besprechung gerufen, bei der die Mitarbeiter der Radiostation erfuhren, dass der Sender sein Sendeformat ändern würde. Countrymusik war out, Talkshows und Nachrichten waren in – und alle Discjockeys würden innerhalb der nächsten dreißig Tage entlassen werden.

Alan konnte es nicht glauben. Er hatte sein Bestes für den Sender gegeben, und das war nun der Dank dafür. Warum hatten sie nicht wenigstens ehrlich zu ihm sein können, als er sie nach seiner Zukunft hier gefragt hatte? Aber schließlich war dies aus Alans Sicht nur ein weiterer Punkt auf einer langen Liste von Ablehnungen, Enttäuschungen und Dolchstößen.

Amy und Alan. Zwei Menschen, die eine niederschmetternde Ablehnung erfuhren. Zwei Menschen, die am eigenen Leib entdeckten, dass das Leben oft unfair ist und dass Träume nicht immer wahr werden.

Wie ist es mit Ihnen? Vielleicht hatten Sie nie das verheerende Erlebnis, von jemandem abgelehnt zu werden, den Sie sehr liebten. Vielleicht haben Sie nie einen Arbeitsplatz verloren. Doch Menschsein heißt auch, Misserfolgen und Ablehnung ausgesetzt zu sein, egal, wer Sie sind oder wie gut Sie Ihr Herz schützen. Ablehnung gibt es quer durch alle Rassen, Geschlechter, Altersgruppen, Religionen und Kulturen. Manche werden von ihren Eltern abgelehnt, andere von ihren Kindern. Manche Leute werden von Freunden abgelehnt, manche von Geliebten und andere von ihren Chefs oder Kollegen.

Es ist niemals leicht, eine Ablehnung zu überwinden. Wie sehr Sie auch lächeln und den Leuten erzählen mögen, dass es Ihnen wirklich nichts ausmacht: Der Schmerz, den Sie empfinden, lässt sich nicht verleugnen.

Ich wünschte, ich wüsste eine Zauberformel, ein paar Worte, die Sie nur zu sprechen brauchten, oder ein besonderes Gebet, das den Schmerz eines gebrochenen Herzens auf der Stelle heilen könnte. Leider kenne ich nichts dergleichen. Ich weiß, wie schlimm eine solche Verletzung sein und wie lange sie anhalten kann.

Doch auch wenn ich kein sofort wirkendes magisches Elixier kenne, weiß ich doch, dass es Dinge gibt, die Sie tun können, die den Schmerz unwillkürlich *verschlimmern* werden. Und es gibt auch Dinge, die Sie tun können, um die schlimmsten Schmerzen zu überstehen, und Schritte, die Sie gehen können, um Ihr Leben wieder aufzubauen.

Wenn Sie jemand sind, der dazu neigt, ein gescheiterter, leidender Perfektionist zu sein, werden Sie, wann immer Sie eine solche niederschmetternde Ablehnung erfahren, höchstwahrscheinlich anfangen, Dinge zu tun, die dazu führen, dass Sie sich noch schlechter fühlen.

1. Sie machen sich selbst Vorwürfe.
2. Sie pauschalisieren.
3. Sie haben solche Angst davor, noch einmal verletzt zu werden, dass Sie eine Mauer um sich herum aufbauen.
4. Sie betrachten die Situation mit dem Herzen statt mit dem Verstand.

Nehmen Sie zum Beispiel Amy. Als Ihre Beziehung zu Paul zerbrach, ging sie durch eine lange Phase der Selbstanalyse, in der sie über alles nachdachte, was sie getan hatte, um Paul zu vertreiben. Das war ihre «Hätte-ich-doch-nur»-Phase.

Außerdem verschlimmerte sie ihren Schmerz dadurch, dass sie an ihre vergangenen Erlebnisse zurückdachte und sich sagte: «So geht es mir immer. Ich werde also nie den richtigen Mann finden.» Überdies baute sie eine Mauer um sich herum auf und schwor sich, für den Rest ihres Lebens allein zu bleiben. Und schließlich weigerte sie sich, die Situation genau und gründlich unter die Lupe zu nehmen. Hätte sie das getan, so hätte sie vielleicht erkannt, dass Pauls Einschätzung tatsächlich richtig war.

Ihre Persönlichkeiten schienen nicht kompatibel zu sein. Viel von der Zeit, die sie miteinander verbrachten, ging für Streitigkeiten und gegenseitige Kritik drauf.

Doch statt an all die Male zu denken, bei denen ihre Verabredungen mit gegenseitigem Anschreien geendet hatten, sah Amy nur noch all die glücklichen, romantischen Momente der Zweisamkeit. Sie idealisierte die Situation völlig und glaubte, als Paul ging, sei ihre Welt zusammengebrochen.

Wenn Sie das Gefühl haben, abgelehnt worden zu sein, dann ist es leicht, in dasselbe Muster zu verfallen wie Amy. So ging es Alan auch. Nein, ich will damit nicht sagen, dass die Probleme dieser Leute banal gewesen wären. Sie erlebten ernsthafte, schwere Rückschläge in ihrem Leben, und es war ihnen keine Hilfe, wenn andere ihnen sagten, sie sollten den Kopf oben halten und immer schön lächeln.

Nichts kann einem mehr auf die Nerven gehen als wohlmeinende Freunde, die denken, es würde einem helfen, wenn man Ratschläge zu hören bekommt wie: «Du kommst schon darüber hinweg.» Oder: «Gott muss dich wirklich sehr lieben, dass er dich so leiden lässt.» Ich habe solche Ratschläge selbst schon bekommen, genau wie Sie sicherlich auch. Um über eine besonders schmerzliche Ablehnung hinwegzukommen, müssen Sie das Gegenteil von allem tun, was Amy tat. Mit anderen Worten:

1. Machen Sie sich keine Vorwürfe.
2. Pauschalisieren Sie nicht.
3. Bauen Sie keine Mauer um sich herum auf.
4. Lernen Sie, die Situation im kalten, klaren Licht der Vernunft zu betrachten.

Lassen Sie mich das näher erläutern:

1. Machen Sie sich keine Vorwürfe. Ich weiß, das haben Sie schon tausend Mal gehört: «Was passiert ist, ist passiert.» Ein uralter Ratschlag. Aber ein *guter* Ratschlag.

Vier kleine Wörtchen, die Sie sich selbst nie sagen sollten, sind: *Hätte ich doch nur …*

«Hätte ich ihn doch nur besser behandelt, dann wäre er bei mir geblieben.»

«Hätte ich ihr doch nur gesagt, wie viel mir an ihr liegt, dann wäre sie bestimmt heute noch bei mir.»

«Hätte ich doch nur ein besseres Aussehen, oder wäre ich doch nur ein angenehmerer Gesellschafter oder ein besserer Tänzer, oder hätte ich doch nur mehr Geld (oder tausend andere Dinge), dann hätte diese Person mir das niemals angetan.»

Woher wissen Sie eigentlich, dass Sie etwas gegen diese Ablehnung hätten tun können? Ich habe schon viele Leute beraten, die alles taten, was sie konnten, und dennoch verletzt und abgelehnt wurden. Manche Frauen haben alles getan, was sie konnten, um sich in Form zu halten. Sie haben sich die Haare gefärbt, so wie es ihrem Mann am besten gefiel. Sie haben alles über Football gelernt, was sie nur konnten, weil sie diesen Teil seines Lebens mit ihm teilen wollten. Sie sind mit auf die Jagd und zum Fischen gegangen, haben sich mit Moskitos und Kochen am Lagerfeuer abgeplagt, um bessere Gefährtinnen zu sein. Manche haben sich sogar auf «Swingerpartys» eingelassen. Nicht, weil sie selbst das wollten, sondern weil ihre Männer das von ihnen wünschten.

Und am Ende, nachdem sie das alles getan hatten – selbst nachdem sie sich sogar erniedrigt und gedemütigt hatten –, wurden sie abgewiesen und verlassen.

Ich erinnere mich an Audrey, eine intelligente, attraktive Frau, die ihr Collegestudium abbrach und anfing zu arbeiten, um ihrem Mann das Studium zu finanzieren. Jahrelang schlugen sie sich durch, während er Jura studierte und schließlich seinen Abschluss machte. Daraufhin fand er einen Job bei einer erfolgreichen Kanzlei und fing an, gutes Geld zu verdienen. Endlich würde Audrey die Früchte ihrer Hingabe und Unterstützung ernten.

Doch nicht einmal ein Jahr später eröffnete ihr Mann ihr, er werde sie verlassen. Er hatte sich in eine andere Frau verliebt, eine wohlgeformte Brünette, die fünf Jahre jünger war als Audrey. Also waren nun all die Jahre der Mühsal doch noch nicht vorüber – nur hatte die Mühsal jetzt keinen Sinn mehr, denn es gab keine «besseren Zeiten» mehr, auf die sie sich freuen konnte.

Also setzte Audrey sich hin und spielte das «Hätte-ich-doch-nur»-Spiel.

Es war vollkommen lächerlich, denn es gab nicht das Geringste, was sie noch mehr hätte tun können, als sie für diesen undankbaren und prinzipienlosen Mann bereits getan hatte. Sie hätte alle Goldbarren in Fort Knox einzeln in Geschenkpapier einwickeln und ihm als Geschenk überreichen können, und es wäre immer noch nicht genug gewesen!

Audrey hatte ein Recht darauf, verletzt zu sein. Sie hatte ein Recht darauf, wütend zu sein. Aber sie hatte kein Recht darauf, sich selbst Vorwürfe zu machen und das «Hätte-ich-doch-nur»-Spiel zu spielen. Das Problem lag nicht bei ihr; es lag bei ihrem Mann. Doch ihr fiel es unendlich schwer, die Wahrheit zu erkennen.

Ich will damit nicht sagen, dass Sie nicht Ihr eigenes Verhalten überprüfen und schauen sollten, ob Sie etwas zu dem Problem beigetragen haben. Das ist nur verantwortungsbewusst. Doch es ist ein großer Unterschied, ob man eine verantwortungsbewusste Haltung zeigt oder sich selbst Vorwürfe macht.

Verantwortungsbewusst sind Sie, wenn Sie auf die Situation zurückblicken und sich fragen: «Habe ich etwas getan, was mit zu dieser Situation beigetragen hat?» Zu sagen: «Es war alles meine Schuld», hat nichts mit Verantwortungsbewusstsein zu tun.

Verantwortungsbewusst sind Sie, wenn Sie sagen: «Ich sehe ein, dass ich manche falschen Entscheidungen getroffen habe, und ich möchte daraus lernen, damit ich beim nächsten Mal nicht dieselben Fehler mache.» Zu sagen: «Ich kriege einfach nichts richtig hin, und daran kann ich nichts ändern», hat nichts mit Verantwortungsbewusstsein zu tun.

Verantwortungsbewusst sind Sie, wenn Sie Hoffnung auf ein besseres Morgen haben. Sie sind es jedoch nicht, wenn Sie in blinde Hoffnungslosigkeit und Verzweiflung fallen.

Ich habe schon Frauen beraten, die von ihren gewalttätigen Männern geschlagen und verprügelt wurden und dennoch das «Hätte-ich-doch-nur»-Spiel so weit trieben, dass sie sich selbst für diese Angriffe ihrer Männer verantwortlich fühlten.

«Ich schätze, ich habe das Gefühl, er hat recht damit, mich zu schlagen», sagte mir eine Frau, während sie dasaß und sich ihre übel geschwollene Lippe kühlte.

Unglaublich! Ihr Mann war ein Monster, aber sie hatte ein so schlechtes Selbstbild, dass sie bereit war, die Schuld für alles, was er tat, auf sich zu nehmen! Und keine Frau verdient es *jemals*, geschlagen, geohrfeigt oder herumgeschubst zu werden.

Ich stelle auch fest, dass Frauen, die sexuell missbraucht werden, oft dazu neigen, sich selbst Vorwürfe zu machen.

«Vielleicht habe ich ihn verführt», sagen sie mir.

«Wie haben Sie das gemacht?»

«Ich weiß nicht genau ... aber ich muss es wohl gemacht haben.»

Sie weiß, dass sie nichts dergleichen absichtlich getan hat. Und ich bin sicher, tief im Innern weiß sie auch, dass sie eigentlich gar nichts getan hat. Aber sie ist fast überzeugt davon, dass es schon ausreicht, nur eine Frau zu sein, um einen Mann zu Vergewaltigung und Brutalität zu treiben. Manche Frauen fühlen sich schuldig, einfach weil sie weiblich sind.

Das gilt auch für Mädchen, die von ihren Vätern, Onkeln oder älteren Brüdern sexuell belästigt wurden. Aus meiner Sicht ist das die schlimmste Form der Ablehnung, die ein Mensch erfahren kann.

Was ist das für ein Vertrauen, das ein kleines Mädchen seinem Vater entgegenbringt? Wenn es zwei Jahre alt ist, kann er es oben auf eine Leiter setzen und sagen: «Komm, Schätzchen, spring, und ich fange dich auf», und wahrscheinlich wird sie es tun, ohne einen Moment zu zögern. Sie vertraut ihm und weiß, dass er nie zulassen würde, dass ihr etwas passiert.

Doch ein Vater, der seine Tochter sexuell belästigt, lässt sein kleines Mädchen auf den Boden fallen, und die Verletzung, die dadurch entsteht, kann verheerend sein.

Lassen Sie mich an dieser Stelle gleich hinzufügen, dass ich gelernt habe, meine Klientinnen zu fragen: «Wann wurden Sie zum ersten Mal sexuell belästigt?» So häufig ist das tatsächlich. Aus diesem Grund ist dies ein Thema, das meiner Meinung nach eine ausführliche Erörterung verdient.

Vielleicht waren oder sind Sie selbst ein Opfer solchen Missbrauchs. Wenn es so ist, dann müssen Sie sich vor Augen halten, dass das nicht *Ihr* Fehler ist.

Ein gescheiterter Perfektionist nimmt leicht die Schuld auf sich. Es liegt ihm einfach im Blut. Es fällt ihm viel schwerer, sich bewusst zu machen, dass andere Leute schuld sind und zur Rechenschaft gezogen werden müssen. Doch das Letzte, was Sie zu allem Überfluss noch brauchen, ist eine Extraportion Selbstvorwürfe. Was Sie tun müssen, ist, herauszufinden, welcher Teil der Verantwortung Sie selbst trifft – und das ist vielleicht schlicht und einfach, dass Sie dazu geschwiegen und niemandem erzählt haben, was passierte –, und dann zu handeln, um die Situation zu verändern.

Es könnte sein, dass Sie eine Frau sind, die vor vielen Jahren sexuell belästigt wurde, und seitdem haben Sie ein tonnenschweres Gewicht an Schuldgefühlen und Scham mit sich herumgetragen. Wenn es so ist, wird es Zeit, dass Sie Schritte tun, um sich selbst zu vergeben, was Ihnen passiert ist. Sie denken vielleicht, dass Ihre Wut sich gegen Ihren Vater, Ihren Onkel oder wen auch immer richtet, der Sie belästigt hat. Doch wenn Sie tiefer in Ihr eigenes Herz schauen, werden Sie vielleicht feststellen, dass Sie sich das größte Stück von dem Schuldgefühlskuchen selbst vorbehalten haben. Also vergeben Sie sich selbst, suchen Sie sich einen qualifizierten Therapeuten, mit dem Sie reden können, und tun Sie Schritte, um Ihr Leben zum Besseren zu verändern.

Was für eine Art von Ablehnung Sie auch immer erfahren haben, ob durch einen Elternteil, der Sie sexuell missbrauchte, einen untreuen Liebhaber, einen Chef, der nie zufrieden war, oder ein undankbares Kind, Sie dürfen nicht alle Schuld auf Ihre eigenen Schultern nehmen.

2. Pauschalisieren Sie nicht. Was sagt sich ein gescheiterter Perfektionist, wenn er das Ende einer Liebesbeziehung durchmacht? Zum Beispiel Folgendes:

«Ich werde nie jemanden finden, der mich wirklich liebt.»

«Ich werde immer einsam sein.»

«Niemand könnte mich je lieben; dazu bin ich viel zu hässlich.»

Zu der letzten Zeile gibt es natürlich viele Varianten. Sie können die Worte *viel zu hässlich* durch alles Mögliche ersetzen, etwa «viel zu klein», «viel zu dick», «viel zu arm», «viel zu ungebildet».

Und zugegeben, es mag sein, dass es viele Leute gibt, die besser aussehen als Sie. Es mag Tausende von Männern und Frauen da draußen geben, die größer, schlanker, reicher und gebildeter sind als Sie.

Na und?

Es gibt weit über sechs Milliarden Menschen auf der Welt, und ich würde sagen, es spricht eine ziemlich hohe Wahrscheinlichkeit dagegen, in irgendeiner Kategorie der Beste zu sein!

Das Gegenteil trifft aber ebenso zu. Bei dermaßen vielen Menschen auf der Welt dürften Sie auch kaum der Schlechteste bei irgendetwas sein. (Und selbst wenn, dann könnten Sie geradezu stolz darauf sein, denn das wäre schon eine reife Leistung!)

Aber lassen Sie mich Ihnen schildern, wie gescheiterte Perfektionisten dazu neigen, zu pauschalisieren und überzureagieren, wenn sie Ablehnung erfahren.

Angenommen, Sie sind ein junger Mann, und soeben hat Ihre Traumfrau mit Ihnen Schluss gemacht. Sie war in jeder Hinsicht Ihr Ideal, und Sie haben sich so darauf gefreut, den Rest Ihres

Lebens mit ihr zu verbringen. Und Sie waren auch sicher, dass sie in Sie verliebt war, und zweifelten nie auch nur eine Sekunde lang daran, dass sie Ja sagen würde, wenn Sie ihr einen Heiratsantrag machen würden.

Doch als dann der große Moment kam – Abendessen bei Kerzenschein, ein Stehgeiger, der zwischen den Tischen entlangflaniert, alles wie im Bilderbuch – und Sie mit Ihrem Antrag herausrückten, da saß sie Ihnen mit einem schockierten Ausdruck im Gesicht gegenüber. Kaum hatten Sie sie gefragt, da wünschten Sie bereits, Sie könnten alles zurücknehmen, denn Sie sahen schon in ihren Augen, dass Sie sich etwas vorgemacht hatten.

«Oh Larry», fängt sie an, «ich habe dich wirklich gern – sehr sogar ...» Als sie das sagte, wussten Sie schon, was als Nächstes kommen würde. Der Spruch, was für ein prima Kerl Sie doch sind und dass Sie einmal ein wunderbarer Ehemann für ein «glückliches Mädchen» sein werden und so weiter – aber dass Sie für sie immer ein «guter Freund» gewesen sind.

Je mehr Sie sie zu trösten versucht, desto mehr ziehen Sie sich in sich selbst zurück. Am liebsten würden Sie sich einfach hinter der Tapete verstecken, aber das geht natürlich nicht.

Als der katastrophale Abend endlich vorbei ist und Sie mit Ihren Gedanken allein zu Hause sind, mustern Sie sich im Spiegel und versuchen herauszufinden, was mit Ihnen nicht stimmt.

Plötzlich fragen Sie sich, wie Sie sich je haben einbilden können, dass so ein schönes Mädchen den Rest seines Lebens mit Ihnen würde verbringen wollen.

Schauen Sie sich bloß an, wie Ihre Ohren abstehen. *Dumbo ist nichts gegen mich,* denken Sie. *Und sieh dir diese Nase an. Verglichen mit mir hatte Jimmy Durante eine Stupsnase. Und wieso ist mir nie aufgefallen, dass meine Augen nicht zueinanderpassen? Sie sehen irgendwie schief aus.*

Bisher haben Sie nie viel darüber nachgedacht, aber plötzlich merken Sie, dass Sie einer der hässlichsten Burschen sind, die Sie je gesehen haben. Kein Wunder, dass sie Sie nicht heiraten wollte!

Dr. David D. Burns bezeichnet das als «Wahrsagerei oder Gedankenlesen».[1] Woher wollen Sie wissen, warum Ihr Heiratsantrag abgewiesen wurde? Vielleicht war Ihre Auserwählte einfach noch nicht bereit für eine Ehe, oder vielleicht hat sie nicht das Gefühl, Sie glücklich machen zu können. Vielleicht sieht sie Differenzen zwischen Ihnen beiden, die Sie übersehen haben, weil Sie emotional auf Autopilot geschaltet haben und die Situation nicht mit dem Verstand betrachten.

Es könnte buchstäblich Dutzende von Gründen geben, warum Ihr Antrag abgewiesen wurde, und wenn Sie sagen: «Es liegt daran, dass ich so unattraktiv bin», dann pauschalisieren Sie und ziehen voreilige Schlüsse.

Zu sagen: «Ich werde nie jemanden finden, der mich liebt, weil ich so unattraktiv bin», ist in zweierlei Hinsicht falsch.

Erstens weil es stimmt, dass Schönheit im Auge des Betrachters liegt. Ich erinnere mich zum Beispiel an Karen, die ihre Freundin Teresa vergötterte. Teresa sei so schön, sagte mir Karen, dass alle Männer hinter ihr her seien. Karen beobachtete immer, wie sie sich nach ihr umdrehten, wenn sie vorüberging. Könnte sie selbst doch nur annähernd wie Teresa sein.

Dann lernte ich Teresa eines Tages kennen. Das Erlebnis war etwa so, wie wenn man ins Kino geht, um sich einen Film anzuschauen, von dem einem alle gesagt haben, es würde einer der besten sein, die man je gesehen hat. Es mag unhöflich sein, aber ich muss es trotzdem sagen: Teresa war eine Enttäuschung. Sie war groß, während Karen nur etwas über einen Meter fünfzig groß war. Sie hatte lange, glatte blonde Haare, während Karens Haare dunkel und von Natur aus gelockt waren. Doch abgesehen davon fand ich wirklich, dass Karen viel hübscher war.

Dennoch hatte Teresa ein gewisses Etwas. Sie hielt sich kerzengerade, hatte stets ein Lächeln auf den Lippen und strahlte Selbstvertrauen aus. Der Unterschied zwischen Teresa und Karen war, dass Teresa zufriedener mit sich selbst war. Mehr nicht.

Später sagte ich Karen, Teresa sei zwar sehr nett, habe ein

hübsches Lächeln und so weiter, aber ich fände sie nicht so attraktiv wie Karen.

«Was?», erwiderte sie. «Ach, kommen Sie, Sie müssen blind sein. Sie ist wunderschön!»

Schönheit ist relativ, ebenso wie Hässlichkeit. Es kann sein, dass ein Mensch Sie anschaut und findet, dass Sie das Süßeste sind, was er je gesehen hat. Der Nächste, der Sie sieht, denkt vielleicht, Sie hätten Hässlichkeitspillen geschluckt. Tun Sie sich selbst einen Gefallen und entscheiden Sie sich dafür, demjenigen zu glauben, der Sie schön findet! Wer wollte behaupten, er hätte unrecht?

In seinem Buch *Intimate Connections* schlägt Dr. Burns vor, eine Tabelle zu führen, auf der Sie die Paare, die Sie sehen, nach ihrem Aussehen bewerten, jeden einzelnen Partner auf einer Skala von eins bis zehn. Er glaubt, und ich stimme ihm zu, dass Sie dabei zu einigen interessanten Ergebnissen kommen werden. Zum Beispiel werden Sie eine Menge Dreier und Vierer sehen, die mit Neunern und Zehnern zusammen sind.

Mit anderen Worten, Sie werden Leute sehen, die Sie nicht besonders attraktiv finden, aber sie gehen Arm in Arm mit jemandem, der aussieht wie ein Filmstar.

Burns kommentiert: «Das wird Ihnen zwei alte, aber sehr wichtige Gedanken bewusst machen: Schönheit liegt im Auge des Betrachters, und zum Aufbau von Beziehungen gehört mehr als nur das Aussehen.»[2]

Der zweite Grund, warum es falsch ist, zu denken: *Ich werde nie jemanden finden, der mich liebt, weil ich so unattraktiv bin*, ist, dass es keinen lebenden Menschen gibt, der mit jedem anderen eine erfolgreiche Beziehung aufbauen könnte. Niemand erzielt die 1000.

Nehmen Sie als Beispiel die Statistiken für die Major League im Baseball. Wenn Sie bemerken, dass jemand *doch* 1000 schlägt (was perfekt wäre), dann können Sie daraus eine wichtige Information über ihn entnehmen – nämlich, dass er noch nicht sehr oft geschlagen hat. Dasselbe gilt für jemanden, der als

Feldspieler einen Schnitt von 1000 hat. Entweder hat er nicht oft Gelegenheit zum Spielen, oder er ist nicht sehr aggressiv auf dem Feld. Ein Spieler, der Risiken eingeht, der nach Bällen hechtet, die er genauso gut auch vorbeilassen könnte, der sich auf schnelle Bodenbälle wirft und sich nicht vor geschmetterten Bällen entlang der Linie scheut, wird es ab und zu erleben, dass der Ball ihm wieder aus dem Handschuh hüpft und ihm ein Fehler angekreidet wird. Ein Spieler, der nicht mehr tut, als unbedingt von ihm erwartet wird, hat vielleicht einen besseren Durchschnitt. Aber für seine Mannschaft ist er nicht so viel wert.

Wer nie Ablehnung erfahren hat, hat nie richtig gespielt. Es passiert jedem. Also reden Sie sich nicht ein, mit Ihnen würde etwas nicht stimmen, wenn Sie Ablehnung erfahren.

Ein gescheiterter Perfektionist neigt, wenn er Ablehnung erfahren hat, immer dazu, zu denken, dass die Person, die ihn abgelehnt hat, recht hatte. Er muss an den Punkt kommen, wo er akzeptieren kann, dass die ablehnende Person auch unrecht haben könnte und dass durchaus die Möglichkeit besteht, dass sie ihr Handeln später bereuen wird. (Damit will ich nicht sagen, dass man alles übersehen sollte, was man selbst zu seiner Ablehnung beigetragen hat. Aber denken Sie daran, was ich über den Unterschied zwischen Verantwortungsbewusstsein und Selbstvorwürfen gesagt habe.)

Was immer Ihnen passiert, meiden Sie Wörter wie *niemals*, *immer* und *ich bin so* … Es stimmt einfach nicht, und es hilft Ihnen nicht weiter, wenn Sie so denken.

3. Bauen Sie keine Mauer um sich herum auf. Als Amy von Paul verletzt wurde, beschloss sie, für den Rest ihres Lebens allein zu bleiben.

Als ich ihr sagte, sie könne die Verletzung überwinden, wenn sie sich dahinterklemmte, und dass sie ganz sicher einen Mann finden könne, der sie wirklich lieben werde, sah sie mich mit flammenden Augen an.

«Ich werde *nie wieder* zulassen, dass ich so verletzt werde!» Sie schleuderte mir die Worte mit zusammengebissenen Zähnen entgegen, und ich wusste, sie meinte es ernst.

Wie schade. Denn hier war eine wunderbare Frau – schön, liebevoll, ausgestattet mit so vielem, was sie dem richtigen Mann bieten konnte –, aber sie ließ keinen Zweifel daran, dass sie bereits eine große Amy-Mauer um sich herum errichtet hatte.

Ich würde Amys Schmerz nie herunterspielen, und ich verstehe gut, dass jemand in ihrer Situation Angst davor hat, erneut verletzt zu werden. Schließlich war dies ja nicht das erste Mal, dass ihr das passiert war. Doch jeder, der sein Leben voll ausschöpfen will, muss verwundbar sein und Risiken eingehen. Es ist eine Ironie, dass manche Leute dazu neigen, sich von anderen abzuschneiden, wenn sie verletzt worden sind, denn gerade dann haben sie den Trost, den andere ihnen geben können, am nötigsten.

Aus meiner Sicht sind nur wenige Dinge im Leben so wichtig wie beständige Freundschaften. Wenn Sie einen oder zwei gute Freunde haben, schätzen Sie sich reich. Aber um wirklich ein Freund zu sein, müssen Sie sich verwundbar machen.

Ich bin Leuten begegnet, die mir sagten, sie hätten ihren Glauben an Gott verloren wegen Dingen, die Freunde ihnen angetan hatten. Solche Leute nenne ich «Sockelleute». Sie neigen dazu, ihre Freunde zu vergöttern und nur das Gute an ihnen zu sehen. Wann immer ein solcher Freund sie dann verletzt, sei es unabsichtlich oder absichtlich, fühlen sie sich verraten und wollen mit dem Übeltäter nichts mehr zu tun haben.

Lassen Sie mich dazu gleich als Erstes Folgendes sagen: Wenn Sie einen Freund haben, der Sie niemals im Stich lässt, ist er entweder ein Roboter, oder Sie sollten anfangen, Lobbyarbeit für seine Heiligsprechung zu machen.

Menschen sind fehlbar. Sie sagen und tun Dinge, die sie nicht so meinen. Menschen haben manchmal schlechte Laune oder schlechte Tage. Ehemänner enttäuschen ihre Frauen, Ehefrauen enttäuschen ihre Männer, Kinder enttäuschen ihre Eltern, Eltern enttäuschen ihre Kinder. Und so weiter und so fort.

Es ist ratsam, sich der eigenen Begrenzungen und der Begrenzungen anderer bewusst zu sein. Angenommen, Sie haben eine gute Freundin namens Myrtle, und obwohl Sie sie sehr gern haben, wissen Sie genau, dass sie kein Geheimnis für sich behalten kann.

Dann ertappen Sie sich eines Tages dabei, wie Sie zu ihr sagen: «Hör zu, Myrtle, ich muss dir etwas sagen, aber bitte sag es keiner Menschenseele weiter.»

Nun möchte sie natürlich gerne sagen: «Wenn es so streng geheim ist, erzähl es mir lieber nicht», aber das kann sie nicht, weil sie ja ganz versessen darauf ist, Ihr großes Geheimnis zu hören. Also sagt sie: «Versprochen.» Und Sie offenbaren ihr eines der tiefen, dunklen Geheimnisse Ihrer Seele.

Myrtle versucht aufrichtig, ihr Versprechen zu halten, aber dieses verbotene Wissen brennt in ihrem Innern, und schon wenig später laufen Sie auf der Straße Henrietta in die Arme, die zu Ihnen sagt: «Oh, ich habe gehört ...», und Ihnen dann Ihr eigenes Geheimnis erzählt.

Jetzt ist Ihnen vielleicht danach, Myrtle anzurufen, ihr die Hölle heißzumachen und ihr zu sagen, dass Sie sie nie wieder sehen wollen. Und falls Sie dazu neigen, so eine Mauer um sich herum aufzubauen, werden Sie vielleicht sagen: «Ich werde nie im Leben wieder jemandem vertrauen. Stattdessen werde ich einfach alles für mich behalten, mich um meine eigenen Angelegenheiten kümmern und ohne Freunde auskommen.»

Nun gebe ich zu, dass es nicht sehr klug von Ihnen war, Ihr Geheimnis einer Frau anzuvertrauen, von der Sie wussten, dass sie eine notorische Plaudertasche ist. Eigentlich täten Sie sogar besser daran, wütend auf sich selbst zu sein, weil Sie ihr das Geheimnis überhaupt erst erzählt haben.

Natürlich sollte Myrtle für das, was sie getan hat, zur Rechenschaft gezogen werden, und die Situation muss verarbeitet werden. So etwas sollte man nicht gären lassen, und ebenso wenig sollte es als Vorwand dafür herhalten, in Zukunft kein freundlicher Mensch mehr zu sein. (Nach dem Motto: «Ich weiß, die

Leute halten mich für kalt und unfreundlich, aber ich bin tief verletzt worden, und das passiert mir nicht noch einmal.»)

Stellen Sie Ihre Freunde und Angehörigen nicht auf einen Sockel. Sie mögen wunderbare Eigenschaften haben, aber perfekt sind sie bestimmt nicht!

Wenn Sie wirklich tief verletzt worden sind, ist es schwer, mit jemandem zu reden. Wenn Sie besonders emotional sind, bringen Sie vielleicht kaum ein Wort heraus, oder Sie sagen Dinge, die Sie später bereuen. In einer solchen Situation, glaube ich, ist es ratsam, einen Brief zu schreiben. Keinen bitterbösen Brief voller Beschimpfungen, sondern einen Brief, in dem Sie Ihren Standpunkt und Ihre Gefühle so deutlich wie möglich erklären.

Sie können vielleicht so anfangen: «Ich würde gern mit dir reden, aber ich dachte, in einem Brief gelingt es mir besser, meine Gefühle deutlich zu machen. Ich bin wirklich nicht glücklich damit, wie es zwischen uns steht, und ich möchte gerne einiges ausräumen.»

Wenn Ihr Freund wirklich ein Freund ist, wird er darauf positiv reagieren. Wenn er es nicht tut und keine Anstrengung unternehmen will, um den Konflikt zu lösen, dann sind Sie vielleicht ohne ihn besser dran. Aber das bedeutet nicht, dass Sie ganz ohne Freunde besser dran wären.

Freunde sind etwas äußerst Wichtiges. Und wenn Sie jemanden haben, der an Sie glaubt, der Sie ermutigt und Ihnen zuhört, wenn Sie niedergeschlagen sind, dann tun Sie Ihr Bestes, um sich seine Freundschaft zu erhalten. Aber noch einmal, vergöttern Sie ihn nicht, und versuchen Sie nicht, ihm vorzumachen, Sie wären etwas, was Sie nicht sind. Die besten Freunde sind diejenigen, die in der Lage sind, Sie zu lieben, selbst wenn sie es gegen Ihren Widerstand tun müssen, und diejenigen, die keine Angst haben, Ihnen auch ihre schlechten Seiten zu zeigen (mit Warzen und allem), weil sie wissen, dass Ihre Freundschaft nicht an Bedingungen geknüpft ist. Aus meiner Sicht ist ein wahrer Freund, bei dem Sie ohne Scheu Sie selbst sein können, eines der besten Geschenke Gottes.

Eine Mauer um sich her aufzubauen heißt also, sich von möglichen Freundschaften abzuschotten und somit das Geschenk Gottes zurückzuweisen.

In *Intimate Connections* schreibt Dr. Burns: «Wenn Sie sich vor Ablehnung fürchten, brauchen Sie so viele Ablehnungserfahrungen wie möglich.»

Obwohl er sich damit konkret an Leute wendet, die auf der Suche nach romantischen Beziehungen sind, gilt dieser Gedanke auch für alle anderen, die sich vor Ablehnung aller Art fürchten. Er spricht sich geradezu dafür aus, Ablehnungserfahrungen zu sammeln. Seine Klienten hält er dazu an, Fremde, denen sie begegnen, anzulächeln und freundlich zu ihnen zu sein. Wenn sie damit auf eine positive Reaktion stoßen, rät er ihnen, noch einen Schritt weiterzugehen und um eine Verabredung zu bitten. Jede Ablehnung bringt einen Punkt. Sobald eine Klientin oder ein Klient zwanzig Punkte gesammelt hat, sollte sie oder er sich eine Belohnung gönnen, etwa ein neues Outfit oder ein schickes Abendessen.

Er sagt: «Wenn Sie erst einmal eine gewisse Anzahl von Ablehnungen erfahren haben, wird sich Ihre Angst vor Ablehnung allmählich verflüchtigen, weil Sie merken, dass Sie es überleben und die Welt davon nicht untergeht. Während Sie immer weniger Angst vor Ablehnung haben, werden Sie zugleich immer freimütiger und abenteuerlustiger werden …»[3]

Obwohl ich nicht gerade empfehlen würde, dass Sie es darauf anlegen sollen, Ablehnung zu erfahren, hat Burns nicht unrecht. Ablehnung ist nicht das Ende der Welt, und die einzige Möglichkeit, durchs Leben zu gehen, ohne Ablehnung zu erfahren, wäre, in einer Ecke hocken zu bleiben und null Initiative zu ergreifen.

Denken Sie an die politische Laufbahn von Richard M. Nixon. 1960 scheiterte er mit seiner Bewerbung um das Amt des amerikanischen Präsidenten. 1962 erlitt er wieder eine Niederlage, diesmal durch die Wähler von Kalifornien, wo er Gouverneur werden wollte.

Doch 1968 war er erneut am Start und gewann diesmal die

Präsidentschaftswahl, und 1972 wurde er mit einem erdrutschartigen Sieg wiedergewählt. Bekanntlich nahm seine Laufbahn kein glückliches Ende, doch sein Comeback-Wahlsieg zeigte, dass man Ablehnung und Misserfolge überleben und stärker als je zuvor daraus hervorgehen kann.

Bauen Sie also keine Mauer um sich herum. Wenn Sie das tun, weiß niemand, welchen Preis Sie dafür bezahlen müssen.

4. Lernen Sie, die Situation im kalten, klaren Licht der Vernunft zu betrachten. In ihrem Buch *When Smart People Fail* nennen Carole Hyatt und Linda Gottlieb die neun ihrer Meinung nach häufigsten Gründe, warum Menschen beruflich scheitern. Ich finde diese Liste sehr gut und meine, es lohnt sich, sie hier wiederzugeben:

1. *Mangelnde zwischenmenschliche Fähigkeiten.* Fällt es Ihnen schwer, mit anderen Menschen auszukommen? Das ist etwas, das sich korrigieren lässt. Dazu gehört, dass man lernt, anderen zuzuhören, auf ihre Wünsche einzugehen und so weiter. Letztlich läuft es ganz einfach auf gute Manieren hinaus.
2. *Die falsche Person am falschen Ort.* Es kann sein, dass Ihre Fähigkeiten nicht zu dem Job passen, den Sie zu machen versuchen. Das brandmarkt Sie nicht als Versager, sondern es bedeutet, dass Sie sich nach einer Stellung umsehen sollten, die besser zu Ihren Fähigkeiten passt.
3. *Mangelndes Engagement.* Könnte es sein, dass Sie sich nur halbherzig ins Zeug legen, weil Sie nicht wirklich an das glauben, was Sie tun?
4. *Pech.* Ab und zu geschehen Dinge, die man einfach nicht steuern kann. Wie schon gesagt, manchmal ist das Leben unfair, und dann bleibt Ihnen nichts anderes übrig, als sich den Staub von den Kleidern zu klopfen und es noch einmal zu versuchen.
5. *Selbstzerstörerisches Verhalten.* Dies ist bei gescheiterten Perfektionisten häufig anzutreffen. Sie sabotieren ihre eige-

nen Bemühungen, weil sie sich nie mit weniger als Perfektion zufriedengeben wollen, von der sie aber wissen, dass sie sie nie erreichen können.

6. *Verzettelung.* Manche Leute halsen sich ständig mehr auf, als sie verkraften können. Sie laden sich zu viele Dinge auf, als dass sie sie alle gut machen könnten, und versagen schließlich bei allen.
7. *Diskriminierung aufgrund von Geschlecht, Alter oder Rasse.* Es ist traurig, aber wahr, dass Sie zum Opfer der Vorurteile anderer werden können. Doch dies hat weder mit Ihnen als Person noch mit Ihren Fähigkeiten etwas zu tun.
8. *Schlechtes Management.* Es kann sein, dass Sie scheitern, weil Sie keine guten Managementfähigkeiten haben. Doch denken Sie daran, dass gute Managementfähigkeiten einem nicht in die Wiege gelegt werden; man muss sie sich erarbeiten.
9. *Stagnation.* Bleiben Sie auf einer Stelle hocken und stagnieren, obwohl Sie eigentlich wissen, dass es an der Zeit wäre, sich zu neuen Ufern aufzumachen?[4]

Wenn Sie Misserfolge erlitten haben, sei es im Beruf oder in irgendeinem anderen Bereich Ihres Lebens, kann das seinen Grund darin haben, dass Sie etwas falsch gemacht haben, aber es kann auch an Umständen liegen, auf die Sie keinen Einfluss haben. Wenn das Erstere zutrifft, dann analysieren Sie, was Sie falsch gemacht haben, und tun Sie Schritte, um dafür zu sorgen, dass Sie beim nächsten Mal nicht wieder denselben Fehler machen. Wenn Sie nichts falsch gemacht haben, aber trotzdem irgendwie gescheitert sind, dann müssen Sie sich klarmachen, dass solche Dinge die Tendenz haben, sich wieder auszugleichen, und dass Sie überfällig für einen kräftigen Sieg sind!

Wenn Sie mir nicht glauben, lesen Sie einfach weiter, denn als Nächstes werde ich Ihnen ein wenig von den «größten Versagern» erzählen, die je gelebt haben.

Dritter Teil

Im Spiel des Lebens gibt es keine Verlierer

8. Ein paar Leute, die es nicht brachten

Lassen Sie mich Ihnen ein wenig von einem Mann erzählen, der mit fünfzig Jahren so ziemlich mit allem gescheitert war, womit ein Mann scheitern kann.[1] Hier ist seine Geschichte: Schon als er zweiundzwanzig Jahre alt war, war er mit einer Firma, die er gegründet hatte, pleitegegangen. Im folgenden Jahr versuchte er sich in der Politik, erlitt jedoch eine Niederlage, als er sich um einen Sitz im Parlament seines Staates bewarb. Dann scheiterte er mit einem weiteren Versuch, ein Geschäft aufzubauen. Im folgenden Jahr errang er endlich einen Sitz im Parlament, doch seine Freude war nur von kurzer Dauer, denn eine junge Frau, die er sehr mochte, wurde krank und starb.

Selbst dieser schreckliche Rückschlag war nicht das letzte Unglück, das ihn traf. Er unterlag später bei der Wahl zum Parlamentssprecher und mit seinem Bemühen, zum Wahlmann erkoren zu werden. Zweimal bewarb er sich um einen Sitz im Kongress der Vereinigten Staaten und verlor. Zwei weitere Male bewarb er sich um einen Sitz im Senat, 1855 und 1858, doch beide Male erlitt er eine Niederlage.

Dann folgte eine weitere Niederlage, diesmal bei seinem Bemühen, Vizepräsident der Vereinigten Staaten zu werden.

Doch er weigerte sich, einzupacken und den Rest seiner Tage im Niemandsland der Ablehnung zu verbringen.

Und so wurde er vier Jahre später Präsident der Vereinigten Staaten. Sein Name war natürlich Abraham Lincoln, unbestreitbar einer der größten Präsidenten, die die Vereinigten Staaten jemals hatten.

Haben Sie schon so viele Niederlagen und Ablehnungen erlitten wie Abraham Lincoln? Ich bezweifle es. Ich jedenfalls nicht. Die meisten von uns wären an seiner Stelle wohl längst zu dem Schluss gekommen, wir hätten im Leben keine Chance, und hätten aufgegeben. Nicht so Abe Lincoln.

Was kann ein Mensch, dem Misserfolg und Ablehnung begegnet sind, aus diesem Leben alles lernen? Man kann eine Schlacht nach der anderen verlieren, aber das bedeutet nicht, dass man den Krieg verlieren wird!

Nun wird mancher Leser dieses Buches vielleicht sagen: «Ja, sicher, jeder kennt Abraham Lincoln und weiß, wie er sich nach all diesen Niederlagen immer wieder aufgerappelt hat. Doch wir reden hier über einen wirklich einzigartigen Menschen. Er ist ein Sonderfall, ein isoliertes Ereignis.»

Wenn Sie das denken, dann irren Sie sich.

Albert Einstein fühlte sich in der Schule eingeschüchtert und zeigte nur wenig Geschick. Als er fünfzehn war, verließ er kurzzeitig die Schule, weil er äußerst schlechte Noten in Geschichte, Geografie und Sprachen hatte.[2]

Ich sehe es vor mir: Da sitzt der kleine Albert in der Klasse, anscheinend traumverloren, und kritzelt auf einem Blatt Papier herum.

«Albert! Albert!» Plötzlich merkt er, dass der Lehrer sich vor ihm aufgebaut hat und ihn von oben herab finster anstarrt.

«J-ja, Herr Lehrer.»

«Wir sind gerade mit dem Konjugieren von Verben beschäftigt. Was machst du indessen?»

«Äh, nichts, Herr Lehrer.»

Daraufhin streckt der Lehrer die Hand aus und reißt wütend das Blatt Papier an sich, auf dem der junge Einstein «herumgekritzelt» hat. Er hält es hoch und liest vor:

«$E = mc^2$. Was in aller Welt soll das denn heißen?»

Doch bevor sein brillanter Schüler auch nur antworten kann, sagt er: «Eigentlich ist mir egal, was es heißen soll. Leg diesen Unfug jetzt weg und pass im Unterricht auf. Wie kannst du erwarten, es im Leben zu etwas zu bringen, wenn du in der Schule nicht aufpasst?»

Dann entfliegt meine Fantasie übers Meer in die Vereinigten Staaten, und ich sehe einen anderen kleinen Jungen in seiner Klasse sitzen und geistesabwesend auf einem Blatt Papier herummalen. Der Schüler hinter ihm stößt seinen Arm an.

«Was soll das denn sein?» Er deutet auf die Zeichnung eines kleinen Hundes mit Schlappohren, der vor einer merkwürdigen Apparatur sitzt, aus der ein großes trompetenähnliches Gebilde hervorragt.

«Ach, das ist etwas, worüber ich nachgedacht habe. Ich nenne es ‹Phonograph›.»

«Phonograph?», sagt sein Lehrer, der das mitangehört hat. «Dieses Wort möchte ich von dir in dieser Klasse nicht noch einmal hören, sonst wasche ich dir den Mund mit Seife aus!»

Sein Mitschüler schüttelt den Kopf. «Du bist ein komischer Kauz, Tom», sagt er und vertieft sich wieder in sein Mathematikbuch.

Ich spreche natürlich von Thomas Alva Edison, einem der größten Erfinder, die jemals lebten, der ebenfalls ein Mensch war, der sich nach zahllosen Misserfolgen immer wieder aufrappeln musste. Der junge Edison wurde von einem seiner Lehrer «wirrköpfig und zurückgeblieben» genannt, und derselbe Lehrer empfahl seinem Vater, ihn von der Schule zu nehmen. Seine Nachbarn, die ihn oft wegen seines scheinbaren Mangels an Intelligenz aufzogen, hielten ihn für einen Schwachkopf.

Sein Vater machte die Sache auch nicht besser, als er den ganzen Ort auf den Dorfplatz einlud. Alle sollten mitansehen, wie er seinen Sohn verdrosch.[3]

Edison war ein Mann, der die newtonsche Mathematik einfach nicht kapieren konnte. Er versuchte es immer wieder, aber sie war zu hoch für ihn. Und doch lauten 1093 Patente auf seinen Namen, darunter der Phonograph, das elektrische Licht, der Filmprojektor und dutzend andere elektrischer Geräte, die uns heute selbstverständlich sind, weil wir sie jeden Tag verwenden.

Sie kennen vermutlich den alten Witz über Thomas Edison, in dem die Lehrerin ihre Schüler auffordert, einen Aufsatz über den Beitrag zu schreiben, den Thomas Edison zu unserer Gesellschaft geleistet hat. «Wenn Thomas Edison nicht gewesen wäre», schrieb ein Junge, «würden wir heute alle bei Kerzenlicht fernsehen.» Der junge Mann hatte offensichtlich Edisons Beitrag zum Leben des zwanzigsten Jahrhunderts missverstanden. So ziemlich alles, was in Ihrem Haus mit elektrischem Strom funktioniert, wurde vermutlich aus Ideen entwickelt, die zuerst von Thomas Edison vorgestellt wurden.

Ich weiß nicht, wie es Ihnen geht, aber ich bin furchtbar froh, dass Thomas Edison den Leuten, die ihn für einen Schwachkopf und einen Versager hielten, keinen Glauben schenkte.

Er hätte sich auch sagen können: «Die haben recht. Ich tauge nichts und werde es nie zu etwas bringen.» Doch er hörte nicht auf sie; er gab nicht auf, wenn er scheiterte, und er hörte nie auf, weiter nach vorn zu marschieren.

Und natürlich haben Sie vermutlich noch nie von einem Mann namens Winston Churchill gehört. Das liegt daran, dass schon 1916 seine Karriere auf Grund gelaufen war und er als *am Ende* galt. Das war, nachdem man ihm die Schuld an zwei entscheidenden Niederlagen der Alliierten im Ersten Weltkrieg in die Schuhe geschoben und ihn gezwungen hatte, seinen Posten in der Admiralität aufzugeben. Er empfand dies als Schande und wusste, dass sein Leben im Dienst der Öffentlichkeit vorüber war.

Was tat er also dann? Er wurde einer der dynamischsten, wirkungsvollsten Premierminister, die Großbritannien je hatte. Als kühner Führer und aufrüttelnder Redner machte er seiner Nation durch die verzweifeltsten Tage des Zweiten Weltkrieges hindurch Mut und spielte bis in die Mitte der fünfziger Jahre hinein eine wichtige Rolle in der Regierung seines Landes. 1953 gewann er den Nobelpreis für Literatur. Er wurde überdies zum Ritter geschlagen und hieß von nun an Sir Winston Churchill. Nicht schlecht für einen Mann, der vierzig Jahre zuvor mit Schimpf und Schande aus dem Amt gejagt worden war.

Nein, Abraham Lincoln war kein Einzelfall. Im Gegenteil, wenn Sie sich die Lebensgeschichten berühmter Menschen genauer anschauen, werden Sie feststellen, dass sie alle irgendwann in ihrem Leben Ablehnung erfuhren und auch scheiterten. Haben Sie das Gefühl, das Leben habe Ihnen übel mitgespielt und Ihnen mehr als Ihren fairen Anteil an Rückschlägen verabreicht? Nun, dann erfreuen Sie sich bester Gesellschaft!

Könnte es nicht sein, dass Scheitern eine Voraussetzung für überwältigenden Erfolg ist? Offenbar könnte das der Fall sein, besonders dann, wenn Sie aus Ihren Misserfolgen lernen wollen und Sie sich bemühen, es beim nächsten Mal anders zu machen. Ablehnung kann Sie entweder schwächen oder stärken, je nachdem, wie Sie damit umgehen.

Ich habe es erlebt

Natürlich habe ich leicht reden über andere Leute, aber Sie dürfen mir glauben, was ich Ihnen sage, weil ich es selbst erlebt habe – und das will etwas heißen.

Angenommen, Sie planen Ihren Urlaub, und ich sage Ihnen, Sie sollen in einem bestimmten Hotel buchen, weil es fabelhafte Zimmer, das beste Essen und eine überwältigende Aussicht zu bieten habe.

Und dann fragen Sie mich: «Wann waren Sie denn dort?»

«Na ja, eigentlich nie, aber ich habe davon gehört.»

In so einem Fall würden Sie wahrscheinlich nicht viel auf das geben, was ich Ihnen sage. Würde ich Ihnen dagegen erzählen, ich sei schon mehrmals dort gewesen und hätte immer eine herrliche Zeit verlebt, dann wären Sie eher geneigt, auf mich zu hören.

Nun, ich sage Ihnen jetzt, dass ich weiß, wovon ich rede, wenn ich behaupte, dass man sich nach Ablehnung und Scheitern wieder aufrappeln kann, weil ich es selbst erlebt habe. Während meiner vier Jahre Highschool bin ich gerade so über die Runden gekommen. Und wenn ich sage «gerade so», dann meine ich, dass ich wirklich der absolute Bodensatz war. Ich gab mir keine Mühe, sah auch gar keine Notwendigkeit dazu, und dachte mir, ich hätte sowieso keine große Zukunft, über die sich nachzudenken lohnte.

Aus meiner Lethargie wachgerüttelt wurde ich von einer Lehrerin, die mich eines Nachmittags zur Seite nahm und mich fragte: «Wann wirst du aufhören, dieses Spielchen zu spielen?»

«Was für ein Spielchen denn?», fragte ich mit einem vorlauten Grinsen zurück.

«Das Spielchen, dass du der Beste darin bist, der Schlechteste zu sein», sagte sie.

Ich versuchte das mit einem Achselzucken abzutun, aber die Worte trafen mich. Es machte mir zu schaffen, dass diese «alte Dame» mich und das Spielchen, das ich spielte, mühelos durchschaute. Sie war der Katalysator, den Gott gebrauchte, um mich in die richtige Richtung zu drehen. Ich schwor mir, dass ich mich nicht länger durch irgendetwas ausbremsen lassen würde, weder durch Versagensängste noch durch den Wunsch nach Vollkommenheit oder durch sonst etwas. Doch es war zu spät, um in der Highschool noch viel zu retten. Ich machte meinen Abschluss als so ziemlich Schlechtester in meiner Klasse und hatte einige Schwierigkeiten, ein College zu finden, das mich aufnehmen wollte, solange ich nicht bewiesen hatte, dass mehr in mir steckte, als meine Highschool-Noten erkennen ließen.

Im Lauf der Jahre habe ich zahlreiche Ablehnungen bekommen, von Verlegern, denen meine Buchideen nicht gefielen, von Lesern, denen die Bücher nicht gefielen, nachdem sie dann erschienen waren, und so weiter. Und Sie sollen wissen, dass ich jede einzelne dieser Ablehnungen aufgehoben habe. Warum? Weil sie mir den Anreiz zum Weitermachen verschaffen.

Ich schaue sie mir an und sage mir dabei zwei Dinge. Erstens, dass ich Erfolg haben werde, egal, was die Schwarzseher sagen. Mit anderen Worten, ich habe die Einstellung: «Denen werde ich es zeigen.» Zweitens schwöre ich mir, dass ich die berechtigten Kritiken annehmen und daraus lernen werde. Ich nehme nicht alle Kritik für bare Münze, aber ich verwerfe auch nicht alle. Ich erkenne, dass manche Kritik berechtigt, andere dagegen vollkommen wertlos ist, und ich gebe mir größte Mühe, beides auseinanderzuhalten.

Ich schätze Menschen, die sich nach einem Misserfolg wieder aufrappeln, die es weiter versuchen und nicht aufgeben. Ich schätze sie, weil ich weiß, dass sie früher oder später Erfolg haben werden.

Ich weiß noch, wie vor einigen Jahren ein Major-League-Baseballpitcher namens Matt Keough eine absolut grauenhafte Saison hatte. Fünfzehn Spiele hintereinander verlor der arme Matt. Doch trotz dieser unglaublichen Pechsträhne behielt er den Kopf oben und warf weiter. Wenn er gut pitchte, erzielte seine Mannschaft keine Runs für ihn, und wenn seine Mannschaft für ihn punktete, gelang es ihm nicht, die Gegner darin zu hindern, einen Run zu machen. Es war eine der unglaublichsten Serien von Niederlagen, die ich je gesehen habe.

Und das war auch keine Privatangelegenheit. Er versuchte Schlagzeilen wie «Keough verliert erneut» zu überlesen, aber die ganze Welt, oder zumindest jene Millionen von Leute, die Baseballfans sind, wussten alles darüber. Schließlich kam der wunderbare Tag, an dem Matt Keough den Durchbruch schaffte und sein erstes Spiel nach fünfzehn Niederlagen gewann. Er gewann danach zwar nicht fünfzehn Spiele hintereinander oder dergleichen, aber er hatte noch eine ziemlich gute Laufbahn. Und er ging aus seiner Verluststrähne mit intakter Selbstachtung und intaktem Humor hervor. Dafür bewundere ich Matt Keough.

Kurt Bavacqua ist ein weiterer Baseballspieler, den ich bewundere. Er ist ein Mann, der immer ein unbedeutender Spieler war. Er hatte kein überwältigendes Talent, und er wird nie in die Hall of Fame eingeführt werden. Doch er hielt Jahr um Jahr durch, leistete seinen Beitrag, wo immer er konnte, und bevor seine aktive Zeit um war, waren siebzehn Major-League-Mannschaften froh, ihn für eine Zeit zu ihrer Aufstellung gezählt zu haben. Ich bin sicher, dass es im Laufe seiner Karriere Trainer und Fans gab, die ihn abschrieben, die meinten, er sei am Ende oder er könnte nichts mehr leisten. Doch ein ums andere Mal stand er wieder auf und bewies ihnen das Gegenteil. Er hatte vielleicht nicht den tollsten Arm oder den besten Schlag, aber er tat sein Bestes mit den Fähigkeiten, die er hatte, und das ließ ihn weit, weit kommen. Wenn Sie dieselbe Einstellung haben, dann spielt es keine Rolle, was andere sagen; auch Sie können weit, weit kommen. Sie müssen sich niemals mit Ablehnung und Scheitern abfinden.

Lassen Sie mich Ihnen etwas über Ablehnung und Scheitern sagen. Manche Leute sind regelrechte Snobs und beurteilen Sie nach Äußerlichkeiten anstatt nach Ihrem angeborenen Wert als Mensch. Schenken Sie solchen Leuten keine Aufmerksamkeit – sie sind es nicht wert.

Diese Lektion habe ich als Student an der Universität von Arizona gelernt. Um mein Studium mitzufinanzieren, arbeitete ich als Hausmeister in einem Krankenhaus in Tucson. Da war insbesondere eine Krankenschwester, die mit mir nichts zu tun haben wollte. Als «gewöhnlicher» Hausmeister stand ich weit unter ihr, und sie scheute keine Mühe, mich das spüren zu lassen. Wann immer ich versuchte, freundlich zu ihr zu sein, kam überhaupt nichts von ihr zurück.

Wann immer ich ihr auf dem Flur begegnete, sagte ich «Hi», aber sie sah nicht einmal in meine Richtung.

Zu der Zeit war ich bereits mit Sande befreundet, die später meine Frau wurde, und diese Krankenschwester konnte sich einfach nicht vorstellen, was Sande mit jemandem wie mir anfangen wollte. Offensichtlich bestand doch meine Zukunft daraus, Besen oder Schrubber vor mir herzuschieben und das Porzellan in den Toiletten auf Hochglanz zu wienern.

Einmal nahm diese Krankenschwester sogar Sande zur Seite und riet ihr, keine Zeit mit mir zu vergeuden. Sande war hübsch und intelligent und hatte doch sicher etwas Besseres verdient als einen Hausmeister.

Nun, das machte mich natürlich wütend, aber ich sagte

nichts, weil ich den Job benötigte und kein Drama gebrauchen konnte.

Doch dann hatte ich zufällig eines Tages bei der Arbeit ein Sweatshirt von der Universität von Arizona an. Zum ersten Mal, seit ich mich erinnern konnte, sprach die Krankenschwester, die keine Hausmeister mochte, mich an.

Als ich auf dem Flur an ihr vorbeiging, warf sie einen Blick auf mein Sweatshirt.

«Nanu ... äh ... Kevin.» Ich war überrascht, dass sie meinen Namen kannte. «Gehen Sie auf die Universität?»

«Ja.»

Dann fragte sie mich über meine Fächer aus, was ich später einmal machen wolle und so weiter. Zum ersten Mal schien sie echtes Interesse an mir als Person zu haben.

«Hören Sie, Kevin ... ein paar von uns treffen sich heute Abend. Wissen Sie, Mary Lou hat heute Geburtstag. Wie wär's, kommen Sie auch? Es wird bestimmt sehr lustig.»

Sie können sich denken, dass ich dazu keine Lust hatte. Ich war so höflich, wie ich konnte, aber innerlich war ich am Kochen. Diese Frau wollte nichts mit mir zu tun haben, solange sie dachte, ich würde für den Rest meines Lebens Hausmeister bleiben, doch jetzt, wo sie wusste, dass ich Psychologe werden würde, sah die Sache auf einmal ganz anders aus.

Ich hoffe, falls Sie für Ihren Lebensunterhalt einen Besen schwingen, verstehen Sie nicht falsch, was ich damit sagen will. Ich würde nie einen Menschen nur wegen seines Berufs für besser als einen anderen halten. Wenn Sie Hausmeister sind, gerne Hausmeister sind und damit zufrieden sind – dann würde ich sagen, sind Sie sehr erfolgreich. Aber es gibt andere, die immer versuchen, zum «inneren Kreis» zu gehören.

Manche Leute lieben es, den anderen ständig eine Nasenlänge voraus zu sein. Für die ist man nicht gut genug, wenn man nicht den richtigen Job hat, das richtige Auto fährt, in der richtigen Gegend wohnt oder die richtige Hautfarbe hat. Oder vielleicht auch, wenn man nicht auf die richtigen Schulen gegangen ist, nicht zu den richtigen sozialen Organisationen gehört oder nicht in die richtige Gemeinde geht.

Wenn Leute Sie aus solchen Gründen ablehnen – na und? Auf solche Leute sind Sie sowieso nicht angewiesen. Und wer sagt überhaupt, dass deren Definition vom «inneren Kreis» die richtige ist? Sollen sie doch herumsitzen und sich gegenseitig zu Tode langweilen. Sie sind ohne die besser dran.

Ich habe nicht viel Toleranz oder Respekt übrig für Leute, denen es Spaß macht, über andere zu urteilen. Denken Sie immer daran: Wenn Leute Sie von oben herab anschauen, ist das deren Problem, nicht Ihres!

Zeigen Sie es ihnen

Ihre Aufgabe, wenn das passiert, ist es, Ihr Bestes abzurufen, um den Zweiflern zu zeigen, dass sie sich in Ihnen geirrt haben. Damit will ich nicht sagen, dass Sie in ständiger Kampfbereitschaft durch die Gegend laufen sollten, immer in der Absicht, andere in ihre Schranken zu weisen. Doch andererseits ist es eine erheblich gesündere Haltung, zu sagen: *Denen werde ich es noch zeigen*, als zu denken: *Ich wette, die haben recht, was mich angeht.*

Wenn Sie ein Sportfan sind, haben Sie vielleicht schon von Al Michaels gehört, der einer der besten Sportreporter im amerikanischen Fernsehen ist. In den Jahren 1987 und 1988 kommentierte er innerhalb von vier Monaten die World Series, die Super Bowl und die Olympischen Winterspiele. Er gilt vielen als der beste Sportkommentator der 1980er Jahre.

Doch auch er erinnert sich an eine Zeit, als man ihn für nicht gut genug für den Job hielt. In einem Interview mit Rudy Martzke von «USA Today» erzählte Michaels davon, wie seine Bewerbungen als Kommentator für die Chicago White Sox und dann um einen Football-Job bei CBS-TV abgelehnt wurden.

«Das tat weh, aber ich verlor nie mein Selbstvertrauen», sagte er. Und dann fügte er hinzu: «Ich dachte als Teenager immer, wenn ich die richtige Chance kriege, dann komme ich an die Spitze. Wenn jemand nicht daran glaubt, dass er gut ist und an die Spitze gelangen kann, dann wird er es nie schaffen. Ich setzte mir zum Ziel, nicht nur Kommentator, sondern der beste Kommentator überhaupt zu werden.»

Erinnern Sie sich noch an die «Miracle Mets» von 1969? Bis zu jener Zeit waren die Mets ein ausgesprochen erbärmliches Major-League-Baseballteam gewesen. Es sah so aus, als hätten sie den letzten Tabellenplatz auf Lebenszeit gebucht und würden niemals aus dem Keller hochkommen. Und dann hörten sie plötzlich auf, das Team zu sein, das von allen anderen mit Wonne fertiggemacht wurde, und fingen an zu gewinnen ... und zu gewinnen ... und noch mehr zu gewinnen.

Die Spieler fingen an zu glauben. Die Fans fingen an zu glauben. Schon bald glaubte jeder im ganzen Land, und die Mets zogen in den Ausscheidungsspielen an den Braves vorbei und besiegten in der World Series die Orioles. Die Mets waren eine gute Mannschaft in jenem Jahr – aber *so* gut nun auch wieder nicht. Es war schon sehr unwahrscheinlich, dass ein Team, das in einem Jahr fast hundert Spiele verlor, im Jahr darauf ein Comeback feiert und hundert Spiele plus die World Series gewinnt.

Was sagten die Prognosen Anfang 1969? Sie sagten voraus, dass die Mets sich etwas verbessern würden, aber nicht so stark. Vielleicht würden sie sich vom letzten Platz ein Stück hochkämpfen, vielleicht aber auch nicht. Und als die Mets alle überraschten, indem sie anfingen zu gewinnen, lächelten die «Kenner» und zwinkerten sich zu und sagten, das würde nicht so weitergehen.

Doch die Mets hörten nicht auf zu glauben. Und hörten nicht auf zu gewinnen. Und genau das ist die Einstellung, die auch Sie haben müssen. Egal, was andere sagen. Sie müssen an sich selbst glauben!

Und noch etwas: Egal, wer Sie sind oder was Sie bisher getan haben, irgendjemand wird Sie immer herunterputzen. Aber Sie brauchen nicht darauf zu hören.

Denken Sie an Kelly McGillis, die schöne Schauspielerin, die in Filmen wie «Top Gun», «Der einzige Zeuge» und «Made in Heaven» zu sehen war. Trotz ihres heutigen Erfolgs erinnert sie sich noch daran, wie weh es tat, als sie für eine Rolle in dem Film «Bachelor Party» von 1984 abgelehnt wurde, weil sie nicht hübsch oder sexy genug war.

In einem Interview mit Tom Green von «USA Today» sagte sie: «Das war der Chef der 20th Century Fox, der mir da sagte, ich sei nicht schön und werde nie als Schauspielerin in der Branche arbeiten können. Ich wurde depressiv und hatte Selbstmordgedanken. Etwa fünf Monate lang konnte ich für keine Rolle mehr vorsprechen.»

Hatte also der Chef der 20th Century Fox recht mit seinen Ansichten über Kelly McGillis? Millionen Filmfans werden diese Frage mit einem schallenden «Nein!» beantworten. Und doch hatte seine Ablehnung eine tiefe Wirkung auf sie und hätte beinahe ihre Karriere aus dem Gleis geworfen. Denn wenn eine Schauspielerin zu verunsichert über ihr Aussehen ist, um für Rollen vorzusprechen, kann sie natürlich keine Rollen bekommen.

Zum Glück nahm Kellys Leben eine Wendung, als ein Regisseur namens Peter Weir sie in einer kleinen Rolle in «Poeten küsst man nicht» sah und sie dann für den Film «Der einzige Zeuge» als Gegenüber von Harrison Ford castete. Doch obwohl ihre Karriere seither gut lief, macht ihr immer noch der Gedanke zu schaffen, sie sei einfach nicht hübsch genug.

Die Schauspielerin berichtete gegenüber Green auch, sie sei als Teenager übergewichtig gewesen, habe nie Verabredungen gehabt und nie davon geträumt, ein Filmstar zu werden. Green schreibt: «Ihr schlechtes Selbstbild im Blick auf ihr Aussehen, glaubt sie, könnte sie zur Schauspielerei gezogen haben. Sie verändert gerne ihr Aussehen – meistens durch eine neue Frisur oder Haarfarbe, heute blond und kurz.»

Das liegt daran, dass sie trotz all ihrer Erfolge immer noch unwillkürlich das Gefühl hat, eigentlich ziemlich hässlich zu sein.

Hat Ihnen schon einmal jemand gesagt, Sie seien hässlich oder dumm? Falls Ihnen das noch nie passiert ist, müssen Sie Ihr Leben in einem Vakuum verbracht haben. Vielleicht waren es Ihre Eltern oder Ihre Geschwister oder die anderen Kinder in der Schule, als Sie klein waren. Haben Sie ihnen geglaubt? Wenn Sie das nächste Mal einen Film mit Kelly McGillis sehen, denken Sie einfach daran, dass sie nicht attraktiv genug war, um eine Rolle in «Bachelor Party» zu bekommen. Wenn Sie sie dann dort oben auf der Leinwand sehen, sollte das auch Sie veranlassen, besser von sich selbst zu denken. Ich meine, wenn Sie schon einmal von jemandem hässlich genannt wurden, dann kann ich Ihnen sagen, Sie sind in ziemlich guter Gesellschaft!

Haben Sie schon einmal Kindern beim Spielen zugeschaut oder zugehört? Wenn ja, wissen Sie, dass einem das ein ganz neues Verständnis des Begriffs «Ursünde» eröffnen kann.

Ich weiß nicht, warum, aber Kinder können oft schrecklich gemein und grausam sein. Sie werfen sich gegenseitig Schimpfnamen an den Kopf, stürzen sich auf die kleinsten Unzulänglichkeiten anderer und übertreiben sie ins Maßlose und ziehen sich gegenseitig gnadenlos auf. Ich glaube nicht, dass es einen Menschen gibt, der in seiner Kindheit nicht eine solche Behandlung erfahren hat, sei es durch Freunde, die «bloß Spaß machten», oder durch die «Feinde» drüben im nächsten Häuserblock. Manche Leute erkennen diese kindische Bösartigkeit als das, was sie ist, und lassen sie einfach von sich abprallen. Andere jedoch, besonders wenn die Bösartigkeit zu Hause und in der Schule verstärkt wird, neigen dazu, diese schrecklichen Dinge zu glauben, die man ihnen an den Kopf wirft, und bekommen Narben für ihr ganzes Leben ab.

Ich möchte, dass Sie genau aufpassen, was ich jetzt sage:

Egal, wie man Sie genannt hat oder was man zu Ihnen gesagt hat, es war einfach nicht wahr. Sie müssen das über sich nicht glauben. Wenn Sie Spott und Hänseleien ausgesetzt waren, dann waren Sie damit nicht allein. Wir alle sind hier und da davon betroffen gewesen!

Ich erinnere mich an Barb, eine sehr hübsche junge Frau mit wunderschönen grün-goldenen Augen und seidigen blonden Haaren, die ihr Gesicht in den Händen vergrub und weinte, weil sie so hässlich war.

Sie war wunderschön, aber sie war ein Opfer vor allem ihrer älteren Schwester, die Barb aus irgendeinem Grund (wahrscheinlich aus Neid) ständig wegen ihres Aussehens verspottete und hänselte. Wenn Barb in den Spiegel schaute, sah sie nicht die Wirklichkeit. Sie sah eine lange Hakennase, übergroße Zähne und fleckige Haut.

Und Steven, der davon sprach, wie es ihn beschämte, dass er aus einer Familie von Supermännern und Superfrauen kam, deren Erwartungen er einfach nicht gerecht werden konnte. Er wusste nicht genau, warum, aber ihm war einfach nicht die Intelligenz vergönnt, mit der Gott seine Brüder und Schwestern gesegnet hatte. Ich merkte schon im Gespräch mit ihm, was für ein intelligenter junger Mann er war. Doch die Jahre, in denen er heruntergeputzt und ausgelacht und «Dummkopf» genannt worden war, nur weil ihm dieselben einfachen Fehler passierten, die jedes Kind macht, hatten ihren Tribut gefordert. Jetzt wusste er einfach, dass er dumm war, und verlor die Nerven, wenn er vor die simpelste Aufgabe gestellt wurde. Auch er war ein Opfer.

Dann war da Katie, eine unglückliche junge Frau, die sich minderwertig fühlte, nur weil sie als Frau geboren war. Sie war das Opfer ihres großen Bruders, der ihr immerzu sagte, sie sei ein großes Nichts, weil sie nur ein «dummes Mädchen» sei, und Mädchen seien sowieso nichts wert. Aufgrund dessen sah sie jedes weibliche Merkmal, das sie an sich hatte – ihre Einfühlsamkeit, ihre Sanftheit, ihre Barmherzigkeit gegenüber anderen –, als Schwäche an, für die sie sich hasste.

Sie sehen also, die Leute können aus allen möglichen Gründen etwas an Ihnen auszusetzen haben. Manche Leute scheinen ihr ganzes Leben damit zu verbringen, die Fehler anderer zu kritisieren.

Doch wann immer Sie von solchen Leuten attackiert werden oder wann immer Ihre besten Bemühungen nicht gut genug sind, denken Sie bitte an ein paar Ihrer Mitmenschen, die ebenfalls heftig kritisiert wurden und Ablehnung und Scheitern erfuhren: Männer wie Abraham Lincoln, Thomas Edison, Albert Einstein und Winston Churchill. Oder Frauen wie Kelly McGillis.

Jawohl. Wenn Ihnen das nächste Mal jemand sagt, Sie hätten etwas nicht gut genug gemacht, oder Sie in irgendeiner Weise heruntergeputzt, erheben Sie einfach Ihr Haupt und denken Sie daran: Sie sind in der allerbesten Gesellschaft!

9. Freuen Sie sich, dass Sie Sie sind!

Es passiert mir oft, dass mich eine große Ehrfurcht überkommt, wenn ich an die Herrlichkeit Gottes und an das Geschöpf denke, das er nach seinem Bild geschaffen hat: den Menschen (nachzulesen in 1. Mose 1,27)! Wie Sie inzwischen wissen, habe ich fünf Kinder (fünf prächtige Kinder übrigens, wenn Sie mir einen Moment väterlicher Ehrlichkeit erlauben), und es war eine zutiefst bewegende Erfahrung für mich, sie in die Welt kommen zu sehen und sie dann beim Wachsen zu beobachten. Wie man das Wunder neu entstehenden Lebens beobachten und dabei ein Agnostiker oder Atheist bleiben kann, ist mir schleierhaft! Es ist für meine Begriffe schlicht undenkbar, dass dieses Wunder der Schöpfung vonstattengehen könnte, ohne dass dahinter ein großer, weiser und liebevoller Geist stünde.

Doch es gibt noch zwei andere konkrete Situationen, in denen mich die Tatsache überwältigt, dass jede Person unter den fast sieben Milliarden Menschen auf diesem Planeten ihre eigene einzigartige Beschaffenheit und Wesensart hat.

Die erste dieser Situationen ist, wenn es schneit. Nun muss ich zugeben, dass wir in Tucson nicht allzu oft Schnee haben. Immerhin hatten wir am Heiligabend 1987 ungefähr zehn Zentimeter Schnee, und die ganze Stadt spielte verrückt. Als es in Tucson zu schneien begann, dachten wir zuerst, es müssten wohl die Blüten der Pappeln sein. Erst als der Schnee liegen blieb und wir feststellten, dass er glitschig und kalt statt weich und wollig war, konnten wir uns eingestehen, dass wir einen richtigen, echten Schneefall erlebten.

Aber ich habe nicht mein ganzes Leben in Tucson gelebt, und ich erinnere mich noch an die Winter im nördlichen Staat New York, wo man sich manchmal morgens mit der Schaufel den Weg aus dem Haus bahnen musste – und dann abends wieder zurück hinein. Ich weiß noch, wie es war, wenn die ganze Nachbarschaft unter einer dicken Schneedecke begraben lag und weit und breit nichts als Weiß zu sehen war. Ich erinnere mich auch daran, wie ich draußen gespielt habe, während der Schnee vom Himmel herabwirbelte; wie ich versuchte, die Flocken mit der Zunge einzufangen, und die riesigen Flocken musterte, die auf meinen Fausthandschuhen landeten.

Damals wie heute war und bin ich davon fasziniert, dass keine zwei Schneeflocken sich gleichen. Jede hat ihre eigene, ganz besondere Identität. Unzählige Tonnen Schnee, die doch alle aus winzig kleinen Flocken bestehen, von denen jede ihre einzigartige und wunderschöne Form hat. Wenn ich darüber nachdenke, bin ich überwältigt von dem Einfallsreichtum, den Gott in seine Schöpfung hineingelegt hat. (Der amerikanische Fotograf Wilson Bentley, der als «Schneeflocken-Mann» bekannt wurde, hat Tausende von Schneeflocken unter einem gekühlten Mikroskop untersucht und ihre kristallinen Erscheinungsbilder auf fotografischen Platten festgehalten. Er kam zu dem Ergebnis, dass sich keine zwei Flocken gleichen. Alles Unikate!)

Nun, die zweite Situation, die mich an solche Dinge erinnert, ist, ob Sie es glauben oder nicht, wenn ich im Stau stecke. Ich höre Sie schon fragen: «Was in aller Welt kann an einem Verkehrsstau Ehrfurcht einflößend sein?» Ich werde es Ihnen sagen.

Ich bin viel unterwegs, und deswegen habe ich schon in manchen der unglaublichsten Staus aller Zeiten gesteckt. Wenn Sie noch nie im Berufsverkehr den Harbor Freeway in Los Angeles entlanggefahren sind, muss ich Ihnen sagen, dass Sie wahrscheinlich gar nicht wissen, was ein richtiger Verkehrsstau ist! Ich sitze da, und das, was eigentlich eine Schnellstraße sein soll, ist stattdessen ein gigantischer, lang gestreckter Parkplatz. Ich bewege mich keinen Zoll vorwärts, genauso wenig wie alle anderen, und ich schaue mich um. Drüben auf der äußersten Spur stemmt sich ein Typ auf seine Hupe, obwohl ich nie dahinterkommen werde, was er sich davon versprechen mag. Ein Mann neben mir trommelt auf seinem Steuerrad herum, doch die Frau gegenüber lächelt friedlich, während sie sich zweifellos schöne Musik im Radio anhört. Auf meiner anderen Seite blättert ein Mann in seiner Abendzeitung. Das entspricht zwar vielleicht nicht ganz den Sicherheitsvorschriften, aber immerhin versucht er seine Zeit so gut wie möglich zu nutzen!

So weit das Auge blickt, ist der Freeway voll mit Tausenden von Menschen, die alle ihre eigene, unverwechselbare Persönlichkeit haben, ihre eigenen privaten Gedanken; alle auf dem Weg nach Hause zu ihren Frauen, Männern und Kindern. Wenn ich über all das nachdenke, geht es mir so wie bei den Schneeflocken, und jedes Mal staune ich über die Einzigartigkeit, die Gott in jedes menschliche Wesen hineingelegt hat.

Es ist ganz leicht, wenn man im Verkehrsstau steckt oder bei einer Sportveranstaltung inmitten einer riesigen Menschenmenge sitzt, sich umzuschauen und nichts als eine gleichförmige Masse von Leuten zu sehen. Aber in Wirklichkeit ist es nicht so. Denken Sie nur an all die Hoffnungen, Träume und Erlebnisse, die jedes dieser Individuen in seinem Leben gehabt hat. Es gibt fast sieben Milliarden Menschen auf der Welt, und keine zwei davon sind sich gleich.

Ich staune zum Beispiel über die angeborenen Unterschiede zwischen meinen Kindern. Sie sind alle total verschieden voneinander, und völlig anders als Sande und ich. Ich bin sicher, alle Eltern würden Ihnen dasselbe über ihre Kinder sagen. Das ist ein weiterer Beweis für die Einzigartigkeit jedes menschlichen Wesens, auch für Ihre. Sie sind nicht nur ein Automat, einer von Tausenden, die alle von demselben Fließband gelaufen sind. Gott hat Sie zu etwas ganz Besonderem gemacht, einer unvergleichlichen Schöpfung.

Betrachten Sie Ihre Fingerspitzen und schauen Sie sich die Muster in Ihrer Haut an. Denken Sie darüber nach, dass kein anderer Mensch auf der ganzen Welt dieselben Fingerabdrücke hat wie Sie. Nun glaube ich keinen Moment lang, dass Gott jedem von uns unsere eigenen Fingerabdrücke gegeben hat, um der Polizei oder dem FBI die Arbeit ein wenig zu erleichtern! Sicher war jeder von uns, in dessen Haus schon einmal eingebrochen wurde, dankbar dafür, dass man mit Hilfe von Fingerabdrücken Kriminelle ausfindig machen kann. Aber das ist nicht der Grund, warum wir sie haben. Wir haben einzigartige Fingerabdrücke, einfach weil wir – jeder Einzelne von uns – einzigartige Geschöpfe Gottes sind.

Und ebenso, wie Sie Ihre eigenen Fingerabdrücke haben, haben Sie auch Ihre eigene einzigartige Kombination aus Talenten, Fähigkeiten, Intelligenz und Persönlichkeit. Niemand sonst weiß, was Sie wissen. Niemand sonst hat all das gefühlt, was Sie gefühlt haben, oder an all das gedacht, woran Sie gedacht haben. Niemand sonst hat dasselbe erlebt wie Sie. Und ich glaube, niemand sonst kann die Dinge tun, die Ihnen in dieser Welt zu tun bestimmt sind.

Sie machen einen Unterschied!

Manche Leute machen sich selbst so runter, dass sie anfangen, sich selbst als verzichtbar zu betrachten. «Niemand würde mich vermissen, wenn ich einfach wegginge», denken sie. «Ich bin einfach zu nichts zu gebrauchen!»

FALSCH!

Sie können nie wissen, wie viel Einfluss Sie auf Ihre Umgebung haben.

Haben Sie je den Film «Ist das Leben nicht schön?» mit Jimmy Stewart gesehen? Höchstwahrscheinlich. Wenn nicht, oder wenn Sie ihn schon länger nicht gesehen haben, schauen Sie ihn sich auf jeden Fall an, wenn er das nächste Mal im Fernsehen kommt. Er erzählt die Geschichte eines Mannes, der glaubt, es wäre für alle Beteiligten viel besser, wenn er nie geboren worden wäre. Und so kommt ein freundlicher Engel des Wegs und gibt ihm die Chance, mit eigenen Augen zu sehen, wie das wäre. Plötzlich erkennen seine Freunde und Angehörigen ihn nicht mehr. Schlimmer noch, sie sind überhaupt nicht mehr die guten Menschen, die er immer gekannt hat. Bevor der Film an seinem rührseligen Ende angelangt ist, entdeckt unser Mann, dass sein Leben einen Unterschied gemacht hat – einen gewaltigen Unterschied.

Manche sagen jetzt sicher: «Na und? Das war schließlich nur ein Film. Eine Fantasie.»

Ja, aber es stimmt, dass die Kunst das Leben imitiert. Ihr Leben *hat* einen Unterschied gemacht, und es wird auch weiterhin einen Unterschied machen. Es mag Ihnen bestimmt sein, Dinge zu tun, die Ihnen ganz klein und unbedeutend erscheinen, die aber eine tiefe Wirkung auf das Leben anderer Menschen haben werden. Vielleicht sind Sie die Person, die jemandem genau im richtigen Moment ein ermutigendes Wort sagt, das den Betreffenden inspiriert, zu einer führenden Persönlichkeit zu werden. Ihr freundliches Wort oder Ihr Lächeln wird eventuell einem anderen das Leben retten. Ihr Kind wird möglicherweise ein Wissenschaftler, der eine Therapie gegen eine gefürchtete Krankheit entdeckt oder sich einen Plan einfallen lässt, um dem Welthunger ein Ende zu machen. Was ich damit sagen will, ist, dass Sie nie wissen können, was für einen Einfluss Sie auf die Welt um Sie herum haben. Beiträge, die Ihnen klein erscheinen, können eine tiefe Wirkung entfalten.

Kürzlich bin ich auf einen Artikel über Honigbienen gestoßen, und konkret über all die Dinge, die zum Honigmachen dazugehören. Ich hatte noch nie richtig darüber nachgedacht, wie die Bienen das Zeug eigentlich herstellen. Ich streiche mir zwar hin und wieder gern etwas davon auf einen Keks, aber viel weiter reichten meine Kenntnisse eigentlich nicht.

Ich war überrascht, als ich las, wie viele Dinge bei dem Herstellungsprozess eine Rolle spielen. Zuerst fliegen mehrere Bienen vom Stock aus, um nach den nötigen Blüten zu suchen. Wenn eine der Bienen ein geeignetes Blütenfeld findet, saust sie zurück zum Stock, so schnell ihre kleinen Flügel sie tragen. Dort angekommen, vollführt sie einen rastlosen Tanz, der die wichtige Botschaft übermittelt: «He Leute, ich habe genau die richtige Stelle gefunden!»

Durch die Art, wie sie tanzt, das Tempo, mit dem sie die Flügel vibrieren lässt, die Richtung, in der sie Kreise zieht etc., gibt sie eine Vielzahl von Informationen weiter. Aus diesen Signalen entnehmen die anderen Bienen, wie weit die Blüten entfernt sind, in welcher Richtung sie sich befinden und wie groß das Blütenfeld ist, das die Kundschafterin gefunden hat.

Sobald die anderen Bienen diese Informationen empfangen haben, schwärmen sie aus dem Stock aus und fliegen zu den Blüten, voller Vorfreude auf den leckeren Honig, den das Volk bald genießen wird.

Woher aber wusste die erste kleine Biene, wie sie all diese Informationen weitergeben sollte? Wie konnten die anderen Bewohner des Bienenstockes verstehen, was sie ihnen sagte? Wie finden sie überhaupt den Weg zu den Blüten und dann zurück zum Stock?

Die schlichte Antwort ist, dass Gott diese Informationen in sie hineingelegt hat. Die Biene denkt sich nicht: *Nun, die Blüten waren anderthalb Meilen weit in nordöstlicher Richtung, also muss ich mich jetzt in diese Richtung drehen.* Sie tut es einfach, weil Gott irgendwo in sie den Instinkt hineingelegt hat, ihren Tanz auf die richtige Weise zu vollführen. Und das Ergebnis all dessen ist köstlicher und gesunder Honig, den wir Menschen uns auf unsere Kekse streichen können. All das ist ein Geschenk Gottes, und es ist Teil der einzigartigen Gnade und Schönheit, die er in sein Universum eingebaut hat!

Haben Sie je ein schnatterndes Geräusch vom grauen Winterhimmel herabkommen hören? Sie laufen nach draußen, gerade noch rechtzeitig, um einen Schwarm Gänse zu sehen, die in perfekter V-Formation nach Süden in ihr Winterquartier fliegen. Nun, diese Gänse haben nicht vorher in Kanada an einem See zusammengesessen und sich unterhalten: «He, Ralph, meinst du nicht, wir sollten uns allmählich auf den Weg nach Florida machen? Schließlich ist es schon fast November.»

«Du hast vollkommen recht, Mabel. Wie die Zeit vergeht, was? He … alle mal herhören! Der Winter steht vor der Tür, also schlaft euch noch mal ordentlich aus, denn morgen Früh brechen wir auf in den Süden.»

Und da sagt dann auch keine andere Gans: «He, Ralph, ich glaube, ich spare mir die Reise dieses Jahr. Ich habe irgendwie Lust, hierzubleiben und weiße Weihnachten zu genießen.»

Nein, sie müssen nicht über ihre bevorstehende Reise reden oder diskutieren, welche Route sie am besten nehmen. Sie wissen einfach, wann und wohin sie fliegen müssen. Gott hat den Instinkt in sie hineingelegt, und deshalb sehen Sie sie jeden Herbst vor dem unerträglich kalten Wetter oben im Norden nach Süden fliehen, und dann sehen Sie sie jedes Frühjahr wieder gen Norden gleiten.

Ich bin überzeugt, dass Gott, ebenso wie er manchen seiner geringeren Geschöpfe dieses Wissen eingepflanzt hat, auch in jeden von uns besondere Erkenntnisse, besondere Fähigkeiten hineingelegt hat; uns besondere Gaben verliehen hat, wie wir auch sagen könnten.

Wie stellen Sie es an, diese Gaben zu finden und zu dem Menschen zu werden, als den Gott Sie sich gedacht hat? In seinem Buch *Selbstwertgefühl* listet Alan Loy McGinnis sieben konkrete Dinge auf, die Sie tun können.[1]

1. Richten Sie Ihr Augenmerk auf Ihre positiven Eigenschaften statt auf Ihre Unzulänglichkeiten. Es gibt vieles, was Sie gut machen. Also, warum sollten Sie sich um die Dinge sorgen, die Sie *nicht* gut können? Wenn Sie nicht Klavier spielen können, es aber gerne möchten, dann nehmen Sie Klavierunterricht. Es ist kein Problem, wenn Sie sich verbessern wollen. Aber sitzen Sie nicht herum und grübeln darüber nach, dass Sie nicht Klavier spielen können. Lassen Sie Ihren Mangel auf diesem Gebiet nicht an sich nagen. Wenn Sie Klavierunterricht hatten und damit nicht gut zurechtkamen, dann machen Sie sich klar, dass das nicht Ihre größte Begabung ist, und gehen Sie zu etwas anderem über!

Ich weiß nicht recht, warum, aber es trifft zu, dass die meisten Leute etwas sein wollen, was sie nicht sind. Wenn sie exzellente Musiker sind, möchten sie lieber hervorragende Sportler sein; wenn sie hervorragende Sportler sind, möchten sie lieber exzellente Musiker sein, und so dreht sich die Welt immerzu im Kreis.

Manche von Ihnen sind es vielleicht leid, dass ich ständig vom Sport rede – aber nur noch ein Mal, ja? Von George Brett, dem früheren dritten Baseman im All-Star-Team der Kansas City Royals, der einen Platz in der «Major League Baseball Hall of Fame» bekam, ist das Zitat überliefert, dass er eigentlich immer Quarterback in der Football-Nationalliga sein wollte. Hätte Brett aber als Profi-Footballer Karriere gemacht, dann hätte er wahrscheinlich gesagt, dass er immer dritter Baseman sein wollte. Merkwürdig, aber wahr, dass das Gras des Nachbarn immer ein bisschen grüner ist als das eigene.

Sie müssen lernen, stolz auf das zu sein, was Sie gut können, statt sich für das zu martern, was Sie nicht gut können.

2. Finden Sie Ihre Gaben und gebrauchen Sie sie. Wie schon gesagt, wir alle haben bestimmte angeborene Fähigkeiten und Neigungen. Manche Leute wussten schon seit ihrer frühen Kindheit, was sie werden wollten, wenn sie groß wären. Schon von Anfang an zeigten sie ein Talent für Musik, fürs Schreiben, für die Schauspielerei oder was auch immer. Andere dagegen sind nie wirklich dahintergekommen, was ihre besonderen Gaben sind, vor allem, weil sie nie danach gesucht haben.

Aber der Schlüssel liegt nicht unbedingt darin, dass Sie Ihre besonderen Fähigkeiten entdecken. Sie können das tun, indem Sie einmal gründlich über Ihre Persönlichkeit nachdenken; darüber, was Sie gerne und was Sie weniger gerne tun. (Und ich spreche hier von der ganzen Bandbreite möglicher Fähigkeiten, von der Eigenschaft, dass andere sich bei Ihnen spontan wohl und zu Hause fühlen, bis hin zu einer natürlichen Auffassungsgabe für Physik oder Genetik.)

Der Schlüssel ist, Ihre Talente zu gebrauchen, nachdem Sie sie entdeckt haben. Vielleicht haben Sie schon früh im Leben bemerkt, dass Sie ein gutes Gehör für Musik haben. Sie konnten sich ans Klavier setzen und so ziemlich jede Melodie, die Sie gerade gehört hatten, herausfinden. Doch wenn das alles war, was Sie damit je angefangen haben, wenn Sie nie Schritte getan haben, um Ihr Talent zu verfeinern und zu entwickeln, dann sind Sie nie besser geworden. Wenn Sie dann dreißig sind und eigentlich vor einem ausverkauften Konzertsaal Tschaikowsky spielen sollten, würden Sie immer noch mit zwei Fingern den «Schneewalzer» klimpern.

Welche natürliche Begabung Sie auch haben, Sie müssen sie gebrauchen, gebrauchen und noch einmal gebrauchen, damit Sie sie so weit entwickeln, dass Sie alles herausholen, was in Ihnen steckt.

Doch das Gegenteil trifft ebenso zu. Wenn Sie in einem bestimmten Bereich keine Gabe oder Fähigkeit haben, dann vergeuden Sie Ihre Zeit nicht damit, sich damit abzuquälen und sich immer elender dabei zu fühlen.

Es regt mich immer auf, wenn ich Eltern sehe, die unbedingt wollen, dass ihr Kind Klavierunterricht nimmt – viele Jahre Klavierunterricht –, aber nach den ersten ein oder zwei Monaten schon klar ist, dass das Kind überhaupt keine Begabung dafür hat. Das arme Kind kriegt Magengeschwüre, seine Lehrerin rauft sich die Haare, und die Eltern selbst müssen sich ein Geklimper anhören, das so klingt, als wäre es als Begleitung für das Gejammer der Katzen auf dem Gartenzaun gedacht. Und doch wollen die Eltern nicht aufgeben.

Wie viel besser wären alle dran, wenn sie einsehen würden: «Das mit dem Klavierspielen ist wohl doch nicht das Richtige für den kleinen Elmo. Vielleicht finden wir etwas anderes, was er besser könnte und woran er auch Spaß hätte.»

Wenn Sie mit sich selbst hadern, weil Sie dies nicht können oder nicht so wie jener sind, dann vergeuden Sie schlicht und einfach Ihre Zeit mit Dummheiten. Ich garantiere Ihnen, wer immer Sie sind, dass besondere Fähigkeiten in Sie hineingelegt wurden, als sie erschaffen worden sind. Aber es ist an Ihnen, sie zu finden und zu gebrauchen.

3. Reden Sie positiv mit sich selbst. Wer ist Ihr härtester Kritiker? Es würde mich nicht überraschen, wenn Sie selbst es wären.

Was sagen Sie zu sich selbst, wenn Sie Ihre Lieblingskrawatte oder Ihre Lieblingsbluse bekleckern? Wahrscheinlich etwas wie: *Schon wieder! Ist ja typisch für mich!*

Was ist Ihr erster Gedanke, wenn Sie zu spät zu einem wichtigen Termin kommen? Sagen Sie sich dann: *Warum kannst du nie pünktlich kommen?*

Und wenn Sie in den Spiegel schauen, fangen Sie dann an, sich selbst mit Kritik zu bombardieren? *Junge, deine Haare sehen ja heute schrecklich aus! Meine Güte, schau dir diese Haut an. Sieht ja aus, als hättest du seit einer Woche nichts als Schokolade und Kartoffelchips gegessen! Oh nein, jetzt sieh dir diese Falten an!*

Erkennen Sie sich? Wenn ja, habe ich Ihnen drei wichtige Wörter zu sagen: Lassen Sie das!

Mit anderen Worten, hören Sie auf, so hart gegen sich selbst zu sein. Seien Sie hin und wieder ein bisschen nachsichtig mit sich selbst.

Hören Sie auf, immer das Schlimmste zu erwarten, und bemühen Sie sich, positive Gedanken zu denken. Das hat keine Zauberwirkung, aber es stimmt: Wenn Sie besser über sich selbst denken, dann sehen Sie auch tatsächlich besser aus.

Wie reagieren Sie zum Beispiel, wenn Sie sich im Spiegel betrachten und nichts an Ihrem Aussehen finden können, was Ihnen gefällt? Erstens lassen Sie sich hängen. Ihre Schultern sacken herab, und Ihre Gesichtsmuskeln spannen sich an, weil Sie unzufrieden mit sich selbst sind. Ihre Einstellung zu Ihrem Aussehen wird sich auch in Ihren Armen und Händen bemerkbar machen – Sie werden nicht wissen, was Sie damit anstellen sollen –, und Ihre Stimme wird unnatürlich klingen, weil Ihre Stimmbänder angespannt sind.

Wenn Sie dagegen mit Ihrem Aussehen zufrieden sind, werden Sie hoch aufgerichtet stehen, Ihre Arme werden entspannt an Ihren Seiten hängen, und Ihre Stimme wird viel angenehmer klingen.

Vielleicht schütteln Sie den Kopf über das, was ich sage, weil Sie meinen, ob man zufrieden mit seinem Äußeren ist oder nicht, könne man sich nicht aussuchen. Doch, das kann man. Sie können sich bewusst dafür entscheiden, Ihre Gedanken um Ihre guten Eigenschaften kreisen zu lassen, sei es Ihr nettes Lächeln, Ihre Augen, Ihre Nase oder irgendein anderes Merkmal. Halten Sie diesen angenehmen Gedanken fest. Wenn Ihnen nichts an sich selbst einfällt, was Sie mögen, versuchen Sie sich vorzustellen, wie Sie gerne aussehen würden, und halten Sie dieses Bild in Ihren Gedanken fest.

Dann lernen Sie, sich selbst als erfolgreich zu sehen. Jene negativen Prophezeiungen haben sich als erstaunlich zutreffend erwiesen. Genauso wird es mit den positiven auch sein.

4. Machen Sie sich keine Gedanken darüber, was andere von Ihnen denken. Genauer gesagt, versuchen Sie nicht, etwas zu sein, was Sie nicht sind. Meinen Sie nicht, Sie müssten die intelligenteste Person im Raum sein oder die witzigste, die hübscheste oder sonst eine «-ste».

Haben Sie Freunde, die gerne ein bisschen angeben? Das ist eine lästige Eigenschaft, stimmt's? Und es ist seltsam, aber wahr, dass diejenigen, die am meisten angeben, im Allgemeinen diejenigen sind, die sich in ihrer Haut am unsichersten fühlen. Sie sind nicht zufrieden damit, Otto Normalverbraucher zu sein, und deswegen versuchen sie sich als Otto Supermann auszugeben. Wenn Sie je viel Zeit mit so einem Menschen verbracht haben, wissen Sie, wie lästig und nervig so jemand sein kann.

Warum also macht er das? Weil es ihm schrecklich wichtig ist, was andere Leute denken. Er will, dass alle ihn für den Witzigsten, den Cleversten, den Schönsten halten, ad infinitum (bis ins Unendliche), ad nauseam (bis zur Übelkeit). Besonders ad nauseam.

Er hat noch nicht gelernt, dass die Leute einen viel lieber mögen, wenn man weniger über sich selbst und mehr über die anderen redet.

Mary Lou fühlte sich furchtbar, wann immer sie mit den Freunden ihres Mannes zu tun hatte. Ihr Mann war ein hochgebildeter Akademiker mit einem Mastergrad von einer angesehenen Universität, während sie selbst nur ein Semester lang aufs Junior College gegangen war. Darum war ihr immer sehr unbehaglich, wann immer sie mit einer Runde seiner «belesenen» Freunde essen gingen, und war ganz sicher, dass alle sie von oben herab ansahen.

Schließlich merkte sie, dass sie so darauf bedacht war, einen guten Eindruck auf die anderen zu machen, dass sie nicht das geringste Interesse daran zeigte, was diese zu sagen hatten. Stattdessen riss sie oft das Gesprächsmonopol an sich und versuchte über Dinge zu diskutieren, von denen sie nichts verstand. Als sie ihre Einstellung änderte, sich klarmachte, dass sie ruhig ihre Unwissenheit über manche Themen zugeben durfte, als sie anfing, Fragen zu stellen und anderen die Gelegenheit zu geben, über sich selbst zu reden, fühlte sie sich plötzlich viel wohler in der Gesellschaft. Sie fand heraus, dass die Leute sie so mochten, wie sie war – und nicht so, wie sie nicht war.

Und wenn Leute sie nicht so mochten, wie sie war, dann war das mit Sicherheit deren Problem, und sie taugten sowieso nicht viel als Freunde.

5. Stärken Sie Ihre Freundschaften. Davon, wie wichtig gute Freunde sind, habe ich schon gesprochen. Es kommt gar nicht so sehr darauf an, wie viele Freunde Sie haben, aber Sie brauchen einen oder zwei *gute* Freunde.

Wenn es Ihnen so geht wie den meisten Leuten heutzutage, dann haben Sie wahrscheinlich Dutzende von Bekannten, aber nur sehr wenige enge Freunde. Vielleicht walzen Sie sich selbst zu weit aus und geben sich zu viel Mühe, andere dazu zu bringen, Sie zu mögen.

Sie werden nicht alle Menschen auf der Welt – oder auch nur in Ihrer Nachbarschaft – dazu bringen, Sie für eine wunderbare Person zu halten. Aber ein oder zwei enge Freunde können Ihnen enorm viel Kraft und Unterstützung verschaffen. Sie können Ihnen helfen, sich zu dem Menschen zu entwickeln, den Gott aus Ihnen machen möchte.

Wie schon gesagt, wenn Sie einen Freund haben, der wirklich an Sie glaubt (mit Warzen und allem), dann halten Sie ihn unbedingt fest. Wenn Sie so einen Freund nicht haben, dann gehen Sie und suchen sich einen.

Wie Sie das anstellen sollen? Sie werden ihn nicht finden, indem Sie alleine zu Hause sitzen und «Wer wird Millionär?» schauen. Eine gute Freundschaft zu entwickeln kostet Mühe, und die Mühe fängt damit an, sich mit potenziellen Freunden zu treffen. Ein guter erster Schritt wäre, sich einer christlichen Gemeinde anzuschließen. Nach meiner Erfahrung trifft man innerhalb der Mauern einer Kirchengemeinde die nettesten Menschen. Auch Bürgerinitiativen und soziale Organisationen sind gut dafür geeignet. Es gibt Dutzende von Möglichkeiten, Leute kennenzulernen, die Ihre Vorlieben und Interessen teilen. Aber denken Sie an das alte muslimische Sprichwort: «Wenn der Berg nicht zu Mohammed kommt, wird Mohammed zum Berg gehen.» Wenn die Leute nicht von sich aus bei Ihnen auf der Matte stehen, müssen Sie hinaus und zu den Leuten hingehen.

Und wenn Sie diese potenziellen Freunde erst einmal kennengelernt haben, unterhalten Sie sich mit ihnen. Zeigen Sie Interesse an ihnen, dann stehen die Chancen gut, dass sie auch Interesse an Ihrer Person zeigen werden.

Damit will ich nicht sagen, dass Sie sich irgendeinen wildfremden Menschen aussuchen und sagen sollen: «Okay, der da wird jetzt mein bester Freund.» Auf diese Weise haben Sie beste Chancen, sich jemanden herauszupicken, mit dem Sie absolut nichts gemeinsam haben!

Aber wenn Sie lernen, freundlich zu sein und sich einfach mit Leuten zu unterhalten, werden Sie bald jemanden finden, der auf der Suche nach gerade so jemandem wie Ihnen ist, der sein Freund werden könnte.

Das Folgende hört sich ziemlich elementar an, ich weiß. Es könnte als herablassend und beleidigend rüberkommen. Falls es so ist, bitte ich Sie um Nachsicht und Verzeihung. Aber die Erfahrung hat mir gezeigt, dass es viele einsame Menschen gibt, die nicht die leiseste Ahnung haben, wie man Freundschaften schließt. Und das ist ein Jammer, denn Gott hat uns Menschen mit einem angeborenen Bedürfnis nach Freundschaft ausgestattet.

Sie müssen auch bedenken, dass Sie diesen potenziellen Freunden viel zu bieten haben, und wenn diese Sie nie kennenlernen, sind sie es, die etwas verpassen.

Noch ein letztes Wort über Freundschaften: Spielen Sie keine Spielchen nach dem Motto «Mary ist an der Reihe, mich anzurufen, also werde ich sie jetzt *nicht* anrufen.» Oder: «Ich habe John letzte Woche gebeten, mit mir Mittag zu essen, also ist er jetzt an der Reihe, sich zu melden. Wenn er es nicht tut, dann werden wir uns eben nicht treffen.»

Diese Art halbherziger Hingabe an Menschen ist nicht die maximale Anstrengung, die nötig ist, um wahre und dauerhafte Freundschaften aufzubauen.

6. Entwickeln Sie die geistliche Seite Ihres Lebens. Ich habe erwähnt, dass die Zugehörigkeit zu einer Gemeinde eine gute Möglichkeit ist, Freunde zu finden. Es gibt insbesondere *einen* Freund, den Sie in einer Gemeinde besser kennenlernen können, nämlich Gott.

Ist es schon eine Weile her, seit Sie das letzte Mal einen Gottesdienst besucht haben? Warum nehmen Sie sich dann nicht vor, dieses Wochenende in die Kirche zu gehen?

Ich berate manchmal Leute, die keinen Bedarf für Gott in ihrem Leben sehen. Sie erinnern sich zwar noch daran, wie nahe sie sich ihm als Kinder fühlten, wie sie jeden Tag mit ihm redeten und wussten, dass er da war und auf sie aufpasste. Doch jetzt, wo sie erwachsen sind, haben sie diese Beziehung zum Schöpfer des Universums beiseitegelegt als etwas, das zu ihrer Kindheit gehörte. Manche von ihnen sind zutiefst unglückliche Menschen, doch sie erkennen nicht, dass ihr Elend zum großen Teil damit zusammenhängt, dass sie Gott aus ihrem Leben ausschließen.

Zu viele Menschen täuschen sich über Gott. Sie fangen an, ihn für so etwas wie den Weihnachtsmann oder den Osterhasen zu halten – eine hübsche Geschichte, aber nichts Reales. Doch er ist real, er ist da, und ihm liegt etwas an den Menschen, die er geschaffen hat. Tag für Tag, Jahr um Jahr beweist Gott seine liebevolle Treue zu seinen Menschengeschöpfen. Wenn Sie ihn in Ihrem Leben nicht mehr wahrnehmen, muss es daran liegen, dass Sie Ihre geistlichen Augen geschlossen halten. Weil er derjenige ist, der Sie ausgedacht hat, ist er der Einzige, der weiß, was Sie brauchen, um ein gesunder, glücklicher Mensch zu sein. Und egal, wie jemand darüber denken mag: Wenn Gott nicht ein Teil seines Lebens ist, verpasst er etwas sehr Wichtiges.

Wenn Sie sich von Gott entfernt haben, dann bemühen Sie sich, diese Beziehung wieder zu erneuern. Fangen Sie an, mit ihm zu reden. Er wird zuhören. Erzählen Sie ihm von all Ihren Hoffnungen und Nöten, und bitten Sie ihn, Ihnen zu helfen, der Mensch zu werden, der Sie gerne sein möchten und als der Sie gedacht sind.

Danken Sie ihm dafür, dass er Sie geschaffen hat, und bitten Sie ihn, Sie daran zu erinnern, dass er keine Fehler macht. Gott spricht zu Ihnen und sagt Ihnen, dass Sie wichtig sind, weil Sie sind, wer Sie sind: ein Mensch, der nach seinem Bild geschaffen ist. Sie sind ihm nicht wichtig wegen der Dinge, die Sie besitzen oder die Sie getan haben. Alle menschliche Liebe enthält ein Element der Ablehnung, doch Gottes Liebe wird uns kostenlos und bedingungslos angeboten.

Wenn Sie dann Ihre Beziehung zu Gott vertieft oder wieder aufgenommen haben, suchen Sie sich eine Gemeinde, in der Sie mit den anderen Gläubigen gut auskommen – eine, in der eine offene, liebevolle, positive Atmosphäre herrscht.

Ich glaube, Sie könnten alle Bücher der Welt lesen und alle Weisheit der größten Denker ansammeln, doch wenn es Ihnen immer noch an der Kommunikation mit Ihrem Schöpfer fehlt, werden Sie ein Opfer von Ungewissheit und Selbstzweifeln bleiben.

Jeder Mensch hat neben der körperlichen und der emotional-geistigen auch eine geistliche Seite. Natürlich sollten Sie Ihr Bestes tun, um körperlich fit zu bleiben und Ihre geistigen Kapazitäten zu erweitern. Doch wenn Sie Ihre geistliche Seite vernachlässigen, sind Sie aus dem Gleichgewicht.

7. Hören Sie auf, Vergleichsspielchen zu spielen. Sie müssen erkennen, dass Sie ein einzigartiges Individuum sind, ein Unikat. Sie sind nicht wie irgendjemand sonst. Sie haben Ihre eigene besondere Mischung aus Stärken und Schwächen, die Sie in einzigartiger Weise dafür geeignet macht, Gottes Absicht für Ihr Leben zu erfüllen.

Ein altes Sprichwort der Indianer sagt, man solle über einen anderen Menschen nicht urteilen, solange man nicht eine Meile in seinen Mokassins gegangen ist. Ich würde dem hinzufügen, dass Sie einen anderen Menschen auch nicht *beneiden* sollten, solange Sie nicht eine Meile in seinen Mokassins gegangen sind.

Kommt es Ihnen so vor, als wäre er viel besser dran als Sie? Wahrscheinlich ist er das überhaupt nicht. Er hat seine Nöte und Ängste, von denen Sie nichts sehen. Erinnern Sie sich an Edwin A. Robinsons Gedicht über Richard Cory, den Mann, den alle beneideten, der aber so unglücklich war, dass er sich das Leben nahm? Man weiß nie, welches Leid und welchen Schmerz Leute wie Richard Cory erdulden.

Wenn Sie mit einem Menschen, den Sie beneiden, den Platz tauschen könnten, würden Sie wahrscheinlich sagen: «Junge, es war großartig, ich zu sein!»

Wenn Sie das Gefühl haben, dass Sie es nicht bringen, liegt das zum großen Teil daran, dass Sie sich selbst darauf trainiert haben, unzufrieden mit sich zu sein. Diese Haltung müssen Sie ändern und erkennen, dass Sie genauso gut sind wie jeder andere auf diesem Planeten.

Wussten Sie, dass die meisten Leute ein Jahr nach dem Beginn ihrer ersten Diät mehr wiegen als zuvor? Warum? Weil sie die Symptome bekämpft haben, statt das Problem an der Wurzel zu packen. Der Schlüssel zu effektivem und dauerhaftem Abnehmen liegt darin, unsere Einstellung zum Essen zu ändern – und zu lernen, das Essen als etwas zu sehen, was man tut, um zu leben, nicht umgekehrt.

Auch um Ihr Selbstwertgefühl aufzubauen, brauchen Sie eine veränderte Haltung. Sie können sich einen neuen Anzug kaufen, sich die Haare neu stylen lassen und zur Kosmetikerin gehen. Aber das wird Ihnen nicht das Geringste nützen, solange Sie nicht Ihre Haltung zu sich selbst ändern. Doch wenn Sie bereit sind, sich diese Mühe zu machen, können Sie wirklich etwas verändern.

Nun, dieses Buch zu lesen wird Ihnen nicht weiterhelfen, wenn Sie nicht in die Praxis umsetzen, was Sie gelernt haben. Wenn Sie dieses Buch jetzt ins Regal stellen und alles wieder vergessen, worüber wir gesprochen haben, dann haben Sie Ihre Zeit vergeudet.

Doch wenn Sie es jetzt noch einmal durchgehen und sich voll ins Zeug legen, um die Veränderungen in Ihrem Leben herbeizuführen, die nötig sind, werden Sie staunen, was dann passiert.

Für alles andere nehmen Sie sich wertvolle Zeit: dafür, das Haus auf Vordermann zu bringen, Ihren Körper in Form zu halten, Ihren Rasen zu trimmen. Warum also sollten Sie sich nicht für die nächsten Monate *sich selbst* als Priorität Nummer eins auf die Liste setzen? Nein, nicht auf selbstsüchtige Weise, sondern in dem Sinne, dass Sie das volle Potenzial Ihres Lebens ausschöpfen wollen! Das schulden Sie sich selbst, Ihren Freunden, Ihrer Familie und Ihrem Schöpfer.

Ich lade Sie ein, eine der tollsten Entdeckungen Ihres Lebens zu machen: Freuen Sie sich, dass Sie *Sie* sind!

Anmerkungen

Kapitel 1: Warum bringe ich es nicht?

1. Fragebogen nach Dr. David Brandt, *Don't Stop Now You're Killing Me* (New York: Poseidon Press, 1986), Seite 144–145.

Kapitel 2: Was ist das eigentlich: *Lebensstil*?

1. Alfred Adler, *The Practice of Individual Psychology* (London: Routledge & Kegan Paul, 1923), Seite 3.
2. Siehe Leroy Baruth und Daniel Eckstein, *Lifestyle: Theory, Practice, and Research* (Dubuque, IA: Kendall/Hunt Publishing, 1978), Seite 1–9.
3. Zitiert in: Heinz L. und Rowena R. Ansbacher, *The Individual Psychology of Alfred Adler* (New York: Harper & Row, 1964), Seite 172–73. Deutsche Ausgabe: *Alfred Adlers Individualpsychologie* (München, Basel: Reinhard Verlag, 1995[4]).

Kapitel 3: Das Muster schleift sich ein: Die ersten Jahre

1. R. D. Coddington, «Life Events Scales for Adolescents and Children», in *Stress in Childhood,* hrsg. von James H. Humphrey (New York: AMS Press, 1984), Seite 102–105.
2. Siehe Kevin Leman, *Making Children Mind Without Losing Yours* (Old Tappan, NJ: Revell, 1984), Seite 127–129.
3. Dr. Ross Campbell, *How to Really Love Your Child* (Wheaton: Victor, 1981), Seite 49. Deutsche Ausgabe: *Kinder sind wie ein Spiegel* (Marburg: Francke, 1999[28]).

4. Marie Winn, *The Plug-In Drug* (New York: Viking Books, 1985), Seite 147. Deutsche Ausgabe: *Die Droge im Wohnzimmer* (Reinbek bei Hamburg: Rowohlt, 1990).
5. Adaptiert aus: Leman, *Making Children Mind*, Seite 130–133.
6. James Dobson, *Dare to Discipline* (Wheaton: Tyndale, 1978), Seite 56. Deutsche Ausgabe: *Unsere Kinder sind unmöglich* (Kehl am Rhein: Edition Trobisch, 1982).
7. Adaptiert aus: Leman, *Making Children Mind*, Seite 158.
8. Ebd., Seite 111.
9. Ebd., Seite 88–89.
10. Ebd.

Kapitel 4: Der kritische Elternteil und Sie

1. Siehe Kevin Leman, *The Pleasers: Women Who Can't Say No and the Men Who Control Them* (Old Tappan, NJ: Revell, 1987).
2. George Orwell, *1984* (New York: Harcourt Brace Jovanovich, 1949). Deutsche Ausgabe: *1984* (Berlin: Ullstein, 1999[27]).

Kapitel 5: Das Problem mit der Schuld

1. Zitiert in: Jane Goodsell, *Not a Good Word about Anybody* (New York: Ballantine Books, 1988), Seite 95.
2. Statistik nach Angaben des amerikanischen National Institute of Mental Health.
3. Adaptiert aus: Kevin Leman, *The Pleasers: Women Who Can't Say No and the Men Who Control Them* (Old Tappan, NJ: Revell, 1987), Seite 125–149.
4. David Burns, *Feeling Good* (New York: Signet Books, 1981), Seite 178–179. Deutsche Ausgabe: *Feeling good –*

Depressionen überwinden, Selbstachtung gewinnen (Paderborn: Junfermann, 2006).
5. Adaptiert aus: Leman, *The Pleasers*, Seite 147–149.
6. Gerald G. Jampolsky, *Goodbye to Guilt* (New York: Bantam Books, 1985), Seite 33. Deutsche Ausgabe: *Die Kunst zu vergeben* (München: Goldmann, 2001).
7. Ebd., Seite 42.
8. Ebd., Seite 32.
9. Leman, *The Pleasers*, Seite 148.
10. Zitiert in Goodsell, *Not a Good Word*, Seite 83.

Kapitel 6: Wird es Zeit, die Hochsprunglatte tiefer zu hängen?

1. Siehe Kevin Leman, *The Birth Order Book* (Old Tappan, NJ: Revell, 1985), Seite 63. Deutsche Ausgabe: *Geschwisterkonstellationen* (Frankfurt am Main: mvgVerlag, 2004[6]).
2. The Doors, «The End» (Nipper Music, ASCAP, 1963).
3. Zitiert in: Jane Goodsell, *Not a Good Word about Anybody* (New York: Ballantine Books, 1988), Seite 50.
4. Adaptiert aus: Leman, *Birth Order Book*, Seite 70.
5. Paraphrasiert nach Granland Rice, zitiert in: Bruce Bohle, *The Home Book of American Quotations* (New York: Dodd, Mead, 1967), Seite 386.
6. Es war Bill Veeck, nicht Vince Lombardi, der dies sagte; laut Bohle, *American Quotations*, Seite 386.
7. Zitiert in: Carole Hyatt und Linda Gottlieb, *When Smart People Fail* (New York: Simon and Schuster, 1987), Seite 34.
8. Ebd., Seite 232–236.
9. Ebd., Seite 38.
10. Siehe Nathaniel Branden, *How to Raise Your Self-Esteem* (New York: Bantam Books, 1987), Seite 27–43. Deutsche Ausgabe: *Ich liebe mich auch – Selbstvertrauen lernen* (Reinbek bei Hamburg: Rowohlt, 1994).

11. Ebd., Seite 34.
12. Ebd., Seite 40.
13. Zitiert in: Goodsell, *Not a Good Word*, Seite 51.
14. Zitiert in: Heinz L. und Rowena R. Ansbacher, *The Individual Psychology of Alfred Adler* (New York: Harper & Row, 1964), Seite 258.
15. Siehe Leman, *Birth Order Book*, Seite 112–125.
16. Branden, *How to Raise Your Self-Esteem*, Seite 22–23.
17. Ebd., Seite 109.

Kapitel 7: Hilfe und Heilung für Ihr gebrochenes Herz

1. David D. Burns, *Intimate Connections* (New York: Signet Books, 1985), Seite 212.
2. Ebd., Seite 93.
3. Ebd., Seite 208.
4. Adaptiert aus: Carole Hyatt und Linda Gottlieb, *When Smart People Fail* (New York: Simon and Schuster, 1987), Seite 103–130.

Kapitel 8: Ein paar Leute, die es nicht brachten

1. Jeanne Larson und Ruth McLin, *Climbing Jacob's Ladder* (Washington, D. C.: Review and Herald Publishing, 1979), Seite 26.
2. Milton Adams, *Albert Einstein* (New York: Franklin Watts, 1983), Seite 3–12.
3. Jane Goodsell, *Not a Good Word about Anybody* (New York: Ballantine Books, 1988), Seite 3.

Kapitel 9: Freuen Sie sich, dass Sie Sie sind!

1. Adaptiert aus: Alan Loy McGinnis, *Confidence* (Minneapolis: Augsburg Publishing, 1987), Seite 10. Deutsche Ausgabe: *Selbstwertgefühl* (Wiesbaden: Projekt-J-Buch- und Musikverlag, 1997).